财政部规划教材
全国高等院校财经类教材

国际市场营销

罗友花　主编

中国财政经济出版社

图书在版编目（CIP）数据

国际市场营销/罗友花主编．—北京：中国财政经济出版社，2014.7
财政部规划教材　全国高等院校财经类教材
ISBN 978 - 7 - 5095 - 5487 - 6

Ⅰ.①国…　Ⅱ.①罗…　Ⅲ.①国际营销 - 高等学校 - 教材　Ⅳ.①F740.2

中国版本图书馆 CIP 数据核字（2014）第 134966 号

责任编辑：郑保华　　　责任校对：胡永立
封面设计：陈　瑶　　　版式设计：兰　波

中国财政经济出版社 出版
URL：http：//www.cfeph.cn
E - mail：cfeph @ cfeph.cn

社址：北京市海淀区阜成路甲 28 号　邮政编码：100142
营销中心电话：88190406　北京财经书店电话：64033436　84041336
北京富生印刷厂印刷　各地新华书店经销
787 × 1092 毫米　16 开　17.75 印张　431 000 字
2014 年 8 月第 1 版　2014 年 8 月北京第 1 次印刷
定价：37.00 元
ISBN 978 - 7 - 5095 - 5487 - 6/F · 4437
（图书出现印装问题，本社负责调换）
质量投诉电话：010 - 88190744
打击盗版举报热线：010 - 88190492，QQ：634579818

编写说明

Written description

本书是财政部规划教材，由财政部教材编审委员会组织编写并审定，作为全国高等院校财经类教材使用。

本教材编写充分体现创新性、规律性和实用性三个基本原则。“创新性”表现在教材的编写采用与目前国内相关教材不同的视角、结构、形式，力求体系完善，逻辑清晰，并对国际市场营销新的发展领域（服务营销、网络营销）进行了初步介绍，较好地拓展读者的国际市场营销知识面，突出教材“体系新、内容新、形式新”的特点。“规律性”表现在教材编写一是遵循了学科自身发展规律和教育规律；二是结合了学术发展的最新成果，努力实现教材“科学性、前瞻性和启发性”特点。“实用性”表现在教材编写过程中，强调国际市场营销理论基础的同时，也注意到开展国际营销活动所需要的相关知识和国际营销技能的基本训练，并结合经贸类各专业教学实际需要，在各章节内，适时插入并精心安排“提示、注意、相关链接、背景资料”等模块，从而加大案例和应用性知识的补充，以期“学生好学，教师好教”。

本书可作为高等院校国际经济与贸易、国际商务、市场营销等专业本科教材，也适合企业经营管理人员自学或相关专业人才在职培训使用。

本书由湖南财政经济学院罗友花教授担任主编。参加编写的有：湖南财政经济学院罗友花、马泓；辽东学院孙泽华；铜陵学院周正平。各章分工如下：第一章、第二章、第三章、第五章、第十一章由罗友花编写；第四章、第六章、第八章由马泓编写；第七章、第九章、第十章由孙泽华编写；第十二章由周正平编写。罗友花对全书进行了增删、修改、统稿和定稿。

在编写过程中我们参考、吸收、采用了国内外众多学者的研究成果，也得到了国内营销学界一些学者的关心和支持，在此表示衷心的感谢。

本书在出版过程中得到了中国财政经济出版社的大力支持，在此一并致谢。

由于编者水平有限，书中难免有不当之处，恳请广大读者批评指正。

编　者

2014 年 4 月

目　录

Contents

第一章 国际市场营销导论

【学习目标】

了解国际市场营销与其他相关概念之间的联系与区别、基本任务、工作流程以及企业走向国际市场的动因；熟悉国际市场营销的发展阶段以及中国企业国际市场营销的时代特征；掌握国际市场营销的含义、国际市场营销主要观念及其演变。

在经济全球化背景下，企业经营活动的国际化日益成为一种广泛的现象，企业要想在激烈的市场竞争中博得一席之地，参与国际市场营销将成为一种必然趋势。

第一节 国际市场营销基本概念

一、市场与国际市场

（一）市场的定义

市场是随着商品交换活动而产生。因此，市场最早是指买卖双方进行商品交换的场所。随着社会分工和经济活动实践的发展，人们对市场的认识也在不断地深入和发展。譬如，从经济学角度看，市场则被表述为一定时空条件下商品供求关系的总和。在市场经济条件下，市场还成为配置资源和调节经济的主要力量。

企业眼中的市场，是从企业参与市场交换过程的活动中来认知的。因此，从营销的角度看，市场是由那些具有特定需要和欲望，而且愿意并能够通过交换来满足这种需要或欲望的全部现实和潜在顾客所构成，即市场就是对某种商品有需要或欲望且有购买能力的现实和潜在顾客的总和。用公式表示就是：市场 = 购买者 + 购买欲望 + 购买力。因此，市场规模取决于具有这种欲望或需要以及支付能力，并愿意进行交换的人的数量。

思考：诺基亚总裁如是说：没有中国，就没有NOKIA，试根据营销学里市场的定义，分析国外企业纷纷进入中国市场的理论依据。

（二）国际市场的定义

从传统的观点看，国际市场，亦称世界市场，它是在世界范围内因国际分工和经济联系而进行商品、劳务、技术等交换活动的场所，是国际经济体系的一个重要组成部分。国际市场，就其外延来说，指的是国际或地区间的经济贸易往来；其内涵则是指国际商品经济关系的总和，包括各种形式国际交易活动背后的生产者、经营者和消费者之间的经济关系。同样，从营销的角度看，国际市场就是跨国企业的产品和服务在境外有需要且有购买能力的消费者或用户。

二、市场营销与国际市场营销

有学者指出，营销就是在适当的地点、适当的时间，以适当的价格、适当的信息沟通和促销手段，将适当的产品和服务出售给适当的消费者。2004年美国市场营销协会对市场营销下了新的定义："市场营销是组织的一项向顾客进行创造价值、沟通价值和传递价值并通过顾客关系来实现组织利益相关者利益的职能。"**本书认为：市场营销是指企业为满足消费者或用户的需求并获得利润而进行的一切与市场有关的经营销售活动过程。**

虽然市场营销具有普遍适用性，市场营销一般原理的应用可以跨越疆界，然而，并不能就此将国际市场营销与一般营销简单地等同起来。美国著名营销学家菲利普·R.凯特奥拉（Philip R. Cateora）在《国际市场营销学》一书中指出："国际市场营销（international marketing）是指对商品和劳务流入一个以上国家的消费者或用户手中的过程进行计划、定价、促销和引导，以便获取利润的活动。"[①] 基于此，我们认为：**国际市场营销是指个人和组织为满足国外或境外消费者和用户对产品和劳务的需求，以获得利润为目的而进行的计划、定价、分销和促销等一系列的活动过程。**

（一）国际营销的内涵理解

理解国际市场营销的内涵可从以下几方面入手：

（1）国际营销的主体是企业；

（2）国际营销的范围是一国以上的市场，包括本国市场；

（3）国际营销的内容是提供产品或劳务；

（4）国际营销的目的是取得更大的经济利益。

---

① 菲利普·R.凯特奥拉等：《国际市场营销学》，机械工业出版社，2010年版，第6页。

（二）国际市场营销与市场营销的主要区别

1. 营销环境不同

国际市场营销比国内市场营销面临的市场环境更加复杂。国内市场营销在本国范围内进行，面临的是一种比较单纯的市场环境结构，它由企业比较熟悉的所在国的政治、经济、法律、文化等市场环境构成。国际市场营销所面临的市场环境则是多层次的复杂结构。这是因为，凡是从事国际市场营销的企业，都不可避免地要受到整个世界市场环境的影响。这就要求企业首先要面对世界市场环境，包括当今世界政治、军事、经济、科技等诸多方面；同时，企业还要面对国别的市场环境，因为无论企业进入哪一个国家的市场，都要直接受到该国特定市场环境的影响，而各国又都有特定的政治制度、经济结构、法律规范、文化传统、消费习惯等。

2. 国际市场营销面临的不确定因素更多

由于主观认识与客观实际的矛盾，加之客观过程的多变性，使得市场存在众多不确定因素。又由于国际市场比国内市场更为复杂，所以，国际市场比国内市场有更多的不确定因素。主要是：(1) 国际市场对本公司产品的总需求量与国内市场相比，更难以调查和预测，不容易确定；(2) 企业对自己的产品，尤其是一般消费品，不易深入了解国际市场谁是购买者，一般只能通过中间商进行间接了解。因此，本企业生产产品的市场需求变化趋势、消费者的购买动机、消费心理、对产品的评价等方面，很难确定；(3) 在国际市场上竞争如林，当本企业的产品进入国际市场时，难以及时、准确地了解竞争对手的反应；(4) 本企业产品新进入某国市场，很难确定一个合理的价格；(5) 在国际市场上，难以选择比较适当的广告媒体和广告工具；(6) 由于不同国家市场的批发环节、零售结构、购买习惯、竞争者对渠道的垄断、有关法规对渠道的种种限制等因素各不相同，这就使得国际市场销售渠道的选择与控制也比较难以确定。所有这些，会给企业的国际市场营销活动带来种种不确定因素。

3. 营销组合策略有区别

国内市场营销只面对国内不可控的环境因素，市场营销组合策略相对要简单些，容易些。国际市场营销活动受双重环境的影响，使营销组合策略复杂得多，难度也大得多。

4. 国际营销战略及营销管理过程更复杂

国际市场营销的难度，除了国际市场营销中的复杂性、不确定性和营销组合策略的多样性等因素的影响外，还有诸多因素使得国际市场营销比国内市场营销更加困难。这是因为：(1) 国际市场经营具有更大的风险。(2) 国际市场上的竞争更加激烈。(3) 国际营销对营销人员的要求更严格。所有这些，都增加了开展国际市场营销的管理难度。

三、国际市场营销与国际贸易

（一）国际市场营销与国际贸易的共同点

(1) 它们都是在国际市场上从事经济活动；

（2）它们都是在商品和劳务方面互通有无；

（3）国际贸易的有关理论，如比较利益理论、资源禀赋理论等，在国际营销中也有一定参考价值。

（二）国际市场营销与国际贸易的主要区别

1. 商品的经营主体不同

国际贸易是各国相互之间的商品和劳务的交换，主体是国家，包括购进和售出两个主要方面；而国际营销虽然也涉及购进，但主要是售出方面，其主体是企业。

2. 经营动力不同

因为国际营销的经营主体是企业，企业作为自主经营、自负盈亏的经济实体，它从事国际营销活动的动力是利润。最大限度地获得利润，是企业经营活动追求的目标。国际贸易的动力则是能获得比较利益。由于各国资源条件不同，使得生产同一种商品的成本费用存在很大差异。因此，使一国以较少的资源从他国换取一定商品，或以一定的资源从他国换取更多的商品成为可能。这种贸易比较利益的存在，是国际贸易得以进行的原动力。

3. 商品流通形态不同

国际贸易的商品流通形态是跨越国界型，其参加交换的产品或劳务必须从一个国家转移到另一个国家。国际营销的商品流通形态则呈现出多样化，产品既可以跨国界，也可能不需要跨国界。

4. 国际贸易的作业流程比国际营销狭窄

国际贸易虽然也涉及几种市场营销功能，如产品购销、产品定价、实体分配等，但它往往未涉及国际营销管理，即缺乏整体营销计划、组织和控制。国际营销活动不仅涉及产品购销、产品定价、实体分配，而且还涉及市场营销调研、产品开发、分销渠道管理、仓储运输及促销等营销活动，并包含对国际营销的管理。

5. 国际营销活动较国际贸易更富于主动及创造精神

国际贸易往往较被动，坐等外国客户上门，出口作业从接到进口商的订单开始，以货物送达外国进口港或交货给国外中间商而告终。国际营销不仅要适应国际市场需求，提供适销对路的产品，而且要创造新的需求。其作业流程是在企业接到订单之前，着手进行国际市场调研，了解国际营销环境，分析消费者购买行为，发掘营销机会，确定目标市场，制定国际营销战略与策略，对国际营销过程进行管理。为积极主动争取国外进口商的订货，当商品售出去后，还需要为用户提供售后服务，并反馈用户的意见和要求。

6. 评估二者的效益的信息来源不同

市场信息是商品经济的产物。在现代经营活动中，掌握一定的市场信息是开展经营活动的前提。信息的来源，不同的经济活动有不同的渠道。就我们涉及的范围来说，国际营销信息的主要来源，是公司账户以及公司的有关记录；国际贸易信息的主要来源，是国际收支表。

第二节 国际市场营销的观念及发展

一、国际市场营销观念

（一）国际市场营销管理 EPRG 模型

企业国际营销活动复杂性和差异性取决于采用什么样的国际营销管理导向。每一个观念所表达的内容都反映了与企业国际经营演变过程有关的经营思想。帕尔马特（H. V. Perlmutter）认为企业国际市场扩张在很大程度上受国际企业的战略导向影响，企业的战略导向涉及企业的高层管理人员对待国际化的基本态度，具体来说，可分为本国中心主义（ethnocentric）、东道国中心主义（polycentric）和全球中心主义（geocentric）三类，被称为 EPG 模型；① 之后，他和希南（D. A. Heenan）合作又提出了第四种战略取向，即区域中心主义（regioncentric）取向，② 并称为 EPRG 模型。

1. 本国中心主义

本国中心主义是指企业以本国或本民族为中心制定国际化营销战略的倾向。企业对国外子公司或分支机构的管理是依照本国公司的模式进行的，国外子公司和分支机构无需有自己独立的战略方案，它们统一实施总部的战略方案。

2. 东道国中心主义

东道国中心主义是国外子公司或分支机构根据东道国的环境特点制定各自战略方案的倾向。企业总部通常只为各个国外分部提供一般性的指导。当企业的高层管理人员认为企业各个分支机构更熟悉东道国的各种环境，它们能够制定出更适合于当地发展的战略时，他们就会倾向于采用东道国中心战略。

3. 区域中心主义

区域中心主义取向强调发展区域战略的重要性。企业根据区域国家（例如欧盟国家）的环境特点制定相应的战略，使之能够满足该地区不同市场的需求。

4. 全球中心主义

全球中心主义不考虑国家差异和地域差异，强调制定全球范围内统一的企业战略，各国外子公司或分支机构可以有自己各自的战略方案，但是它们只能是为实现企业的总战略服务的。

---

① H. V. Perlmutter. The Tortuous Evolution of the Multinational Corporation. In: Columbia Journal of World Business, Jan/Feb 1969, Vol. 4 Issue 1, p9.

② D. A. Heenan, H. V. Perlmutter. Mulinational Organization Development. Reading, Mass. 1979. p17.

（二）国际市场营销主要观念

学术界提出了三种国际市场营销观念，即国内市场延伸观念、国别市场观念和全球营销观念。企业营销活动的强度和复杂性的差异取决于采用什么样的国际市场营销观念，每一个观念所表达的内容都反映了与公司国际经营演变过程有关的经营思想。

1. 国内市场延伸观念

这一观念是指国内公司力图把国内产品销售到国外市场去。它把国际业务看作是第二位的，是国内业务的延伸。其主要动机是解决生产能力过剩问题。国内业务得到优先考虑，国外销售被视为国内业务有利可图的延伸。即使寻求国外市场需要花费巨大的精力，企业的导向也基本上是国内的。它对国际销售的典型看法是，如果产品在国内市场销售，就可以在世界上其他地方销售。企业很少针对国外市场调整营销组合方案。企业的导向就是以国内销售同样的方式将产品销售给国外客户。它寻找需求与国内市场相似的市场，因而国内产品能被接受。这种市场延伸策略可能会带来很多利润。

2. 国别市场观念

公司一旦意识到海外市场差异的重要性以及海外业务的重要性，公司的国际业务导向可能会转变到国别市场策略。以这一观念为导向的公司，高度意识到国际市场大不相同，需要对每一个国家制订几乎独立的计划，才能取得销售成功。以此为导向的企业是以国别为基础销售，对于每一个国家，分别采取不同的营销策略。

各子公司独立制订营销计划和目标，国内市场和每个国家市场都有单独的营销组合方案，彼此之间几乎没有相互影响。针对每个市场，调整产品，并没有考虑到与其他国家市场的协调问题。广告活动当地化，定价和分销决策也是如此。具有这一观念的公司并不寻找营销组合因素之间的相似性，而是强调适应每一国家市场。

3. 全球营销观念

以此导向或观念为指导的公司通常称为全球公司，它的营销活动是全球营销，它的市场范围是整个世界。实施全球营销策略的公司追求规模效益，开发具有可靠质量的标准化产品，以适中的价格销往全球市场，即相同的国家市场组合相同。全球营销观念的关键是其前提，即“世界市场趋同”，寻求以近乎相同的方式满足市场需求和欲望。因而，在世界范围内构成对同一产品具有相似需求的重要细分市场。依据这一导向，公司尽其所能试图在全球范围实施标准化。一些决策在全球范围内普遍适用，而另一些决策则需考虑当地影响。整个世界被视为一个市场，企业制订全球营销策略。可口可乐公司、福特汽车公司、通用汽车公司等公司可以称为全球公司。①

思考：在我国产销的两大“可乐”，诺基亚、摩托罗拉等手机，以及上海通用、上海大众、一汽大众、广州本田等轿车，是洋货还是国货呢？

① 菲利普·R. 凯特奥拉（Philip R. Cateora）：《国际市场营销学》，机械工业出版社，2010 年版，第 18 页。

二、国际市场营销的发展阶段

当企业决定走向国际后，就必须在对市场潜力和公司能力的大量研究和分析基础上决定参与国际化的程度和准备承担的义务。

一般说来，根据企业卷入国际化发展的程度以及企业国际化经营所受国际环境影响不同，企业国际营销发展阶段通常表现为以下几种形式：

（一）国内营销（domestic marketing）

国内营销是指企业主要关注的是本土消费者和本国环境，承担很少的国际营销责任，但是本国环境也会受到国际环境的影响，本土企业也直接受到全球化公司带来的本土竞争的影响。事实上，今天，只从事国内营销且仍能繁荣发展的企业越来越少。

（二）出口营销（exporting marketing）

出口营销是企业国际营销较本土营销阶段更加深入，但仍是非经常性对外销售阶段。在这一阶段，出口营销者对国外的目标市场选择依赖国内生产供货。当企业国内生产水平和需求的变化产生暂时过剩时，就会导致非经常性的对外销售。当国内需求增加，吸收过剩，就会撤回对外销售活动。此外，当公司接受来自国际客户的订单时也会间接地参与到出口业务中去。因此，对于营销人员来说，国际市场只是本土市场的延伸，不会给予特别的关注，这样的公司对企业国际营销主要持有民族中心主义哲学观。

（三）国际营销（international marketing）

国际营销是经常性对外营销阶段，企业需要对某一个或某几个特定国家的国际消费者给予更多关注（当涉及许多国家时，国际营销通常也就被称为多国营销）。在这一阶段，企业有相对无限的生产能力从事货物生产，不仅能在国外市场连续销售，较少依赖中间商，而且能在目标国直接设立业务代表来组织其相应的营销活动。在实现全面参与国际市场的过程中，企业逐渐意识到东道国市场的差异和特殊情况，从而意识到企业营销应满足东道国顾客独特需求的重要性。因此，为东道国市场创建专门的宣传与广告方案的多国营销组织在此阶段应运而生，此时不仅需要营销，而且需要在国内市场以外生产货物。这时，企业成为国际的或跨国的营销公司，并通常持有多中心主义或区域中心主义哲学观。

（四）全球营销（global marketing）

在全球营销阶段，最深刻的变化是企业的市场导向及其计划。人们经常使用全球公司和全球营销这两个术语来描述在这个阶段的企业经营范围和营销管理导向。在这一阶段，企业营销活动涉及不同的国家，但并不单独关注某个国家或区域细分市场，而是将世界，包括国内市场在内，视为一个市场，并根据国家间市场需求的共性制定策略，通过经营活动的全球标准化使收益最大化。整个经营、组织机构、资金来源、生产和营销等都从全球角度出发。全球营销并不意味着要进入所有国家的市场，是否打入某个国外市场，必须根据企业自身的资源、机会和威胁的实质来决定，因此，全球公司的经营哲学被称为全球中心主义。

第三节 中国企业国际营销特征

一、企业开展国际化经营的动因

(一) 国内市场需求饱和及市场竞争激烈

我国国内市场经济的发展，一方面使企业为市场提供日益丰富的产品和品种，另一方面，广大消费者收入提高，对产品的选择更加挑剔，国内市场形成饱和格局，企业之间的竞争激化。而经济全球化，使众多国外产品迅猛地进入国内市场，如日本的汽车、家用电器、照相机，美国的可口可乐、柯达胶卷、麦当劳快餐等产品进入我国市场，从而使原已饱和的国内市场的竞争更加激化。企业要生存和发展，就必须寻求新的市场，开拓国际市场是寻觅新市场的途径之一，这是当今大多数企业从事国际市场营销的主要动因。

(二) 国际市场的吸引力

吸引企业进入国际市场的主要动因还有国际市场的吸引力，即国际市场存在潜在需求，企业有利可图。美国是一个极有吸引力的市场，它是世界经济最强国，购买力强，而且随着其产业结构与产品结构的不断调整，不仅进口高科技产品，而且进口大量的劳动密集型的日用品，如鞋、服装、伞等，从而为发展中国家的国际营销提供了机会。日本和德国也是具有吸引力的市场，这些国家的市场机会较多。许多发展中国家虽不富裕，但拥有众多人口，存在很大的潜在市场需求，如中国，虽然人均 GDP 比较低，居民耐用消费品拥有率还不高，但是在居民服务消费方面，如住房、邮电、餐饮、交通运输、通信服务等方面仍存在着巨大的潜在需求，是国内外企业的目标市场。

(三) 政府鼓励与支持企业出口政策

政府实施鼓励与支持企业出口政策是驱动企业走向国际市场的巨大推动力。一般说来，政府支持主要有税收政策（如减税、退税），金融货币政策（如低息贷款、担保贷款、出口价格补贴），为企业提供诸多服务（如提供外贸咨询、国际市场信息等），所有这些支持均有利于加强企业的国际市场竞争实力。如日本政府为支持中小企业扩大出口提供优惠税收政策，低息贷款，设立专项贷款，期限为 12 年，年息仅为 2.7%，还为企业提供国际市场信息及有关进入和发展国际市场的咨询服务。韩国政府对出口超过 1.5 亿美元的企业，在税收、贷款利息率等方面提供优惠政策。英国政府对出口企业提供高达 10

万英镑的“进入市场保证方案”。美国政府对出口农产品实行价格补贴，对出口做出突出贡献的个人、企业及团体可授予由总统亲自签署的总统“E”字奖。我国政府对企业到国外投资办厂和设备出口予以免税，对出口产品实行退税等政策。

（四）科学技术发展为企业跨国经营提供物质前提

随着科学技术的发展，出现了先进的喷气式飞机等交通工具，出现了传真机，全球电脑与电话联网，卫星通信使广播电视覆盖全球，从而使国与国之间在地理上、时间上和文化上的距离大大缩短。这些距离的缩短，使企业更容易走向国际市场，使企业能够在更广阔的范围获取资源与销售产品，从而使企业有利可图。在过去，当公司未走出国门之前，生产产品的原材料来自本国，而销售市场也在本国。但是科技发展带来的交通及通信工具的发展，使企业生产产品的原材料、零配件可来自其他国家，产品也在其他国家销售。如当今美国汽车公司克莱斯勒生产汽车，从日本、韩国、德国等几十个国家订购零部件，进行组装后销往世界各地。通信工具的现代化，使企业能够快速及准确地捕捉国际市场信息，为企业制定科学的国际营销决策奠定基础。

（五）企业发展自身的需要

随着世界经济的发展，各国间的经济联系和相互依赖程度不断加强，国际营销已经成为企业的自身要求。具体地说，企业从事国际营销出于如下原因：

（1）延长产品生命周期（Life cycle）的需要。发达国家的企业往往把本国已处于衰退期的产品，介绍到发展中国家。例如，20 世纪 70 年代末，黑白电视机在日本已经进入衰退期，在中国则还处于成长期。这时日本厂商趁中国政府刚刚放松对家电产品的进口限制之际，将其行将淘汰的黑白电视机出口到中国市场上，使黑白电视机的产品生命周期延长了多年。

（2）获得更高利润和更多赢利机会的需要。企业从事国际营销，即使利润率不提高，也有可能增加总销售额和总利润额。

（3）扩大销售量，实现规模经济的需要。销售量的增加，可以使企业单位产品成本下降，研究与开发（R&D）费用在更大的营业额基础上被分摊。

（4）追求企业经营的地区多样化。地区多样化往往比产品系列多样化更优越。最典型的例子是美国的里格利公司（Wrigley）只有口香糖一个产品系列（产品线，Product line），但地区多样化政策使该公司的生产和营销业务遍布世界各主要地区，该公司一直保持在美国《财富》杂志的 500 家大公司之列。

（5）开拓市场，甚至占领国外市场，提高企业市场占有率的需要。国际市场潜量巨大，美国是世界上最大的市场，然而世界上 95% 的人口和 75% 的购买力是在美国以外。越来越多的各国企业把希望和未来寄托在国际市场上。

（6）发展中国家的企业从事国际营销可以为国家创收大量外汇。此外，与国际贸易相比，国际营销企业还可以避开目标市场的关税、配额等贸易壁垒，充分利用国外的资金、技术和管理经验以提升企业素质，接近目标市场，更直接地获得信息，甚至享受到外国政府的优惠待遇。潜力无限的国际市场也是一些国家或地区实现产业结构升级所需要的条件。

背景资料：

"奇瑞"国际市场的开拓

我国本土造车企业的"领跑者"奇瑞公司从2001年起向海外市场扩张，目前产品已出口至60多个国家、地区，出口量达20万辆，轿车出口量连续五年位居中国第一。

奇瑞公司是国内首个产量突破百万辆（2007年）的自主品牌企业，已成功跻入国内车企第一阵营。奇瑞QQ已登上微型车销量冠军宝座。

在产能和市场份额都积累到新高度之后，奇瑞公司2006年开始战略转型：创新国际合作模式，借力海外伙伴，"打造自主国际名牌"，全面进入全球市场，并引领国内其他自主品牌车企共同开拓国际市场。奇瑞公司董事长尹同耀说："奇瑞在合资合作中将坚持如下原则：以开拓海外市场为主要目标，以输出产品和技术为核心，以坚持奇瑞品牌的独立性为特点，以提升奇瑞全球竞争力为最终目的。"在与外方的合资合作方面，奇瑞以强势的品牌效应和市场份额将以前的"以市场换技术"演变为"以产品和技术换市场"。2006年，奇瑞与克莱斯勒签订战略合作协议，利用奇瑞在中小型汽车产品开发、制造、成本控制方面的能力和克莱斯勒的品牌影响力、营销优势，开拓北美、欧洲市场。接着，奇瑞又与菲亚特签订谅解备忘录，成立合资公司生产小型车。

奇瑞积极利用国际资源"搭积木"做国际市场，汽车国际合作遍布整个汽车产业链：请意大利公司做造型，请德国公司做工程设计，从博世、TRW、德尔福等零配件企业购得各种设计图纸中指定的汽车零部件和安全装置，制造成价格低于10万元的低端轿车。目前已在俄罗斯、乌克兰、伊朗、埃及、印尼、乌拉圭建立了7个工厂，2010年建设14家海外工厂，年出口超过60万辆。

资料来源：李世嘉编著：《国际市场营销理论与实务》（第二版），高等教育出版社，2011年，第47页。

二、我国企业开拓国际市场的主要意义

随着科学技术和经济的发展，世界各国交流和合作越来越密切。新科技革命的发展给80年代以来的国际经济环境带来了很多新的变化。国际竞争呈现出许多新的特点和新的趋势，并从各个方面影响着世界各国的经济发展进程。为此，我国企业必须积极加入到国际经济的竞争行列，努力开拓国际市场。归纳起来，中国企业开拓国际市场的意义主要体现在以下几个方面：

（一）有利于我国企业牢固树立起国际市场导向的营销观念

改革开放以来，我国的产品出口有了很大的发展，目前已进入世界出口大国行列。但

是，从整体来看，我国企业的产品还不适应国际市场的要求，一些企业往往把国内市场需求和国际市场需求等而视之，把面向国内市场的产品不做任何改动直接出口。如我国的人参蜂王浆在日本市场很受欢迎，但是日本消费者对口服液的形式不是很喜欢，主要是因为服用麻烦。如果企业有国际市场营销观念，就能根据日本市场的特殊需要去改变产品形式使之更适应日本人的消费习惯，如把口服液的形式改成日本人喜欢的胶囊型，就更有利于打开销路，而且还可以大幅度地提高产品的价格。

（二）有利于我国企业拓展营销的视野，了解国际市场行情

我国从事出口活动的企业，不论是生产性企业还是贸易性企业，往往不重视进行国际市场调研，这就使企业不能迅速把握国际市场动态，也不能使企业对外经济活动真正按照国际市场的需求来组织实施，从而使产品的出口带有很大的盲目性。假如把现代企业营销看作是一个完整的经济体系，市场调研就是其中最基本一步，因为它直接影响产品的开发、生产、销售以及售后服务，不了解市场行情就不可能建立合理、顺畅的营销体系。这不仅影响企业资金周转、经济效益，而且关系到企业生死存亡。

（三）有利于我国企业找到适宜的国际市场营销渠道

我国的企业由于缺乏国际市场营销的经验，往往委托出口中间商销售自己的产品，而这种方式仅仅是国际营销渠道策略的一种，这种策略企业风险水平相对较低，但同时盈利水平也低，且不利于企业国际化经营经验和知识的获得。企业只有不断地开拓国际市场，积累国际化经营经验，熟悉不同国际市场的商业环境和渠道建设模式，才能学会构建自己的国际市场营销渠道，并大大提高企业在国际市场上的竞争能力。

（四）有利于我国企业积极参与部门内的国际分工

随着科学技术的发展和国际竞争的日趋激化，当代国际分工的形式也在发生着深刻的变化，部门内的分工正在成为现代国际分工的主要形式。其突出表现是产品零部件的国际生产专业化分工进一步加强，通过利用不同国家的优势而产生的“国际综合性产品”在当代国际贸易中所占的比重进一步增强。

例如，通过国际化分工而制造的汽车就往往是国际性的综合产品，很难明确地说出一辆汽车是哪一个国家生产的。近年来，我国一些企业已经在参与部门内的国际分工中取得了突出成绩，如我国出口船舶的主机、导航系统、计算机等分别来自瑞士、美国、英国等不同国家，最后由我国组装出口；此外，在飞机制造、机械产品、家电产品方面，我国的企业通过参与国际分工的形式，成功地进入国际市场，形成了较强的国际竞争力。

三、国际市场的发展趋势

在世界产业结构变化的影响下，国际市场将呈现如下发展趋势。

第一，国际市场规模仍将继续扩大，国际贸易中高技术密集型商品的比重将有较大幅度的提高。由于生产力在科学技术革命的推动下日益迅猛发展，国际产业结构也将不断调

整，国际分工将会不断扩大和深化，从而促使国际间商品、资本、技术等诸要素的流动更加频繁，规模更加巨大。国际市场的规模也将相应扩大。其中，由于各国力图使本国产业升级换代，加之新科技的应用使对初级产品的应用相对缩小，从而使初级产品在国际贸易中的比重进一步下降；相反，对高科技产品需求的增加将使国际市场中该类产品的比重不断提高。

第二，国际市场中商品的流向将有所变化，发展中国家的制成品出口将与发达国家形成均势。长期以来，人们对国际市场中商品流向的印象是：发达国家是制成品的主要出口国，发展中国家是制成品的主要进口国。从国际市场的发展趋势看，这种情况将不会长期存在。随着国际产业结构的变化，国际分工格局也在不断变化，并且，这种变化趋势今后将更加明显。这种变化反映在国际贸易上，就是商品流向的变化。从战后到目前的趋势看，由于发展中国家制造业生产能力的提高，制造业与社会经济其他部门在生产率方面的差距相对扩大了；同时，也由于发达国家各产业间劳动生产率的提高已转为均衡态势，即由以前主要是制造业生产率的快速提高，转为包括初级产业部门和服务业在内的物质和非物质产业生产率的相对同步提高，导致各部门在生产率上的差距缩小，甚至拉平上述两个方面，构成了发达国家与发展中国家相对优势结构发生转变，从而使国际市场存在如下趋势：

（1）发达国家的初级产品出口比重降幅低于发展中国家的降幅，而进口降幅则高于发展中国家。这意味着初级产品的贸易地位在发达国家和发展中国家将呈反向变动趋势。

（2）在制成品方面，无论是发达国家还是发展中国家，也无论是出口还是进口，其比重都将呈上升趋势。但发达国家较之发展中国家，将增加进口，减少出口。最终两者将在国际市场上达到均势。

第三，国际市场结构将出现更大的变化。进入20世纪90年代以来，随着欧洲统一大市场的建立，市场内部阻碍资金、人员、技术、商品等要素流动的障碍被消除，一个相对独立的区域市场呈现在人们的面前。在这种趋势的影响下，北美自由贸易区也正在加紧运转。一直处于高速经济增长的西太平洋地区，虽然由于经济发展水平和体制方面的制约，不能很快建立起一个类似的区域经济一体化组织，但各种形式的经济合作及组织也随着相互依赖的加深而不断出现。世界其他地区也是如此。可见，在国际产业结构变化的要求下，今后的国际市场将步入区域集团化的历史过程。在统一的国际市场之下，将不可避免地形成几个相对独立的区域市场，并会对国际市场营销产生深刻影响。当然，由于国际产业结构呈现交叉状态，各区域集团的国际分工也不再只有垂直和水平两种形式，而是转向多层次的交叉分工，这使得国际市场结构变化更加复杂。无论区域内部，还是区域之间，都将呈现多元化态势。

第四，跨国公司在国际市场中的作用将不断加强。跨国公司目前主要作为发达国家对外直接投资的行为主体，通过其跨国的要素配置和生产经营活动对国际市场产生影响。这种影响无疑是巨大的，但仍远未达到它所应达到的水平。

【思考与练习】

一、单选题

1. 从企业的角度分析，下面（　　）不属于市场的组成因素。

A. 需求或欲望　　B. 人口或用户的数量

C. 环境的优劣　　D. 购买力大小

2. “请您购买我厂的产品”和“您需要什么？让我们来为您生产”这两句话对顾客来说反映了（　　）。

A. 生产观念和产品观念的区别　B. 生产观念和推销观念的区别

C. 产品观念和推销观念的区别　D. 推销观念和市场营销观念的区别

3. 国际市场营销与国内营销的根本差别在于（　　）。

A. 各国经济发展水平差别很大

B. 各国政治环境不同

C. 各国文化差异很大

D. 各国间可控因素与不可控因素的差别很大

4. （　　）是指在全球化环境的约束条件下，协调营销活动，比国内外竞争者更好地寻找并满足全球消费者的需求。

A. 国外营销　　B. 跨国营销

C. 国际营销　　D. 国内营销

二、多选题

1. 下列属于国际市场营销基本要素的是（　　）。

A. 确定全球顾客的需求　　B. 满足全球顾客的需求

C. 超越竞争者　　D. 协调营销活动

E. 确认全球环境限制因素

2. 企业国际化动因主要包括（　　）。

A. 国内市场需求饱和及市场竞争激烈

B. 国际市场的吸引力

C. 政府鼓励与支持企业出口政策

D. 科学技术发展为企业跨国经营提供物质前提

E. 企业发展自身的需要

3. 国际市场营销管理的 EPRG 模型是指（　　）。

A. 本国中心主义　　B. 东道国中心主义

C. 全球中心主义　　D. 区域中心主义

E. 利润中心主义

三、判断题

1. 营销学中所指的市场就是指有实际支付能力的顾客。 (　　)

2. 任何企业的国际营销活动都会受到其营销环境的影响和制约。 (　　)

3. 全球营销观念就是把经济往来视为一个整体。 (　　)

4. 国际营销与国内营销的根本差别在于营销环境的不同。 (　　)

四、思考题

1. 什么是国际市场营销？国际营销同国内营销有何联系与区别？

2. 国际市场营销观念有哪些？

3. 企业走向国际市场的主要动因是什么？我国企业走向国际市场的动因有哪些特殊性？

五、实训题

通过互联网或其他信息渠道，寻找有关中国对外投资的最新信息，了解目前中国企业跨国经营情况。

第二章 国际市场营销宏观环境

【学习目标】

了解国际市场营销环境的含义、构成及一般特征；熟悉国际营销宏观环境分析的主要内容；理解宏观环境各构成因素对国际营销活动的影响；掌握国际营销经济环境、文化环境分析方法以及国际营销政治风险的评估。

我们知道，国内营销与国际营销之间的最主要区别是在于营销环境的不同。对于营销环境的认识，菲利普·科特勒认为："营销环境是营销以外的那些能够影响与目标顾客建立和维持成功关系的营销管理能力的参与者和各种力量的集合。"国际营销环境是指企业在从事国际市场营销活动时，全球范围内对企业生存发展具有重要影响的各种因素的总和，它包括国际市场营销宏观环境和国际市场营销微观环境。

国际市场营销宏观环境，是指国际化经营企业在国际营销活动中所面临的，对其直接或间接产生影响和制约作用的各种宏观因素，主要包括经济、文化、政治、法律、科技等。在当今世界经济全球化和区域经济一体化的浪潮中，各国之间的经济联系越来越密切，作为经济载体的企业，它们本身就是这种浪潮的体现者。因此，企业进行国际营销活动，首先要分析营销环境，以便更好地了解国际营销的机会和威胁，并为营销策略的制定提供依据。

第一节 国际营销经济环境

国际营销经济环境，主要涵盖三个层次，一是世界经济环境，主要内容有世界经济格局、国际贸易体系和国际金融体系等；二是区域经济环境；三是国别经济环境，主要内容包括经济发展水平、总体经济特征、市场规模等。

一、世界经济环境因素

（一）世界经济基本格局

1. 世界经济格局的定义

世界经济格局是指世界各国在世界经济中所处的地位与作用以及由此形成的相对稳定的关系，其核心内容是大国或国家集团之间的经济力量对比关系和支配别国经济乃至世界经济的权力配置情况。

世界经济格局的变动一般表现在两个方面：一是各国经济力量对比关系的变化引起世界经济权力分配的改变；二是人类经济活动空间分布的变化。人们通常用“极”（pole）来说明世界力量中心及其在世界经济格局中的地位和突出作用，能够作为“极”的国家必须是实力极、增长极、引力极和辐射极。

2. 当代世界经济格局的基本特点

当代世界经济格局主要指20世纪90年代以来的世界经济格局。其基本特点是美国保持其领先地位；欧盟在国际经济事务中的作用呈现上升趋势；日本、东亚经济合作加强；多极化的世界经济格局正在形成过程中。

第二次世界大战结束以后，美国两度在世界格局中一极独大。在走向多极化的世界经济格局中，美国世界经济霸主地位遭到来自内外两方面的挑战，但在未来的几十年内，美国仍将长期保持世界经济重要一极的地位。美国作为世界经济中最重要一极的地位是由多方面因素决定的。首先，是领先的科技水平。美国拥有70%以上的诺贝尔奖得主。美国获得的国际专利（PCT）的数量一直遥遥领先于世界各国。多年以来，美国获得的国际专利的数量维持在全球国际专利申请量的1/3以上。其次，是优越的产业结构。凭借科技领先优势，美国在战后进行了几轮产业结构调整，使美国的产业结构发生了巨大的变化。特别是20世纪90年代以来，美国的高新技术产业和金融服务也发展迅猛。服务业在美国GDP中所占的比重约75%，从业人员的比重从63%上升到80%左右。在美国多年贸易逆差的情况下，服务贸易保持顺差，并且年均增长超过两位数。

除此以外，美国还在经济全球化中获得巨大利益。我们知道，当今对世界经济全局影响最大的三个世界经济组织是世界贸易组织、国际货币基金组织、世界银行。其中的国际货币基金组织、世界银行是1945年根据布雷顿森林协议建立的。根据布雷顿森林协议建立了以美元为中心的国际货币体系。虽然1973年布雷顿森林体系崩溃，美国的地位相对下降，但仍然在这些组织中保持核心地位。美元在全球央行外汇储备中的比例，1973年占84.6%，截至2012年三季度末仍然达到61.8%。

欧盟在世界经济中的地位举足轻重。欧盟是目前世界上规模最大，一体化程度最高，经济发展程度最高的区域经济政治联合体。欧盟也是世界货物贸易第一大出口方和第二大进口方，服务贸易第一大供应方；是全球最不发达国家最大出口市场和最大援助者，多边贸易体系的倡导者和主要领导力量。欧元对美元汇率的持续走高，提升了欧元在国际金融市场上的地位。目前世界上已有40多个国家与欧元建立了货币联系。在世界各国央行的外汇储备中，欧元已由最初的17.9%逐步上升。

20世纪80年代中期以来，东亚地区不仅是世界上对外贸易增长最快的地区，也是区域内贸易发展最迅猛的地区。目前全球经济正处在新一轮周期增长的进程之中，东亚再度成为全球经济增长最快的地区。特别是随着东亚合作形式：（1）“10+3”，即东盟与中、日、韩的对话与合作；（2）“10”，即东盟自身的发展与合作；（3）“10+1”，即东盟分别与中、日、韩之间的对话与合作；（4）“3”，即中日韩之间的对话与合作等顺利进行，东亚区域经济对世界经济格局的作用将显著增强。

此外，以中国为代表的发展中国家的崛起必将促使世界经济格局向多极化发展。发展中国家的崛起对世界经济格局的影响表现在：第一，崛起的发展中国家，尤其是“四大金砖”幅员辽阔、经济规模庞大、经济体系完整和门类齐全，且分布于亚、欧、美三大洲，影响遍及全球，这将加快世界经济多极化进程。第二，发展中国家经济实力持续增强，在国际经济格局中的地位和影响不断上升，有助于促进国际经济秩序合理化。第三，随着经济实力及综合国力增强，发展中国家进一步提高了在国际政治事务中的影响力，推动国际政治多极化。

（二）国际贸易环境

像战后国际金融体系的建立一样，国际社会也曾经试图重建国际贸易体系。这个体系的目的是试图建立一个自由贸易的秩序，不致使整个世界的贸易处在各国以邻为壑的政策框架下。在这个基本的设想向现实转变的过程中，世界贸易的发展趋势表现为贸易自由化，而国际贸易体系则表现为关税与贸易总协定和现在正运行着的世界贸易组织，因而国际贸易环境就是在现行世界贸易组织框架下，对国际营销活动带来影响的各种贸易政策、法规、机制和机构等因素。

1. 国际贸易政策

各国的贸易政策对产品进出口的干预和限制不同。尽管自由贸易政策强调产品在国内外市场的自由贸易，国家对进口产品不加干预和限制，对出口产品也不给予特权和优惠，但由于各国的经济发展水平和产业结构等因素的差异，各国都不同程度会通过关税、非关税壁垒及外汇管制等政策措施进行贸易保护。

一般而言，发达国家由于经济实力强，产品具有较强的竞争能力，主要采取自由贸易政策或自由化倾向的政策；而发展中国家由于产业基础较弱，生产技术落后，产品竞争力弱，往往采取贸易保护政策。以往的贸易保护往往对进口产品采取较高的关税税率，随着经济发展以及世界贸易谈判的限制，以技术贸易壁垒为特征的非关税壁垒已成为贸易保护的主要形式。这些非关税壁垒的措施通常具有灵活性、隐蔽性和针对性的特点。

2. 经济全球化和世界贸易组织

20世纪90年代的世界新技术革命，尤其是随着世界贸易组织的建立，将经济全球化带入了高潮，标志着人类社会迎来了经济全球化时代，并成为当今世界经济的主要特征。其主要表现形式有：生产国际化、贸易国际化、资本国际化、市场国际化和消费国际化。

世界贸易组织（World Trade Organization，WTO）前身是关税与贸易总协定（GATT）。关税与贸易总协定是由缔约国签订的关于调整缔约方对外贸易政策和经济贸易政策方面的相互权利和义务的国际多边协定。世界贸易组织成立于1995年1月1日，总部设在日内瓦。作为正式的国际贸易组织，它在法律上与联合国等国际组织处于平等地位。其宗旨是促进经济和贸易发展；提高生活水平，保证充分就业，保障实际收入和有效需求的增长；根据可持续发展的目标，合理利用世界资源，扩大货物和服务的生产；达成互惠互利的协议，并大幅度削减和取消关税及其他贸易壁垒并消除国际贸易中的歧视待遇。世界贸易组织的管辖范围包括已签订的货物、服务、知识产权的有关协议以及贸易争端程序与规则等，为组织成员处理相关协定、消除贸易摩擦提供了一个有效的制度框架。

（三）国际金融环境

企业在国际市场开展营销活动，其资金流动不可避免地将面临国际金融市场的影响。这些影响主要表现为通货膨胀、汇率的变化、货币的转换等带来的风险，因此，企业必须了解国际金融市场的运行机制和规律，分析金融环境中各风险因素。

1. 国际金融市场的形成与发展

一次世界大战以前，英国的自由资本主义迅速发展并向海外积极扩张，使其经济实力跃居世界首位，英国伦敦在当时囊括了世界上大部分金融财富，英镑成为世界上主要国际储备货币和国际结算货币，伦敦以其政治稳定、经济繁荣和较完备的金融制度等优越条件率先成为世界上最大的国际金融市场。

一战爆发至二战结束后，英国经济持续遭到战争重创，伦敦国际金融市场的作用随之逐步削弱。同时，美国利用二战积累的巨额资本，成为世界上最大的资金供应国，控制着整个西方经济，美元成为各国的储备货币和国际结算货币，美国纽约金融市场迅速崛起，继伦敦之后并超过伦敦，成为世界上最大的国际金融市场。在同一时期，西欧的瑞士因免受战争灾难，并且具有良好的金融环境和瑞士法郎能够自由兑换的优势，使苏黎世金融市场的外汇交易和黄金交易非常活跃，金融市场规模也迅速扩大。在这一阶段，纽约、伦敦和苏黎世被公认为世界三大国际金融市场。

进入 20 世纪 60 年代，美国国际收支出现持续巨额逆差并危及美元的信用，同时美国政府的一系列金融管制措施进一步诱发美元大规模外逃，促使美国境外的国际金融市场迅速发展，不仅在欧洲形成了规模巨大的欧洲美元市场和欧洲货币市场，而且在亚洲和世界其他地区也出现了引人注目的国际金融市场。

在此以后，国际金融市场不再局限于少数国家，而是扩张到巴黎、法兰克福、阿姆斯特丹、卢森堡、东京、新加坡、香港等国家和地区，甚至一些鲜为人知的地方，如加勒比海地区的开曼群岛（The Cayman Islands）和中东的巴林（Barain）等地，也相继形成重要的国际金融市场。

2. 国际资本流动对世界经济的影响

国际资本流动主要表现为短期资本和长期资本的形式。短期资本流入有助于减少国际收支逆差，相反短期资本流出则有助于减少国际收支顺差。由于短期资本的流动性强，并且对货币政策的反应灵敏，因而它会大大降低各国货币政策的效应，尤其是投机资本在国际间迅速和大规模流动，会造成各国利率与汇率大起大落，进而加剧国际金融市场的动荡。当然，国际短期资本流动有利于贸易双方获得必要资金及进行债权债务的结算，从而保证国际贸易的顺利进行。

而长期资本流动可以解决东道国资金短缺的困难，扩大东道国的产品出口，同时大量外国长期资本进入会使东道国的民族工业受制于外国资本。长期资本流动对资本输出国来说，可以推动其商品和劳务出口，但同时也使资本输出国增加了潜在的竞争对手。这一方面能促使国际金融市场日趋成熟，同时，也会加快全球经济一体化的进程。

3. 国际金融环境对国际市场营销活动的影响

与企业国际市场营销联系紧密的国际金融环境是同汇率有关的环境因素。汇率变动会影响产品的进出口和国际投资的流向。如果一国货币升值，会促进本国企业进行海外投资，同时抑制国外企业向本国的投资。反之，则有利于吸引海外投资流向本国，同时，抑制本国企业向海外投资。但金融环境的变化，特别是汇率的变化，影响因素极其复杂，除经济增长状况、利率、通货膨胀、贸易差额等基本经济因素以外，还可能有外汇管制、政治等人为因素。国际金融风险难以避免的现象，客观上决定了国际营销企业一方面要加强国际金融风险防范意识，同时，还应善于采取相应的应对策略，以维持产品的国际市场竞争力，保持其产品在国际市场的占有率，并减少汇率的变动给企业带来的财务风险。

二、区域经济环境

区域经济环境是指由一定地理区域范围内的国家或地区结成的某一特定经济联盟的经济环境。它是国际营销者跨国经营所面临的重要经济环境，并对企业国际营销产生直接的影响。

（一）区域经济一体化的形式

区域经济一体化又称区域经济集团化，是指成员间相互取消贸易障碍，进行某种程度的合作与协作，以促进参与方之间的经济贸易发展。自第二次世界大战以来，经济一体化已经成为影响世界市场发展的主要经济因素之一。各国都希望进行经济合作以便有效地利用各自的资源并为成员国的制造商提供更为广阔的市场。自20世纪50年代，欧洲经济共同体成为第一个区域性经济组织以来，区域经济集团化不断发展；80年代中后期，区域经济集团组织成为世界经济发展的一大趋势；进入21世纪后，区域经济集团化显现出更加迅猛的发展势头。

提　示： 经济全球化与经济区域化并不矛盾。这是因为经济全球化是一个不断发展变化的过程，区域化是世界经济走向全球化的一个阶段或组成部分。特别是对广大中小国家来说，加强区域内部经济联系是走向经济全球化的阶梯，是增强自身全球经济地位的一项对策，而不是将自己的对外经济依附于区域内某一大国。

按照一体化程度的高低，区域经济一体化的形式可分为：优先贸易安排、自由贸易区、关税同盟、共同市场、经济同盟、完全经济一体化6种形式。

(1) 优惠贸易安排 (Preferential Trade Arrangements): 成员之间通过协定或其他形式，对全部商品或一部分商品规定特别的关税优惠。

(2) 自由贸易区 (Free Trade Area): 由签订自由贸易协定的国家组成的贸易区，是国家间经济一体化约束最少、最为松散的形式。在自由贸易区内，成员国间的所有贸易壁垒均被撤除，成员国之间实行产品和服务的自由贸易，但每个成员国仍保持对非成员国的贸易壁垒，如北美自由贸易区。

(3) 关税同盟 (Customs Union): 指两个或两个以上的国家完全取消关税或其他壁垒，而对非同盟国家采取统一的关税率。结盟的目的是使成员国的商品在统一的市场上处于有利地位，排除非同盟国商品的竞争。南方非洲关税同盟是在非洲经济整合的最古老的和最成功的例子。

(4) 共同市场 (Common Market): 是一种包括产品与服务的交换、成员国之间进出口免税及对非成员国执行共同关税在内的关税同盟。此外，生产要素（劳动力、资本和技术）可以在成员国之间流动，并取消了对移民和跨国界投资等的限制。当生产要素可流动时，资本、劳动力和技术就能在生产率最高的地方得以使用，因此，要素的流动对促进经济的增长至关重要。

虽然共同市场从总体上看可以增强成员国的生产力，但绝不意味着每个成员国都会永远获益。

(5) 经济同盟 (Economic Union): 成员国之间不但商品和生产要素可以完全自由流动，建立共同的关税，而且成员国制定和执行某些共同的经济政策和社会政策，逐步废除政策的差异。因此，在经济同盟下的成员国应协调货币政策、税收和政府支出。显然，经济同盟这种形式要求成员国牺牲自己很大一部分国家主权来服从一个超越国家的同盟权威机构，如欧盟。

(6) 完全经济一体化 (Complete Economic Integration): 也叫政治同盟，是指区域内各成员国在经济、金融、财政及国际贸易政策上实现完全的统一化，在国家经济决策中采取同一立场，区域内商品、资本、人员等完全自由流动，使用共同货币。各种区域经济集团化形式的特征与区别如表 2-1。

表 2-1　　各种区域经济集团化形式的特征与区别

形式＼特征	相互贸易优惠	相互自由贸易	对外共同关税	生产要素自由流动	经济政策相互协调	统一国家政治政策
优惠贸易安排	是	否	否	否	否	否
自由贸易区	是	是	否	否	否	否
关税同盟	是	是	是	否	否	否
共同市场	是	是	是	是	否	否
经济同盟	是	是	是	是	是	否
完全经济一体化	是	是	是	是	是	是

提　示： 欧洲单一货币制也面临着两种不同的声音，拥护者认为实行单一货币可以消除通货转换的费用以及汇率不稳定问题，同时也可以令消费者更加容易的比较产品/服务价格；反对者则认为它会使各成员国面临经济风险。因为一个国家货币体系出现问题，会波及其他成员国，而且单一货币无法使国家通过货币政策实行宏观调控，货币是一国家政权的象征。

（二）主要区域经济一体化组织

由于世界政治与经济发展的不平衡，西欧、北美、亚太地区等出现的经济联盟对区域及全球贸易产生了重要的影响。因而形成了国际营销重要的区域经济环境。企业为了能在高度复杂的竞争环境中发展，必须了解这些环境的变化，以便准确地评估这些区域市场的机会与威胁。

1. 欧洲经济一体化

欧洲经济一体化是当今世界区域经济一体化中最具有代表性的组织，其历史可追溯到20世纪中叶的欧洲煤钢共同体、欧洲经济共同体和原子能共同体的成立。1993年欧盟公约《马斯特里赫特条约》的实施，确立了经济（包括经贸联盟与单一货币建设）、共同外交、安全及司法与内务合作三大支柱，标志着欧盟的诞生。其后，经过不断的深化和扩大，成员国已发展到27国，牢固确立了其在欧洲的核心组织地位。所谓“一体化”，即在欧盟和欧洲经济区内部实行产品、服务、人员和资本的自由流动，从而打破参与国之间的经济界限，将之连接成一个整体，其最重要的意义就是要促使经济增长并达到预期的结果。

欧盟半个多世纪的发展无疑对欧洲内部和外部的公司都影响深远。对于已经在欧洲经营的公司来说，由于其很容易进入其他成员国，而且产品也能很自由地在各个国家销售出售，因此，企业在生产和营销上形成了巨大的规模经济效应。对于非成员国的公司而言，必将面临着新的竞争和市场机会。值得注意的是，2008年金融危机爆发后，欧盟的经贸联盟受到重大挑战，各成员国之间经济发展严重不平衡、货币体制与财政体制之间的矛盾、金融监管滞后等一系列深层次问题暴露无遗。在紧迫的形势下，欧盟领导人意识到进一步推进一体化的重要性和紧迫性，并在2010年到2013年上半年的三年多时间里，就金融“防火墙”建设、财政一体化和金融监管一体化等问题频繁推出众多重大举措，欧盟一系列应对措施的出台，必将使得欧洲经济一体化的建设迈向新的高度。

2. 北美自由贸易区

北美自由贸易区始于1988年1月20日美国、加拿大签署的“美加自由贸易协定”。1992年8月12日，美国、加拿大、墨西哥三国就“北美自由贸易协定”达成一致意见，同年12月17日由三国领导人在各自国家正式签署，1994年1月1日起开始生效，北美自由贸易区宣布成立。其宗旨是：取消贸易壁垒，创造公平的条件，增加投资机会，保护知识产权；建立执行协定和解决贸易争端的有效机制，促进三边和多边合作。因此，北美自由贸易区给美国在双边贸易、直接投资、技术转让及第三产业等领域内提供控制和渗透加拿大和墨西哥的机会，从而在贸易区对内外事务上拥有了绝对的发言权：同时，也给加拿大和墨西哥提供了难得的进入美国市场的机会，这对于促进其经济发展具有非常重要的作用。事实上，自从《北美自由贸易协定》实施后，加拿大、墨西哥和美国之间的贸易水平已经显著上升。

北美自由贸易区的形成不仅创造了世界上最大的自由市场，而且也是第一例发展国家与发达国家建立完全互惠的协议的自由贸易区，是典型的南北双方为共同发展与繁荣而组建的区域经济一体化组织。这种南北合作和大国主导的区域经济发展模式在一定程度上还将影响着现阶段美国大力推行的“跨太平洋伙伴关系协定”（Trans - Pacific Partnership Agreement, TPP）的内容与实现方式。美国推行的TPP不但囊括墨、加两国和南美地区的智利，其触角已经延伸到广袤的亚太地区，俨然成为美洲自贸协定的扩充版，其影响不言而喻。

3. 亚太经济合作组织（APEC）

亚太经济合作组织（Asia - Pacific Economic Cooperation，APEC）成立于1989年11月，是亚太地区最高级别的政府间经济合作机制。截至2010年，APEC组织共有21个成员经济体，它们分别是：澳大利亚、文莱、加拿大、智利、中国、中国香港、印度尼西亚、日本、韩国、马来西亚、墨西哥、新西兰、巴布亚新几内亚、秘鲁、菲律宾、俄罗斯、新加坡、中国台北、泰国、美国和越南。其人口占世界总人口的45%，国内生产总值占55%，贸易额占世界总量的47%以上，因此，也是全球最大的区域经济合作组织。APEC的宗旨是：保持经济的增长和发展；促进成员间经济的相互依存；加强开放的多边贸易体制；减少区域贸易和投资壁垒；维护本地区人民的共同利益。

由于该组织是一个政府间的协商合作组织，其活动建立在“互利、协商、一致”的基础上，不像欧盟具有立法式的规定，而且在亚太经合组织成员中，还包括一些次区域经济合作组织，如菲律宾、印度尼西亚、马来西亚、新加坡、越南等国家属于东南亚国家联盟；美国、墨西哥、加拿大等属于北美自由贸易区成员；中国、韩国、日本又旨在加速东北亚地区的合作；另外还存在像中俄、中美、中国与东盟等双边合作形式。因此，亚太经合组织的合作既具有多样性和复杂性，也对世界经济、政治形势具有举足轻重的作用。

事实上，进入21世纪以来，随着世界经济重心东移，APEC成员之间的贸易不仅超过了欧盟成员国之间的贸易，也超过了北美自由贸易区的内部贸易。与时同时，APEC成员纷纷积极参与区域贸易协定（RTAs）的谈判中，大量多双边自由贸易协定在亚太地区纷纷出现。据WTO统计，截至2013年9月，APEC成员共签署区域贸易协定215个，其中APEC内部的RTAs有150个，占了近70%。[①] 除此之外，还有大量的区域贸易协定处于谈判及研究阶段。从签署的贸易协定内容看，涵盖的范围不断扩大，自由化程度不断加

① 匡增杰：“亚太经济一体化发展动态及中国的参与战略”，《上海对外经贸大学学报》，2014年第3期。

深，显然，这些协定的签署对亚太区域投资和贸易产生了重大影响，并促进了区域内成员国间贸易和投资的增长，推进了成员国商品结构的优化升级。

未来一段时期，在亚太区域经济合作中，随着美国主导的 TPP、中日韩自贸区 FTA 以及以东盟为中心的《区域全面经济伙伴关系协议》（RCEP）的谈判进程的推进，APEC 合作的方向必将存在着较大的不确定性。可以预见，未来亚太区域经济合作的模式与路径将主要取决于中美日以及东盟这些大国及国家集团之间巨大经济利益与复杂政治力量的博弈。

4. 其他经济联盟

（1）东南亚国家联盟。东南亚国家联盟（ASEAN，简称东盟）成立于 1967 年 8 月 8 日，秘书处设在印度尼西亚首都雅加达。目前的成员国有印度尼西亚、马来西亚、菲律宾、新加坡、泰国、文莱、越南、老挝、柬埔寨。《东南亚国家联盟成立宣言》中确立的东南亚联盟的宗旨和目标是：以平等与协作精神，共同努力促进本地区的经济增长、社会进步和文化发展；遵循正义、国家关系准则和《联合国宪章》，促进本地区的和平与稳定；促进经济、社会、文化、技术和科学等问题的合作和相互支持；在教育、职业和技术及行政训练和研究设施方面互相支援；在充分利用农业和工业、扩大贸易、改善交通运输、提高人民生活水平方面进行更有效的合作；促进对东南亚问题的研究；在具有相似宗旨和目标的国际和地区组织间保持紧密和互利的合作，探寻与其更紧密的合作途径。

据中国商务部统计数据，2012 年，中国与东盟双边贸易总值为 4 000.9 亿美元，较上年增长 10.2%，占中国对外贸易总额的 10.35%，东盟为中国的第五大贸易伙伴，也是中国第五大出口市场和第四大进口来源地。

（2）拉美一体化。许多拉美国家知道，如果它们不联合，它们将被全球市场抛弃。在激烈的变革过程中，这些国家把自由贸易集团作为解决经济停滞、通货膨胀和负债的一种方式。成立于 1969 年 5 月的安第斯共同体（Andean Community）就是拉美地区一个重要的区域经济一体化组织，其主要成员国有玻利维亚、哥伦比亚、厄瓜多尔、秘鲁和委内瑞拉（2006 年 4 月，委内瑞拉因秘鲁和哥伦比亚与美国签订自由贸易协定而退出该组织）。安共体的宗旨是：充分利用本地区的资源，促进成员国之间的协调发展，取消各国之间的关税壁垒，组成共同市场，加速经济一体化。

（3）非洲和中东一体化。非洲的经济集团，包括了欧洲国家及其以前的殖民地形成的货币联盟，邻近国家之间的关税联盟等。除了要在成员国之间达成贸易自由化之外，非洲国家急于扩大农产品和纺织品在欧洲和北美的市场，但由于很多国家太小，与别的经济集团谈判时没有优势，因此组建联盟就成为较好的解决方案。西非经济共同体是目前非洲最大的区域性经济多边合作组织，共同体致力于促进成员国在经济、社会和文化等方面的发展与合作，提高人民生活水平，加强相互联系，为非洲的进步与发展做贡献。此外，海湾阿拉伯国家合作委员会是中东地区重要的区域性组织，在贸易集团成立之前，非洲和中东的地区政局动荡，各国之间发展极其不平衡。近年来，在全球一体化的大环境下，非洲和中东的地区性贸易组织不断发挥积极作用，促进了区域性贸易合作，也推动了区域和平与发展。

三、东道国经济环境

东道国的经济环境是企业在国际市场营销中确定目标市场和制定营销战略首先要考虑的因素，也是影响企业不同国际市场营销战略目标有效实现的重要因素。从国际市场营销的角度分析一国经济环境一般可以从以下三个方面着手。

（一）经济发展水平

1. 罗斯托（Walt Whitman Rostow）经济发展阶段理论

经济发展水平的划分存在多种方法，下面主要介绍美国著名发展经济学家罗斯托的划分方法。

第二次世界大战后，美国经济学家罗斯托（Walt Whitman Rostow，1916—2003）在1960年出版了《经济成长的阶段》，提出世界各国经济发展要经历的五个阶段，1971年他在《政治和成长阶段》中增加了第六阶段。每一个阶段都是劳动力成本、购买者的技术能力、经营规模、利率及产品先进程度的函数。发展就是指从一个阶段向另一个阶段的运动。

（1）传统社会阶段。处在这一阶段的国家经济发展水平低下，是围绕生存而展开的经济，而且通常都是封闭或者孤立的经济，农业是国民经济的主体，人们的文化知识水平低，没有能力采用现代的科技方法从事生产。因此，经济发展落后，收入水平低，国内市场非常狭小，目前被联合国列为最不发达的国家，基本上还处于这一经济发展阶段。

（2）起飞前夕阶段。这一阶段现代的科学技术开始应用于农业及工业生产方面；各种交通运输、通信及电力设施逐渐建立；人们的教育及保健逐渐受到重视。由于处于这一阶段的国家正在普遍推行工业化政策，大力发展民族工业，因而对部分资本货物的需求开始增加，人们的收入增长速度也在上升，但总的来说，这些国家经济的主导产业仍然是第一产业或者劳动密集型制造业，因此，市场规模相对较小。目前，世界上相当一部分发展中国家尚处于这一阶段。

（3）起飞阶段。这是经济由落后阶段向先进阶段过渡的时期。罗斯托认为，经济起飞必须具备4个条件：① 生产性投资率提高，占国民收入的比例提高到10%以上；② 经济中出现一个或几个具有很高成长率的领先部门；③ 发明和革新十分活跃，生产过程吸收了技术所蕴藏的力量；④ 适宜的政治、社会以及文化风俗环境。在起飞阶段，随着农业劳动生产率的提高，大量的劳动力从第一产业转移到制造业，外国投资明显增加，以一些快速成长的产业为基础，国家出现了若干区域性的增长极。起飞阶段完成的标志是国家在国际贸易中的比较优势从农业出口转向了劳动密集型产品的出口，开始出口大量的服装、鞋、玩具、小工艺品和标准化的家电产品。一些主要资本主义国家经历起飞阶段的时期如下：英国为1783—1802年，法国为1830—1860年，美国为1843—1860年，德国为1850—1873年，日本为1878—1900年。

（4）趋向成熟阶段。在该阶段，现代化的技术已经有效地应用到了该国大部分产业。国家的产业以及出口的产品开始多样化，高附加值的出口产业不断增多，厂家和消费者热衰于新的技术和产品，投资的重点从劳动密集型产业转向了资本密集型产业，国民福利、交通和通信设施显著改善，经济增长惠及整个社会，企业开始向国外投资，一些经济增长极开始转变为技术创新极。几个主要的资本主义国家进入成熟阶段的时间如下：英国为1850年，美国为1900年，德国为1910年，日本为1940年。

（5）高度消费阶段。在这一阶段，主要的经济部门从制造业转向服务业，奢侈品消费向上攀升，生产者和消费者都开始大量利用高技术的成果。人们在休闲、教育、保健、国家安全、社会保障项目上的花费增加，而且开始欢迎外国产品的进入。目前主要的发达国家都已进入这一发展阶段。

（6）追求生活质量阶段。罗斯托对高度消费阶段以后的社会并没有一个清晰的概念，不过他认为该阶段主导部门是以公共服务业和私人服务业为代表的提高居民生活质量的有关部门，各种新技术广泛应用于这些部门，是“工业社会中人们生活的一个真正的突变”。其意义在于这是人类历史上第一次不再以有形产品的数量的多少来衡量社会的成就，而以劳务形式反映的“生活质量”的程度作为衡量成就的新标准。

大致说来，凡属于前三个阶段的国家是发展中国家，而达到后三种阶段的国家，则是发达国家。国际企业应该根据国家所处的经济发展阶段，采取相应的营销对策。

2. 经济发展水平与企业国际市场营销

（1）从消费品市场看，经济发展水平高的国家，在市场营销方面强调产品的款式、性能及特色；需要运用大量广告及销售推广活动；其品质竞争多于价格竞争。而在经济发展水平低的国家，则较侧重产品的功能及实用性；它的推广着重于顾客的口头传播介绍；价格因素比产品品质因素更为重要。

（2）从工业产品市场看，经济发展水平高的国家着重于投资较大而能大量节省劳动力的生产设备。在经济发展水平高的国家，一般劳动者的教育水平与技术水平较高，复杂的机器维修工作比较容易进行。在经济发展水平低的国家，生产设备应偏重于多用劳动力而节省资金，以符合该国劳动力对资本的合理比率，因此，经济发展水平低的国家往往会变成经济发展阶段较高的国家旧设备与机器的输出市场。

（3）从国际市场分销渠道看，经济发展水平越高的国家，它的分销途径越复杂和广泛，专门商店、超级市场、百货公司等十分发达，乡间的商店数目也迅速增加；而进口代理商的地位随着经济发展水平的提高而下降；制造商、批发商与零售商等的职能随经济发展水平的提高而逐渐独立，不再由某一分销路线上的成员单独承担；批发商的职能随经济发展水平的提高而增加；小型商店数目随经济发展水平的提高而下降，商店的平均规模在增加；零售商的加成随经济发展水平的提高而上升。

（4）从产品的生命周期看，由于收入与技术的差别，某些消费品在发达国家的市场上早已大量销售，产品的市场生命周期已经进入到成熟阶段，市场也接近饱和。而在发展中国家的市场上却是初期推销阶段，可能刚进入介绍期或成长期，经济发展水平不同，各国市场上同种产品所处的生命周期的阶段也不可能相同。[①]

---

① 寇小萱等编：《国际市场营销学》，首都经济贸易大学出版社，2005年版，第78页。

注 意：

经济晴雨表

2005年，泰国出现了一项奇特的经济发展状况晴雨表指标——“妈妈”牌方便面指数。“妈妈”牌方便面在泰国销量最大。当经济不景气时，人们会缩减食物开支，这种5泰铢一包的低价方便面就成了广大消费者的首选，于是其销量就急剧上升。经济复苏时该方便面销量稳定。一旦经济增长放缓，销量就明显增加。

（二）经济特征

1. 经济体制

经济体制是指在一定区域内（通常为一个国家）制定并执行经济决策的各种机制的总和，通常是一国国民经济的管理制度及运行方式，是一定经济制度下国家组织生产、流通和分配的具体形式或者一个国家经济制度的具体形式。不同经济体制下，社会资源的配置方式是不同的。目前，世界上存在以下三种经济体制：

（1）计划经济体制。计划经济体制是指对生产、资源分配以及产品消费事先进行计划的经济体制。由于几乎所有计划经济体制都依赖于指令性计划，因此计划经济也被称为指令性经济。一般来说，计划经济体制的三个基本经济问题（生产什么、怎样生产和为谁生产）的解决要靠政府，且大部分资源由政府拥有，分配资源由政府指令，不受市场影响。因此，计划经济基本上是生产经济，贸易处在无足轻重的地位。我国从20世纪90年代初开始逐步从计划经济走向市场经济。目前，世界上仍实行计划经济体制的国家有朝鲜等。

（2）市场经济体制。市场经济是一种经济体系，在这种体系下产品和服务的生产及销售完全由自由市场的自由价格机制所引导。世界上的市场经济体制是多样化的，但共同特点都是通过市场来配置资源。美国、日本和西欧是市场配置形式的主要典范。

（3）混合经济体制。在混合经济体制下，产品和服务的生产及销售既有市场因素又有计划因素。第二次世界大战后，西方工业化国家在资源配置上已放弃了单一市场手段，而是计划手段与市场手段并用。

实际上，现实中并不存在完全的市场经济和完全的计划经济。所有的市场经济都有计划成分，而所有的计划经济也都可以看到市场的影子。以市场化程度较高的美国为例，尽管大多数经济决策都由市场机制进行，但是政府在监管市场运行方面仍然扮演着重要的角色。

一国的经济体制直接影响该国政府对经济的干预程度，从而影响企业的国际营销活动。在计划经济占主导地位的国家，市场机制不健全，垄断严重，对外来产品和投资管制较严，不利于国际营销活动的开展。而在市场经济占主导地位的国家，鼓励自由竞争，市场对资源的配置和调节作用得到充分发挥，对外来产品和投资限制较少，开展国际营销活动比较便利。

提　示： 各国经济体制的差异在于市场因素和计划因素在资源配置过程中所发挥作用的程度、范围和方式。

2. 自然条件

自然条件通常是指自然界赋予一国的能源、矿物、土地和森林等实际状况和潜在的财富。广义的自然资源还包括水力、风力、太阳辐射等。

由于自然资源在世界各国的分布是很不均衡的，自然资源的分布、质量和可利用的程度，在很大程度上影响着一国的经济状况和购买力，因此，资源分布状况作为国际市场经济环境因素，也深刻地影响着世界贸易的格局和企业国际营销的方式，如矿藏和水利资源，以及土地面积、地形和气候。各种自然状况对市场营销活动有着直接或间接的影响。例如，某国对本企业产品需求量较大，而又缺乏必要的可利用资源，那么企业只能以出口的方式进入该国；如果该国的资源丰富，企业就可以考虑在该国投资建厂，然后就地销售。

3. 基础设施

基础设施主要包括交通运输条件、通信设施以及商业和金融组织等诸多方面。有无基础设施以及基础设施的质量是对国外市场营销运作条件进行评价的关键。国际市场营销者都非常依赖当地的交通、通信、能源和为营销活动提供辅助功能的组织，如通信、营销沟通、销售网络、情报信息及金融组织等。例如，钢铁消费、水泥生产以及电力生产之类与基础设施建设有关的指标，关系到整个市场的工业化程度，可作为工业品和服务供应商的参考信息；公路、铁路、水路及航空组成的交通网则是物流的基础。由此看来，基础设施是分析国际经济环境的重要因素。一般来说，经济发展水平越高的国家，基础设施越完善。

4. 城市化程度

城市化程度是市场吸引力的一个重要指标，因此，城市化也是当前各国经济发展的趋势。由于城市居民与乡村居民生活方式和消费观念的差异，往往在消费行为也有所不同。然而，城乡差别的程度在各国间的表现并不一致。根据有关资料，工业发达国家平均77%的人口居住在城市，而一些低收入国家平均只有21%的人口居住在城市，因此，国际营销人员必须注意到这种城乡差别，以便制定正确的营销策略。一般来说，城市化程度的差异主要表现在收入与消费形态、分销渠道的分布状况以及交通的基础设施水平等方面。比如，美国地域广大但人口密度却很低，由于75%以上的人口居住在城市，所以全国性的分销渠道相对很有效率，从而使得企业用较少的运输投入可以将产品运送到大部分市场。城市化程度通常以城市人口百分比来表示。

5. 通货膨胀率

通货膨胀是一个反映经济状况和金融政策的综合指标。由于各国的经济体制、货币体系和货币政策不同，金融环境与通货膨胀也不一样。一般来说，发展中国家的通货膨胀率较高，通货膨胀会使实际工资下降，购买力下降，需求也会下降；但有时，消费者往往担心物价继续上涨，纷纷抢购商品，反而刺激了需求。另外，高通货膨胀率意味着一国货币将贬值，进口商品的价格相对提高，人们会转向购买国内产品，所以进行营销决策时必须具体问题具体分析。

6. 外国投资状况

在分析东道国经济环境时，国际营销人员还应了解其他国际投资者在该国的投资状况，了解国际性企业在该市场的数量、投资规模、经营业务的性质和范围等。一个国家若很少国际性企业从事投资，可能表明该国市场有较好的机会；也可能表明该国市场难以进入；还可能表明该市场是无利可图。反之，则可能说明该市场是一个开放且容易进入，但竞争激烈的市场。

（三）市场规模

在一国经济环境中，市场规模的大小主要取决于人口因素和收入因素。如果该国市场规模太小、潜量不大，其市场难以开发，如果市场规模可观就值得去开发。

1. 人口因素

人口是构成市场的基本因素之一，在其他条件不变的情况下，一国人口越多，市场规模就越大，反之就越小。许多产品的消费都是与人口数字相联系的，如食品、服装、医药、文化体育用品、住房等。分析人口对国际营销的影响，可以从以下几个方面来进行：

（1）世界人口发展的变化趋势。当前世界人口的变化趋势是：发展中国家的人口不断增长及人口持续地由农村移居城市，工业化国家的出生率下降，全球老龄化问题的日益严重等人口变化的趋势和特征对各国经济环境将会产生深远的影响。如果不能有效应对这些趋势，那么许多国家的经济增长将会放缓，老年退休计划将会遭遇严重的财政困难，公共及社会服务将会进一步恶化，最终将会导致社会动荡不安。

（2）人口结构及其变化。人口结构，主要包括年龄结构、性别结构、职业结构等。不同年龄段的人口有不同的生理特点、兴趣爱好、价值观念和收入状况，因而一国人口的年龄结构也影响着市场的需求结构和购买力。比如，在需求结构方面，儿童较多的国家可能需要进口更多玩具和糖果；青年人较多的国家可能需要进口更多的唱片和时装；中年人较多的国家可能需要进口更多的家用电器和汽车；老年人较多的国家可能需要进口更多的医药品和保健品。各国女性大多操持家务，是日用品、儿童用品的主要采购者；男性是汽车、保险的主要购买者，随着女性就业人数的增多，收入增多，女性在家庭中购买地位也在发生变化，即女性同男性一样会共同决策产品的购买。而一国或地区家庭单位的多少、家庭成员的平均数、家庭成员结构对市场需求同样也会带来巨大的影响。近20年来，西方发达国家和某些发展中国家的家庭规模呈现出小型化趋势，家庭结构的这种变化状况将使得消费者对国际营销企业的产品开发、分销和促销方式提出新的要求，如对家用电器要求的体积小型化，但住房需求量增多，住房面积趋小等。

（3）人口分布。许多国家由于历史、气候、地理条件等原因，形成人口分布不均衡的状态。如大洋洲，每平方英里7人，北美每平方英里29人，亚洲与欧洲则每平方英里达250人。在同一地区不同国家之间的人口密度也有很大差别。如欧洲地区，人口密度最低是挪威，每平方英里33人，而荷兰则达100人；同一国家的人口分布也有差异，如我国大部分人口分布在东南沿海地带，美国一半以上的人口集中在南方，加拿大的绝大多数人口分布在美加边境区域，日本有40%的人口集中在东京横滨工业区。人口分布影响着国际营销的产品需求、促销方式、分销渠道及营销效率等。在人口密度比较集中的国家和地区开展国际营销，在诸如做广告、发展产品零售网、进行运输和配货、开展维修和服务等方面，都有着较高的效率和较低的成本，反之则效率低而成本高。例如，美国人口密度仅为荷兰的1/15，所以尽管美国有最现代化的运输网，但美国的运输网络广，成本高。另外，人口流动方向的变化，也会影响人口分布的变化。

2. 收入因素

市场不仅要有人，还要有购买力。购买力是收入、价格、储蓄和信贷便利程度的函数，因此，消费者收入是衡量市场规模的重要指标。通常衡量一国市场规模或潜力的大小需要从以下几个方面加以研究：

（1）国内生产总值。体现一个国家（或地区）经济力量总和的指标是国内生产总值GDP（或国民生产总值GNP）。国内生产总值（GDP）表示一国或地区在一定时期生产的最终产品与服务的市场价值总和。国民生产总值是一国永久性居民挣得的全部收入。从市场角度看，国内生产总值或国民生产总值，可反映一个国家（或地区）的需求规模、需求结构。一般来说，从国民生产总值的增长幅度可以了解一国经济发展状况和速度，特别是工业品的推销与国民生产总值增长有着直接的关系，这一数值增长得越快，对工业品的需求就越大。

（2）人均收入。人均收入包括人均GDP、人均可支配收入和人均可自由支配收入。人均GDP是反映一国一次分配情况和居民平均购买能力的基本指标，它是常被用于反映一国经济实力和现代化程度的统计数字。人均可支配收入即个人总收入扣除应缴税金和其他非税性负担后所剩余的部分，是个人和家庭可用于最终消费和储蓄的收入。它能较准确地反映一国或地区居民平均的购买能力；可自由支配收入则是指扣除用于维持个人及家庭基本生存需要的相关费用后剩余部分收入。人均收入比国内生产总值更能反映一国消费者的富裕程度和购买力水平，尤其是个人消费品的购买力大小。同时也比国民生产总值更能反映该国消费者的生活质量，如对非生活必需品和服务（教育、健康、文化等）的需求。但也不完全是这样，有些国家人均收入虽高，但市场规模并不大。例如，科威特的人均国民收入超过美国，但决不能由此认为科威特的人均购买力比美国高。因此，国际营销人员在使用人均收入指标时，也要注意以下几个方面的限制：

第一，人均收入的比较是以美元为基础的，但有的国家的外汇汇价并不能反映实际的比价。

第二，由于各国的国民收入统计范围有所不同，因而各国人均的指标缺乏可比性。

第三，有些产品的市场与人均收入的相关性不大，如软饮料、食品、自行车等主要取决于人口规模，与人均收入的相关性低，生产资料产品市场的大小甚至与人均收入没有直接关系。

第四，收入分配不均使平均所得失去意义。

(3) 收入分配结构。国民生产总值和人均收入虽然反映了一国的经济发展水平和市场规模，但如果收入分配不公平，贫富不均太显著，在使用这两个指标反映一国的市场规模时就可能产生偏差。从目前各国收入结构的总体状况来看，发达国家收入分配结构呈直立的菱形，即中等收入占大多数，高收入及低收入者占少数；发展中国家收入分配结构则呈金字塔型，即低收入者占绝大多数，中等收入次之，高收入者占极少数。近年来，西方国家的收入分配结构发生了较大的变化。以美国为例，过去二三十年里，中等收入家庭大大增加，低收入家庭相对减少。

一般说来，如果该地区人群之间收入差距过于悬殊，则不利于产品消费和开拓新产品市场，因此，国际营销人员应该对目标市场国民收入层次进行分析，因为人们的生活必需品缺乏需求弹性，要扩大企业的产品需求，只有依靠全社会居民整体水平的提高和购买力的增强。

思考：我国目前恩格尔系数还不是很低，而基尼系数超过了警戒线，这对企业营销会带来哪些影响？

值得注意的是，虽然，国民收入的多少可以反映市场潜力，但其数字都有不同程度的偏颇。由于二手资料得到的数据往往以美元结算，如果货币价值有偏颇的话，人均收入数字就不能反映购买力的真实水平。此外，如在消费主要以自给自足或以物易物为主的发展中国家，那么以货币作为收入的衡量手段就会大大低估其生活水准。更进一步说，一些与服务业有关的项目（如保安服务与旅游业）作为工业化国家的一项国民收入，在低发展水平的国家中并不存在。

相关链接：

奢侈品消费

在欧元持续走低、境外游升温这两大因素的联合作用下，中国人已成为全球第一奢侈品消费群体，2012 年中国人奢侈品消费总额达 3 060 亿元，购买了全球约 25% 的奢侈品，预计到 2015 年，中国奢侈品消费将占全球市场份额的 32%。而从市场区域划分来看，包括香港、澳门在内的大中华地区已超过日本，成为全球第二大奢侈品市场，仅次于美国。

受欧洲经济的低迷影响，欧元的贬值继续拉大海内外奢侈品价差，导致中国人奢侈品消费出现“墙外开花”的繁荣景象。据统计，2012 年中国消费者在海外的奢侈品支出占中国消费者奢侈品总支出的 60% 以上。

资料来源：贝恩公司（Bain & Company）：2012 年中国奢侈品市场研究报告，文献分析整理。

第二节
国际营销文化环境

人类怎样消费，如何满足自己的的需要和欲望，除了受其经济因素的影响外，还与他们的知识、信仰、习俗以及后天所获得的一切能力和习惯有关。因此，国际营销人员还需要了解目标国市场的文化环境，才能真正了解该市场的消费行为，制定正确的国际营销策略。

一、文化对国际市场营销的影响

随着经济全球化进程的加快，越来越多的跨文化经营实证案例表明文化因素的影响在国际营销中的地位日益显著。国际性杂志《电子世界》曾就“什么是全球市场经营的最大障碍”这个问题在全球范围内向国际营销人员询问。在所得到的八大障碍中，文化差异被列在榜首。许多有实力的公司在国际营销中失利，其主要原因不在于资本和技术，而是缺乏对当地文化的理解，忽视了文化差异对营销的影响。因此，对文化的差异性及其对国际营销各个环节的影响加以分析，有助于克服文化障碍，减少不确定性，提高可预测性，从而获得国际营销的成功。

（一）文化对沟通风格的影响

不同国家或民族具有不同的文化规范和沟通风格，了解不同市场的文化规范和沟通风格，以便与这些市场的消费者进行有效地沟通是国际营销的基础。对于不同国家，沟通风格和方式的差异很大。例如，在语言沟通中，中国人、日本人一般比较含蓄，善于推理；美国人习惯从字面上表达和理解传递的信息，不太拘泥方式；芬兰人内向自律，说话守信用，口头上达成的协议如同正式合同一样有效；拉丁美洲人爱玩文字游戏；阿拉伯人和南美人则爱用富有诗意的比喻。营销人员在面对面的语言沟通中，要注意仔细倾听并不要轻易打断对方讲话，以表示尊敬和友好；讲话时要尽量使用简洁易懂的语言阐明自己的观点和立场，发音要准确，并根据对方的理解程度调节语速。开玩笑时要注意，因为对一种文化感到有趣的东西，对另一种文化来说可能没趣，甚至是粗鲁。另外要尽量避免使用俚语，因为俚语变化太快，背景性较强，不容易翻译，也不容易被对方理解。

沟通风格的差异不只限于语言，还包括非语言沟通、信仰、风俗等。在沟通过程中，不同文化的人们对情景的依赖程度有很大不同，情景既包括有声的信息，也包括无声方面的信息，如面目表情、眼神、对话空间、时间观念、手势、着装等。对于各种文化，情景部分在沟通中的比例越大，人们互相接受和传递信息的困难程度就越大。在北欧、德国、美国等低情景文化国家，人们认为情景不容易被理解，大多数信息通过完整、清晰、准确的符号如语言、文字等传递，否则就无法准确、完整地表达自己的思想并使对方做出反应。在中国、日本、俄罗斯、南欧、阿拉伯国家等高情景文化国家，情景有很强的暗示作用，可用来传递大部或全部信息的内涵，信息的发出者和接收者可以很好运用情景进行沟通，语言有时是可以省略或非直接的。相对于低情景文化，这些国家的人们对语言表达的信任程度较低，较多地依赖情景的帮助来澄清和完成沟通。

即便对同一种情景，不同文化它的理解和运用也不尽相同。例如，亚洲人习惯用点头的方式表示听懂了对方的意思，而美国人则通常将对方点头理解为对自己观点的肯定。如果不了解不同文化对情景的理解和运用，就很容易在沟通中造成误会。对于约会的时间，美国人认为时间就是金钱，德国人认为准时是仅次于信奉上帝的事，而在阿拉伯、非洲和拉美的一些国家，迟到半个小时并不奇怪。跨文化沟通中，西方人对亚洲人在切入正题前过多的寒暄往往表现出不耐心；而当西方人迅速和直接地切入正题时，亚洲人则会感到过于唐突。阿拉伯国家的商人在同美国人做生意时则经常利用时间作为非语言沟通的优势，尽量拖延谈判，迫使对方着急，以期做出让步。

（二）对营销谈判的影响

营销谈判的成功与否是影响国际营销的关键，所以不同文化所持有的不同价值观在谈判中表现得十分明显。西方国家的营销人员注重结果，他们将谈判作为达到其特定目标的工具。在国际营销谈判中，他们会直接切入正题，强调尚未解决的问题，并着力加以解决，以便使双方对某特定业务达成协议。此外，他们通常避免将个人关系与营销业务联系在一起，他们认为沟通和谈判的目的是促进销售、发展业务，而关系是表面的，能做成生意就足够了。西方人的这种态度对高情景文化国家的营销人员往往是不可思议的。中国和多数亚洲国家的营销人员重视人际关系，鼓励和谐，通过谈判实现双方的相互信任，从而建立和保持长期合作关系。所以他们通常喜欢在一般目标方面先与对方达成一致，强调并试图使已经达成的协议将双方联系在一起。因为他们认为一旦关系存在，双方就有义务考虑对方的需要，即使暂时未能签约，已经建立起来的关系也可以为以后的签约奠定基础。

在谈判中，如果双方发生争议或冲突，西方人会花费大量时间和努力对冲突进行专门的沟通，对不同观点进行直接和公开的讨论。在争议中，他们注重强调事实数据，在坚持自己最终立场时往往表现得比较死板，当预期结果不能实现时，就容易表现出情绪。他们认为妥协是可以和不可避免的，但如不能很快达成协议，就会感到失意或失败，双方已经建立起来的关系也失去了意义。亚洲人注重和睦，尽量避免冲突公开化，在处理冲突的沟通中保持灵活性，对争议提出新的建议或折中方案，避免冲突的升级，以保持双方已经建立起来的关系。即使在解决冲突的沟通中遇到困难，也避免向对方传送破坏和谐的非语言信号，因为他们认为表现出情绪是不成熟的表现。日本人就不愿直面冲突，他们认为冲突可通过竞争、合作、妥协、回避、和解的方法解决，所以当他们在沟通中遇到不快时，会低下头或捂住眼睛以掩饰个人情绪。美国人快速、强硬的讨价还价在世界有些地方很奏效，而高情景文化国家的人则感到美国人的谈判节奏太快，方式太生硬。所以，为促成国际营销谈判的成功，要充分了解不同文化的价值观，并有针对性地调整谈判策略和节奏。

（三）对营销策略的影响

每个国家或民族特有的文化遗产和文化背景向其成员提供了指导他们行动的准则价值

观念。只有了解并尊重每个国家、民族的文化背景和价值观念，才能对所在区域、民族的消费者心理、行为和需求加以有效度量，从而制定适合于本土化的营销战略和策略基础。

可口可乐的成功之处就是善于把当地文化理念融汇到公司的经营管理中，使产品创新、品牌创立、市场营销诸方面更加本土化，达到相互间的沟通和互融，消除文化障碍，实现消费认同与市场开拓。可口可乐进入我国市场时，起初将名称翻译成“可渴可蜡”，后来改译为“可口可乐”，仅从字面上，“可口可乐”就赢得了我国消费者的好感，使它在我国市场的销售如日中天。可口可乐在我国推出12生肖产品包装、“大阿福”贺岁包装、“阿福”小姐妹怀抱可口可乐贺岁广告等营销方式完全适应了我国文化风情，产品也自然深受消费者青睐。

文化差异对营销宣传手段的影响也非常明显，如同样在欧洲，杂志广告在意大利的宣传作用很大，而在相邻的奥地利作用却很小，因此在选择营销宣传媒介时，一定要充分考虑当地的文化背景和喜好。雀巢公司的产品之所以能畅销世界，就是因为雀巢公司在不同国家分别采用了不同的生产线和营销广告，以适应因文化、地理、人口、经济的差异而造成的需求、购买力、产品偏好和购物方式的不同。所以，在国际营销中要力戒试图将一个文化的概念移植到另一个文化中；不要以为某种营销手段在一地成功，在其他地方也能成功，某种产品在一地销路好，在另一地也有相似的业绩。

相关链接：

文化与谈判

谈判方式在不同的文化中有着很大的差异——美国人希望得到即刻答复，斯堪的纳维亚人则显得不紧不慢；拉丁美洲人在理解说话人的意思后，很可能会将其打断，因为他们倾向于与人争论，而日本人则常常闭上眼睛——有时甚至真的睡着了；阿拉伯人可能会因为一个电话突然起身离开，接完电话后就像什么都没发生过一样回到谈判桌上；墨西哥是出了名的习惯迟到；意大利人很注意外表和如何做出使人印象深刻的陈述；法国人常在别人说话的时候和同伴讲话；德国人喜欢涉及谈论要点的背景信息；中国人则喜欢和本国人争论。

这些一般的结论并非放之四海皆准，但这些确实有助于当事人判断哪些行为看起来是奇怪的，需要避免的。在一些人看来，中途离开谈判桌是对自己的一种侮辱，但是对另一些人而言这却是完全自然的。当一种行为在谈判者自身的文化中被视为正确无疑时，他会不假思索地去做，这种条件反射在其文化中是有用的。迟到并不一定意味着懒惰或粗心，有时甚至不是故意的，因为在一个时间观念不强的社会里，10点的会议就意味着“在上午的某个时候”。但是，当迟到的成本增加时，人们就会变得守时，这就是为何在现在的墨西哥城，商务会议像在西方国家一样准时。

资料来源：约翰尼·约翰逊（Johny K. Johanson）著，陈虹译：《约翰逊全球营销》（第四版），中国人民大学出版社，2009年版，第50页。

二、国际市场营销文化环境因素的构成

国际营销文化环境的构成因素主要包括以下几个方面：

（一）物质文化

物质文化来源于技术并与社会经济活动的组织方式直接相关，它通过经济、社会、金融和市场基础设施等各方面体现出来。物质文化水平一定程度上决定了人们工作效率的高低。因此，对国际营销而言，物质文化的影响力是显而易见的。它将影响一国或一地区的需求水平，产品的质量、种类和功能以及产品的生产手段和分配方式。此外，属于物质文化内涵的技术进步还会导致文化的变化。譬如，由于技术的进步，西方人闲暇时间在增加，由此，人们的业余生活方式也会悄然变化。

国际营销人员对物质文化的评估主要包括：（1）经济基础设施的状况，如运输、动力交通、通信；（2）金融基础条件，如银行、信托公司和其他金融机构；（3）行业及相关行业的生产工艺能力与水平；（4）行业中劳动密集（技术密集）程度。上述因素也属于经济环境的一部分，体现了文化与经济环境的相互渗透、相互影响。此外，公司在制定产品、价格、促销、分销策略时也必须考虑物质文化方面的限制与机会。

（二）语言

语言是人类交流思想的工具，也是一个国家或地区社会文化的缩影。要了解一个国家或地区的文化环境，不能不借助当地的语言。语言也是国际市场营销人员在业务活动中进行沟通的主要工具。通信联络、商务洽谈、广告宣传、人际交往都离不开语言。一个公司在其国际化的过程中，也是公司在包装文字、命名、广告主题、商标选用等方面运用语言的能力经受国际检验的过程。简洁、朗朗上口的品牌名称和广告语言，可以给消费者留下深刻的印象。通过语言进行有效的企业形象设计（CIS），是企业在国际市场取得成功的一个重要条件。由于英语是目前世界上使用最广泛、影响最大的语言，许多公司在进入国际市场之前，就已经选择了与企业形象、产品形象相协调的英文名称和商品品牌，并取得了很好的效果，如日本的 Sony（索尼）、Panasonic（松下），德国的 Adidas（阿迪达斯），中国的 Haier（海尔）、Konka（康佳）等。

语言往往与一定的风俗、禁忌、法规相联系，在使用语言的过程中，要十分注意语言表面之外的文化含义，否则就会带来不必要的麻烦。例如，反映殖民、侵略色彩的词语就应当注意禁用，如将中国称为“支那”，将中国东北地区称为“满洲”。

对于使用字母文字，还要注意相同的字母组合在不同的语言中可能代表完全不同的含义，有些是非常不利于产品销售的，要注意加以避免。例如，百事可乐（Pepsi）公司的著名广告口号“Come Alive with Pepsi”被人翻成德文却变成了“从坟墓中复活”。

除了书面语言外，各种语言还都有一些口头语言、俚语习语，这些语言往往代表着一定的时尚色彩，在国际市场营销中可以巧加利用，如在销售新潮产品时使用“酷”（Cool）这样的词语。

（三）教育

一个国家教育发达水平往往与经济发展水平紧密相关。教育发达程度可以用识字率、中等教育注册数、高等学校注册率以及普教水平来描述。教育水平与国际营销的关系体现在：

（1）教育水平直接影响人们的消费行为，决定当地消费者和用户对产品的不同需求。一般来说，受教育水平高的消费者，对于商品的鉴别能力较强，理性购买的程度也较高，做出购买决策的过程相对复杂，接受新产品的速度较快；而教育水平低的消费者，一般更喜好使用操作简便、保养维修容易、功能单一的产品。

（2）教育水平决定了当地人力资源的基础水平，一定程度上制约着国际市场营销活动的开展。如果营销国的教育水平低，一方面难以找到理想的代理商来经销自己的产品；另一方面在开展营销调研时，由于访问者与被访问者之间的沟通困难，常常使问卷回收率、有效率降低。

（3）教育水平会影响国际市场促销策略和方式。促销就是要通过适当的媒介、特定的方式让目标受众了解不关商品的信息，记住所销售商品的品牌、特性等。在教育水平低的国家开展促销活动时，一般不宜采用手册、传单等印刷品，因为文字形式比较抽象、深刻，而图像广告、电视、广播、现场演示等形式，因直观、形象等优点，就容易被接受。

（四）宗教信仰

宗教信仰是反映人们对客观世界认识的一种社会意识形态。这种意识形态对一个国家的经济发展、市场状况的影响，在不同国家、不同地区有很大差别。有些国家和地区，宗教色彩比较淡薄，在这些国家开展营销活动就可以不必过多地考虑宗教对国际营销的影响。但在宗教色彩浓烈的国家和地区，如果对有关的宗教要求、规定或禁忌不清楚，可能根本无法开展营销活动。例如，佛教宣扬四大皆空、无所作为、甘受清贫，因此，在信奉佛教的国家推销高档消费品、奢侈品、享乐用品就可能面临困难。宗教对国际营销的影响主要表现出在：

（1）宗教节假日往往造成季节性消费浪潮，企业可以利用宗教节日进行推销。如西方国家圣诞节之前的一段时间、复活节假期期间，儒教国家的春节前后，穆斯林国家的斋月等都是人们消费的高峰期，企业可借此机会扩大销售。

（2）宗教禁忌影响人们的消费行为，从而给国际营销活动带来直接影响。

（3）宗教的不同习俗产生的特殊需求，可以成为市场细分化的重要依据。比如，日本精工钟表公司，利用伊斯兰教徒每天做礼拜的习俗，推出一种新型手表，可提醒人们做礼拜，结果在穆斯林国家大受欢迎。

背景资料：

违背宗教习惯的惩罚

我国某出口公司与科威特公司成交冻鸭700箱，科方要求中方在屠宰时要按照伊斯兰教方法，且要有中国伊斯兰教协会出具证明，我方同意并签了合同。但在屠宰时，我方已掌握了从鸭子口中进刀，放尽血后速冻，使鸭子外表保持完整的新方法，公司自认为此先进方法一定会受到科方欢迎，便采用此法屠宰，并未经中国伊斯兰教协会实际察看，就请该会出具了“按伊斯兰教方法屠宰”的证明。货物运到科威特后，当地政府部门检验认为，该批鸭子不是按伊斯兰教方法屠宰的，中方出具的证明是伪证。然后，700箱全部退回，我方损失巨大。

资料来源：李世嘉编著：《国际市场营销理论与实务》（第二版），高等教育出版社，2011年，第92页。

（五）价值观和态度

价值观是人们评价客观事物的标准，是文化的核心内容；而态度则是以价值观念为基础对事物所做的评价。由于人们对时间、变革、财富、风险等态度不同，由此产生的价值观念对其消费方式、消费行为也会有很大影响。

1. 时间观念

美国人时间观念很强，欧洲人次之，南美人则时间观念相对淡薄。时间观念的强弱一方面影响人们的消费选择，如美国人比较喜欢快捷、便利的商品。另一方面，时间观念影响人们的商务行为，例如美国人约会迟到通常在15分钟以内，欧洲人则在30分钟以内，而在南美地区，迟到一、两个小时也是常有的。因此，同样是迟到30分钟，美国人可能理解为对方缺乏诚意，欧洲人可能理解为不够重视，而在南美人看来什么都不能代表。

2. 对变革的态度

对变革、创新、新产品各国消费者的接受态度是不一样的，这影响国际营销人员对新市场的开拓，也影响到经营中的一些行为。对变革的不同态度，可能存在于不同国家之间，也可能存在于同一国家内部的不同人群之中。

就不同国别而言，美国人比较喜欢新生事物，因此，满足同样用途的商品，美国人可能更倾向于尝试新产品；欧洲人则相对保守，在新产品的优越性没有得到证明之前，往往选择老产品；而在亚洲地区，即使新产品已经证明了其优越性，也不容易为消费者接受。就一国内部的人群而言，一般来说，年轻人和受过较高教育的人对新生事物的接受能力往往较强。对企业内部经营而言，美国人倾向于选择新的公司和岗位，在很多美国人看来，连续在一家公司、一个岗位工作5年，往往是缺乏进取心的表现；而在亚洲地区，连续地更换公司和岗位，常常被理解为缺乏忠诚感和踏实的工作态度。

3. 财富观

各国对财富的观念也不尽相同，欧美国家追求获得更多的财富，从而也刺激了人们的消费需求；而东亚地区往往把道德、社会利益和公正放在很高的位置。国际营销人员在选择促销策略时必须充分考虑这一点。

4. 风险意识

指消费者在购买决策时，对可能存在的风险的认知和规避意识。这些风险包括：(1) 经济风险，即购买商品或服务不能满足需要时必须重新购买所蒙受的经济损失；(2) 安全风险，指消费商品或服务时可能对消费者人身安全的损害；(3) 声誉风险，因购买不当对自己形象的影响。

（六）风俗习惯

所谓风俗习惯，是指在长期的生活中自发形成的，社会中大多数人共同的行为规范，反映了社会文化所蕴含的价值观念、教育水平、历史传统等深层次的东西。世界上不同国家的风俗习惯千差万别，甚至在同一国家中的不同地区也有很大不同，这些习俗包括颜色的不同含义、身体语言的含义、一般商业做法（如明码标价或讨价还价）、消费偏好和禁忌等。了解不同国家的习俗，无论是对营销时机的选择还是对谈判策略的使用都是十分重要的。

（七）社会组织

社会组织是指一个社会中个人和团体所发挥的作用以及这些个人和组织之间的相互关系，它包括由家庭、社区、宗教、职业、政治、社会公益、社会阶层、性别等社会各方面的关系而形成的各种组织，通常把它分成亲属关系和社会群体两大类。

1. 亲属关系

由血缘关系组成的社会组织的核心就是家庭。家庭在社会中扮演着非常重要的角色，家庭成员通常相互保护，彼此提供心理上的支持和经济上的保障。家庭是市场营销中要考虑的一个重要因素。一方面，家庭规模的大小（人口多少）和人口结构（年龄、性别）影响消费需求的结构；另一方面，家庭内部各个成员也往往影响其他成员的购买决策。

2. 其他社会组织

指由社区、宗教、职业、政治、社会公益、社会阶层、性别等社会方面的关系而形成的各种组织。这些组织都会对消费活动产生影响。

社会阶层是一种客观存在，一般代表非伦理性社会群体。通常而言它是依据职业、收入和财产、血缘和社会关系、受教育程度以及价值观念等五个主要因素来划分的。其实质是判断社会地位的高低。社会阶层具有四个共同的特征：处于同一社会阶层内的人们行为大致相同；社会阶层决定着人们不同的社会地位；一个人的社会阶层是由一系列因素共同决定的；一个人的社会阶层不是永远不变的。

由此可见，不同的社会阶层必然会有不同的消费需求、消费模式和购买习惯等，这些直接影响企业的产品定位、销售渠道的设计、广告媒体和广告诉求的选择等诸多方面的决策。

三、文化分析与适应

（一）文化分析

文化分析有利于国际市场营销者更好地认识文化差异。对文化差异的分析存在三种不同的观念：一种是民族中心观念，即认为本国文化价值具有优越性，国内畅销的产品或服务在国际市场同样受欢迎，因此，在外国市场上强行推销本国的产品或服务；第二种是民族同化观念，认为本国文化可以得到其他文化的接受和认同，在外国市场使用各种促销策略销售本国产品或服务；第三种是东道国中心观念，承认东道国文化的差异性并改正自己的产品或服务以便更好地适应东道国的需求。这三种观念都会对国际市场营销战略造成影响，从而也会产生不同的营销效果。

因此，为了理解和解释文化和跨文化行为之间的差异并更好地控制各观念对营销活动带来的影响，理论界目前比较普遍推崇的文化差异性分析方法是詹姆斯·E. 恩格尔（James E. Engel）等人提出的消费者行为跨文化分析思路框架。其基本步骤为：第一，确定与当地文化相关的动机；第二，确定消费者行为模式的特征；第三，确定与这种产品有关的文化价值观念；第四，确定决策模式的特征；第五，选择适合当地文化的促销方式；第六，确定消费者接受产品的分销渠道。这种分析框架的主要特点是将文化特征与营销决策结合起来，避免企业提供的产品和服务与东道国消费者态度、动机、价值观及行为产生文化冲突。

（二）文化适应

国际营销中的文化适应（Culture Adaptation）是指企业在制定国际营销决策时充分考虑目标市场国的文化特点，使营销决策在实施过程中不但不触犯当地的文化传统、生活习俗、宗教信仰等，而且能比竞争对手更好地满足当地消费者的需求，取得竞争优势。

在国际营销中，虽然文化环境的重要性得到了广泛的重视，但由于自我参照标准（SRC，Self - Reference - Criterrion）的存在，实践中正确认识文化环境往往比较困难，人们常常无意识地参照自身的价值观来判断文化差异问题，造成分析不全面，甚至造成错误。根据美国学者詹姆斯·A. 李（James A. Lee）的研究，在文化适应过程中有效避免SRC不良影响的基本步骤①：

（1）按照本国文化的特性、习俗或观念，确定经营问题和目标；

（2）按目标市场所在国的文化特性、习俗或观念，确定经营问题和目标，注意只做客观分析，不要进行任何价值判断；

（3）将问题中所包含的自我参照标准的影响分离出来，仔细审查，看看由于文化的不同，问题是如何复杂化的；

（4）在剔除自我参照标准影响的基础上，重新确定问题和最合适的方法去实现经营目标。

---

① 孙忠群主编：《国际营销精要》，中国经济出版社，2007年版，第93页。

值得注意的是，文化适应主要是要求企业在国际营销活动中注意消除自我参照标准的影响，加深对不同文化价值观念和准则的理解，而不是放弃自我。

第三节 国际营销政治与法律环境

任何一个从事国际市场营销的企业都应认识到，政治是经济的集中体现，又对经济产生巨大影响。当代社会，任何经济活动都不可能独立于政治因素之外，而法律通常又是政治决策的产物，因此，即使最好的商业计划也会因为始料不及的政治或法律的影响而改变，有时甚至毁于一旦。图 2－1 展示了影响一国投资环境的主要因素，从中我们可清楚注意到政策的不确定性对企业的影响占到了首位。

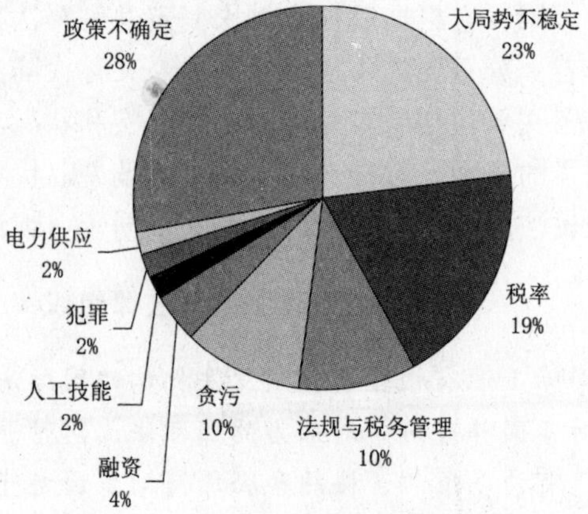

图 2－1 影响一国投资环境的主要因素

资料来源：迈克尔·R. 津科特等著：《国际市场营销学》，电子工业出版社，2007 年版，第 82 页。

一、国际政治与法律环境

无数事例表明世界政治与法律环境以及国家之间的关系对国际市场营销企业将会产生深远的影响，尤其是当政府间的关系变为敌对关系时，更应引起国际企业高度重视。

（一）国际政治

好的国际经营者应当了解世界政治潮流，并努力预测国际政治环境可能发生的变化，以便其公司能够做好准备。事实上，国际政治关系恶化会对国际营销者产生负面影响，如 1979 年伊朗革命之后的美伊关系，虽然革命后的国内政治与法律变革自然会影响到伊朗的国际市场营销，但革命之后美伊政治关系的恶化对国际市场营销产生了重大影响。对美国公司来说，不仅由于暴力行为带来了物质的破坏，而且还由于伊朗人及其政府的反美情绪，以及两国政府之间的矛盾使得两国之间的商业关系完全破坏，并且这种局面持续了

20多年之久。同样，今天的中日之间的政治气氛的紧张局势，也使中日双方的商业活动受到相应的影响。反之，如果国家间的双边政治关系得到改善，那么商业就会从中受益。因此，国际营销者应从世界范围内预测国际政治环境可能发生的变化，以便公司能做好相应的准备。

（二）国际营销所涉及的主要法律问题

1. 国际营销所面临的不同法律体系

法律是行为规则的总称，也是国际市场营销环境中一个重要而又复杂的因素，它管辖着一个社会内人们之间的事务，调整人们的行为。

迄今为止，世界范围内，还没有一个能够解决国际商事争端的统一的国际司法机构，也没有一个适用于解决一切争端的超国家的法律制度。因此，在同一国家里常常会出现针对同一商业诉讼的不同的法规、司法解释、执行方式以及相互冲突的法律体系。

现代社会中存在三大法律体系：习惯法系、成文法系和伊斯兰法系。习惯法系又称英美法系，主要应用于英语国家，它根据以往先例来制定并解释法律条款。因此，法院依照上述特征对该法的解释起着十分重要的作用。成文法系又称大陆法系，明确的法律条文是非常重要的，而且其法律条文要包括所有可能的法律事实和状况。由于成文法系国家不依据以前的裁决，因此，同样的条文，可能产生解释上的偏差。伊斯兰法系源于古兰经，由古兰经与已有的习惯法与民法融合而成，但该法系又不同于习惯法和成文法。

背景资料：

国际协约与法律组织

因为国际上没有相当于各国立法机构的国际法制定机构，可以说世界上并没有对各国具有同等约束力的国际法，同时也没有执法的国际法庭存在。但是，有许多条约、协约和公约得到多国遵守的承诺。国际营销人员在其决策过程中必须考虑到各种国际性协约，也必然要同一些负责实施和解释法律的组织打交道。主要的国际性协约有：通商航海条约（TCN）、征税协约、国际贸易法规委员会（UNCTRAL）、国际标准组织（ISO）、巴黎保护工业财政协议（简称巴黎联盟）、马德里协约、国际民航组织（ICAO）、国际航运协会（IATA）、国际电讯联盟（ITU）等。

2. 国际商业纠纷的解决

在国际商务中，一般发生商务纠纷的双方有三种情况：一是政府与政府；二是公司与政府；三是公司与公司。第一种情况的争议可诉诸国际法庭，后两者的争议解决方式大致可分为两种，即外交解决和司法解决。司法解决方式的运行机制主要遵循WTO框架下的争端解决机制的法律程序，即《关于争端解决规则及程序的谅解》。通过WTO解决争端的基本程序：磋商、斡旋、调解或调停、仲裁、专家组程序、上诉机构程序、争端解决机构决定及其监督实施、制裁等。

除了多边协定外，企业还受到双边条约和协定的影响。例如，中国与许多国家都签订了双边友好、商务及海运条约。一般来说，这些条约都规定了中国企业在东道国开展商务活动时的权利，保证了在正常情况下，中国企业在东道国得到与当地企业相同的待遇，但当双边关系变坏时，它们也可以被取消。

如果交易双方没有对发生商务争端裁决事项有共同协议，由于没有一个单一的国际法，这时，企业通常就会产生一个遵循哪国法律的问题。一般来说，如果合同中没有写明以何地法律为准，争端双方就要根据合同签订地或合同履行地来确定到底遵循哪一国的法律，且操作上多以签订合同所在地的法律为准。为了降低不确定性，避免不必要的麻烦和矛盾，国际营销者在签订合同时应该写明裁决方式。

特别需要注意的是，尽管当前国际商务争端解决方式有严格的法律程序和相应的执行机构，但争议双方仍应本着协商一致原则，即使一方必须诉诸更坚决的行动，很多国际商人也宁愿通过仲裁解决，而不愿采取诉讼方式。主要原因：一是它通常要拖很长时间；二是花费很大；三是担心在外国受到歧视待遇。

二、东道国的政治与法律环境

东道国的政治与法律环境在许多方面影响着企业的国际市场营销状况。政府对外商的政策和态度也反映出其改善国家利益的根本想法。因此，企业在进入一个国家之前必须尽可能评估该国的政治与法律环境。

（一）政治环境因素的构成

1. 政府类型

随着国际竞争的加剧，各国政府对经济的介入越来越多。政府干预经济的方式和程度取决于经济体制及政府类型。世界上政府的类型归纳起来大致可分为议会政府和专制政府。议会政府又分为君主制和共和制两种。专制政府包括君主专制和专政两种。

君主制政府国家的最高权力掌握在世袭君主手里；而在共和制政府中，国家最高权力执掌者是通过选举程序产生的，并规定了其相应的任职期限。在当今世界上，君主制与专制，共和制与民主并不能简单地画上等号。现代西方国家的君主制实际上都是君主立宪制，君主的权力受到宪法的限制，并无统治国家的实权，如英国就没有人称它是一个专制的国家。第二次世界大战时的德国是共和制的，但也没有认为它是民主的。不同的政府构成形式代表不同的管理形式。一般来说，政府在经济中可扮演参与和规范者的角色。显然政府在经济活动中的所有权与参与程度可能会影响到国际营销企业的市场准入和营销能力的发挥。

2. 政党制度

政党制度是一个国家的政党行使政权或干预政治的各种形式的统称。一般说来，政党制度可分为四种类型，即一党制、两党制、多党制和一党专制。不同政党有不同的主张，政府政策也深受政党的影响。因此，国际营销人员应了解各主要政党的政策，特别是对外经济政策的倾向性。一党制以墨西哥为代表，由于一党占绝对支配地位，其他政党没机会在选举中获胜。它与一党专制不同，前者是通过选举产生，但后者往往是通过军事或政变的手段获取的。健全的一党制所推行政策具有相对稳定性，随着进一步演化可能转为多党制，因此，其对国家的稳定和发展具有重要意义。

两党制以英国和美国为代表，这种体制是由两党相互交替控制政府。两党政纲不同，它们之间的交替对外国企业的影响往往比对本国企业的影响要大。以英国为例，传统上，英国工党和保守党在对待外资企业的认识上存在较大分歧，保守党执政时致力于放松对外资的控制，工党上台后，不但立刻加以限制，而且还提高了进口税，而保守党再次上台后，又重新执行其政策，采取了一系列自由化政策。作为多党制代表的意大利，其情形正好相反。在这种体制中，没有任何政党能独立组阁并取得绝对控制权，政府是各政党共同合作的。结果，内阁的生命也依赖于各政党的合作，执政党有时还要考虑在野党的意见。在这种环境下进行营销，特别是在衡量当地政府政策时，还应考虑在野党的意见，不能因为是在野党而忽视其作用。

3. 政府政策稳定性

国际营销在分析某个国家政治气候时，不仅要考虑现有政府的现行政策，而且要考虑到较长时间内可能发生的政治变化，以及由于这种变化所带来的经济政策的变化，以便及时调整策略和采取相应的对策。

企业制定的国际营销战略、策略，是以东道国政府政策的相对稳定为前提的。当然，任何一国政府的政策总是处于不断变化之中，但变化的程度有所不同。如果这种变化是渐进的，而且是可以预见的，企业就有足够的时间进行策略调整，因而不能把这种变化称之为政府政策不稳定。国际营销主要应该关心政府政策是否会发生突然剧变且无法预料。通常来说，政权的频繁更替、治安混乱、频繁发生暴力事件和游行示威、宗教对立、文化分裂都是可能给东道国的政府政策带来不稳定性的主要因素。

4. 民族主义

民族主义是人民对祖国的自豪感的觉醒，属于意识形态范畴，表现为强烈的民族自豪感与团结心，以及为实现特定的理想而采取的极端行为和各种力量。一般认为，无论哪一个民族国家，不管它做过什么保证，不会容忍外国公司对其市场和经济的无限渗透，特别是当东道国认为外商的经营行为没有顾及本国的社会经济发展需要时，就会不同程度地产生民族主义情绪，从而制定一系列对外商具有歧视性或限制性的民族主义、贸易保护主义政策。如1980年美国汽车工人就业率明显下降，美国汽车工人联合会就要求对日本汽车进口实行限制，使日本汽车进入美国市场变得十分困难。因此，从事国际营销的人员必须尊重各国的民族利益和民族感情。

注　意：

苹果公司为何失去法国的微电脑合同

1985年，法国决定全面推动电脑教育，计划拨款1.6亿法郎购置12万台微电脑，以改善法国的教学设备。这是一项当时欧洲最大的教育电脑合同。美国的苹果公司作为法国最大的微电脑供应商，曾多次试图取得这项合同，并就此事向法国总统请愿，但最后合同还是被一家法国公司取得。苹果公司通过美国政府向法国提出抗议，认为此项合同是以不公平的方式处理的，并将采取报复性行动。但后来美国又因为政治原因放弃了追究。

（二）政治风险及评估

1. 政治风险的类型

政治风险是指由于该国的政治结构或者政策变动可能给外国经营者造成的各种不利影响或由此带来的各种经济损失。常见的政治风险主要有三大类：针对财产和生命的所有权风险、阻碍企业持续经营的经营风险以及试图在国与国之间转移资金而遇到的转移风险。政治风险可能源于政府行为，也可能是政府无法控制的突发事情，具体影响因素与风险情况见表 2 - 2①。

表 2 - 2　　政治风险与影响

		导致损失的原因	
		政府当局的行为	非政府控制因素引起
偶发事件包括的内容	所持特定资产遭受非自愿损失时得不到补偿	全部或部分财产征用； 强制性剥夺财产； 没收； 废除或以不公正的代价招回发行的债务。	战略； 革命； 恐怖主义； 罢工； 敲诈。
	预期从国外附属企业的收益减少	不适用“国民待遇”； 对进入金融、劳务或原材料市场的限制； 价格、产量或经营活动管制； 货币与汇款限制； 附加值和出口要求。	民族主义买家和供应商敌对集团对生意的打击与破坏； 外因导致的金融抑制； 对进出口的外部限制。

2. 政治风险评估的主要内容

企业无论在世界上的哪个国家从事营销活动都会有政治风险，只不过发生的可能性大小或政治风险的影响程度大小不同而已。因此，近年来，西方许多跨国公司都越来越重视国际市场营销中的政治风险评估，以便使企业能够对外部的政治环境变化做出快速反应。

进行政治风险评估时，应着重分析本企业在某一东道国从事国际市场营销活动的政治敏感性。敏感性越高，则政治风险越高。这种分析主要着眼于两类因素：一类是公司外部因素，一般为不可控因素；一类为公司内部因素，公司可采取措施进行调节。

（1）对公司外部因素的分析评估。

① 双边关系。国家间的友好关系状况直接影响企业在东道国的业务活动。因此，当其他条件相同时，公司母国与东道国的关系越友好，则在该国的投资和营销越顺利，越容易受到欢迎和支持。否则，若两国关系紧张，甚至出现敌对，则企业遭遇海外政治风险的可能性就会加大。

② 产业和产品。不同产业和产品的政治敏感性不同，因此，可能产生的政治性保护也不同。凡是政治敏感性高的行业和产品，如重要原料、公共设施、交通通信、药品、文

① 迈克尔·R. 津科特等著：《国际市场营销》，电子工业出版社，2007 年版，第 88 页。

化娱乐以及与一国国防安全有关的产品等，在东道国经营面临的政治风险就较大。

③ 经营规模及公司所在的位置。公司在东道国的经营规模越大，遭遇政治风险的可能性越大，尤其是当这些外国企业位于都市地区或重要城市时，其政治风险程度则更高。

④ 公司的知名度。公司知名度是公司规模、所在位置、产品质量、广告、品牌等因素的综合反映。一般来说，一个国外企业在当地的知名度越高，政治风险就越大。

⑤ 东道国的政治情况。各国都有自己不同的政治形势，企业应密切关注，并根据其具体的政治稳定状况、对外商经营的限制程度等及时调整策略。一般情况下，东道国的政治局势若有出现巨变的迹象，则企业面临海外政治风险的可能性将会加大。

⑥ 目标市场国的国际关系及其他。如目标市场国与其他国的双边关系、国际组织的参与基本情况以及政府的开放和市场化程度等。

（2）对公司内部因素的分析评估。

① 公司的行为表现。公司的任何经营政策和行为都会影响它在东道国政府和民众心目中的形象，这一形象与其面临的政治风险的高低直接有关。若企业在东道国的形象越好，政治风险就越低；反之，政治风险就越高。

② 公司对东道国贡献的大小。企业在东道国投资，常常可以为东道国带来先进技术和设备，注入流动资金，带来原材料，扩大出口，增加就业等等。企业对东道国的贡献越大，政治风险就越低。

③ 经营的当地化。企业可以采用多种方式促进其生产经营本土化，比如使用当地原材料、零部件，在当地开发新产品，使用当地品牌，雇佣当地的管理人员、技术人员、普通工人等。企业经营越本土化，越能与东道国融为一体，政治风险也就越低。

（三）政治与法律的影响应对策略

国际营销人员要想在市场中取胜，只有商业知识是远远不够的，还必须要学会与复杂的国家政治与法律打交道。由于政治与法律的大部分领域都不是一成不变的，且观点可以修正或完全改变，新法也可以取代旧法，因此，国际营销人员要有多种策略去应对其可能给企业带来的负面影响。同时还必须消除东道国对外国企业的担心及恐惧心理，避免产生敌对情绪，努力使其成为东道国的“好公民”、很好的合作者。为此，企业必须坚持如下一些基本准则：

（1）尊重和配合东道国的发展目标，明确自己是处于客人地位，并要同当地政府、当地企业和当地雇员建立和发展良好的关系；

（2）价格要公平，获取的利润要适当，不应该只是公司获利，而应该兼顾当地雇员和东道国的利益；

（3）入乡随俗，用当地语言进行交流，尊重当地风俗习惯；

（4）对当地的文化活动和慈善机构进行资助，做出应有的贡献；

（5）积极培训当地有关的管理人员和技术人员，捐赠奖学金，以加深友谊；

（6）将企业有关方面的资料，及时送发给有关部门，以增加相互间的了解和沟通；

（7）企业的职工和家属在东道国的举止要得当；

（8）雇员中应多选用一些有能力的本地人，并积极参加当地的社交活动。

三、本国的政治与法律环境

任何从事国际市场营销业务的管理者都不能忽略其所在国家的政策与条例。一个公司不论其在哪里都会受到其政府政策及法律制度的影响。比如，最低工资法虽然不是专为国际市场营销问题而制定的，但它会影响一个劳动密集型公司的国际竞争力。当然，也有一些法律法规可能是专门针对国际市场营销活动的，比如出口管制、进口管制禁运与制裁等相关政策，营销人员则必须密切注意。

（一）出口管制制度

许多国家都有出口管制系统以防止或至少延缓国外获得其重要的战略物资。对于大多数国家来说，出口被认为是独立于对外政策的，因此，这种管制系统主要是用来管制出口中的例外情况而不是常规的出口。尽管如此，不同的国家对出口管制的法律基础不同。例如，美国法律控制着美国所有的商品、服务和创意的出口，出口被认为是一项特权，因此，有关出口的相关政策只是其对外政策的延伸，其出口管制系统建立在由美国商务部实施的《出口管理法》和由美国国务院实施的《武器出口管制法》的基础上。如果出口商出口的产品涉及国家安全、对外政策、紧缺资源和核不扩散以及高科技产品或出口国与美国关系不好等因素，出口商必须获得出口许可证方能从美国出口。其出口管制决策程序中管制的关键影响因素和步骤如图 2－2。

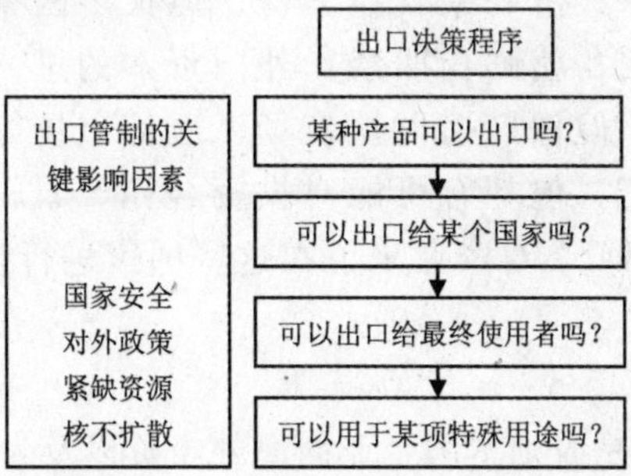

图 2－2　美国的出口管制系统

资料来源：迈克尔·R. 津科特等著：《国际市场营销学》，电子工业出版社，2007 年版，第 85 页。

但如果出口的商品其最终用户和最终用途都不属于敏感范围，那么出口商就可以自由地运送其商品到大多数贸易伙伴的手中，且不需要许可证。

而在德国，武器出口被包含在所谓的《战争武器清单》（《战争武器管制法》的一部分）中，其他产品的出口包含在《德国产品出口清单》上。“双用途物品”即适用于军事和民用目的的商品，受到欧盟《联合清单》的约束。

我国也同样对出口商品采取限制、管制和管理的办法。出口控制主要实行的是出口许可制度，有权经营出口业务的公司，必须事先提出申请，经国务院有关部门批准后，才能经营出口业务，而且必须经营在批准范围内的出口业务。任何企业向任何国家或地区出口的任何商品，如果不符合我国规定的国别，出口商品不符合国家规定的标准或不符合出口国的规定，则相关部门可随时通知其停止、暂缓或者减少出口。

(二)进口管制制度

在某些国家中，所有的进口产品或者某些特定的进口产品都要受到关税和非关税的管制。关税会使进口产品的价格上升，非关税壁垒则是为了阻止东道国的惩罚性贸易行为而自身设置的限额和对出口量的削减。这些措施的结果其实都会达到对进口产品数量的减少。

那么，对国际市场营销者来说，进口管制可能迫使其购买较差的产品或者花更多的钱购买受限制的产品，结果其顾客或者买不到更好的商品或服务或者必须花更高的代价，这在一定程度上都会削弱企业在国际市场的竞争力。

中国和其他国家一样，也采用征收进口税的办法来控制“进口税税制”中规定的有关商品。外贸部门和其他国有企业、集体企业、中外合资经营企业、机关团体、事业单位等从国外进口的商品，都应当依照国家税法规定，缴纳关税和工商税。

(三)投资管制制度

对投资的管制分为资本输入法律制度和资本输出法律制度两个方面。

1. 资本输入法律制度

资本输入法律制度主要是确定外国在本国投资的范围和形式，外国投资者的权利与义务及其法律地位，对外国投资的鼓励、保护、监督、限制等法律规范。从其含义我们可以看出，尽管今天全球经济联系日益紧密，但很多国家的某些市场仍然是不开放的。例如，由于政治的原因，朝鲜长期禁止外国资本的进入，市场开放极其有限；有些国家虽然允许外资进入，但像广播电视市场、通信市场等某些领域也可能对外资是禁止的；有些虽然准人投资，但却有可能对投资合作、原料使用、出口销售等各方面有严苛的准入条件限制，因此，对企业来说在这些国家进行投资必须遵循目标市场国的相关规定。

2. 资本输出法律制度

资本输出法律制度主要是鼓励本国企业向海外投资以及为保证其投资的安全与利益而采取的一系列政策措施和法律制度。这些制度可体现在投资鼓励、投资保证两个方面。参与国际营销活动的企业可依据这些相关的法律制度，在开展境外投资活动时既可得到优惠政策，也可向本国投资保险机构投保来保障其资产可能发生的损失和风险。

【思考与练习】

一、单选题

1. 两个人均收入相近的国家或两个收入相同的消费者消费模式迥然不同，关键在于(　　)的差别。

A. 政治　　B. 法律

C. 经济　　D. 文化

2. 印度政府曾先后阻止三家美国公司在该国建立一个投资达4 000万美元的化肥厂，而仅过了一年，印度政府就意识到外国投资化肥工业对本国农业的发展是必要的。因此，一家公司利用此变化仅用一天半时间就与印度政府达成了协议，取得了许可证。这属于（　　）对国际营销的影响。

A. 政治环境　　B. 法律环境

C. 经济环境　　D. 文化环境

3. 世界上一体化程度最高、综合实力最强、地位和影响最令人瞩目的区域经济组织是（　　）。

A. 欧盟　　B. 东盟

C. APEC　　D. OPEC

4. 下列选项中不属于社会组织的是（　　）。

A. 家庭　　B. 区域地方

C. 特殊利益群体　　D. 消费者个人

5. 在西班牙，温州商人带过去的皮鞋造成当地皮鞋制造商的衰落；在巴黎，温州商人的无周末经营方式，抢走了当地商人的客源；在俄罗斯，温州商人的批发业务，迫使当地的批发商纷纷退出市场；在米兰，一辆运货的小推车导致警察殴打温州女商人；在罗马，海关人员犯罪，牵连到中国人。以上材料说明国际营销人员在进行营销决策时要考虑到（　　）因素。

A. 文化适应　　B. 习俗和礼仪

C. 文化变迁　　D. 文化冲突

二、多选题

1. 詹姆斯·A. 李提出的克服SRC的步骤有（　　）。

A. 依照本国文化的特性、习惯和规范明确经营问题和目标

B. 依照外国的文化特性、习惯和规范明确经营问题和目标，不做任何价值判断

C. 分离出问题中的SRC影响，仔细审查，了解其如何使问题复杂化

D. 在没有SRC影响下重新确定问题，并确定最佳经营目标

E. 分析SRC对公司业务的具体影响，并找出解决问题的方案

2. 评价一国政治稳定与否的指标有（　　）。

A. 政权更迭的频率　　B. 文化的分裂程度

C. 宗教信仰的冲突　　D. 暴力、示威等事件的多寡

E. 政党制度

3. 国际社会的法律体系可分为（　　）。

A. 欧美法系　　B. 英美法系

C. 大陆法系　　D. 伊斯兰法系

E. 欧洲法系

4. 区域经济一体化的最典型模式有（　　）。

A. 区域联盟　　B. 自由贸易区

C. 关税同盟　　D. 货币联盟

E. 货币区

5. 依据经济学家罗斯托的理论，经济发展阶段包括（　　）。

A. 传统社会　　B. 起飞前的准备

C. 起飞阶段　　D. 趋于成熟阶段

E. 高消费阶段

三、判断题

1. 国际企业重视研究各国的文化特点，是因为文化特点对消费者行为有直接或间接的影响，但对产品本身并没多大影响。（　　）

2. 一国外来投资越少，市场潜力就越大，国际营销企业的经营风险越小。（　　）

3. 教育的差异对国际营销决策有很大影响，但是对产品销售没有影响，技术先进的产品在任何国家都受欢迎。（　　）

4. 收入分配不均等可能使人均收入不能反映一国实际需求量。（　　）

5. 东道国政府对外国投资进行没收、征用或国有化的根本原因是要实现政治目标。（　　）

四、思考题

1. 在当前全球经济日趋一体化的形势下，地区性经济组织的作用是日趋增大，还是被日趋削弱？为什么？

2. 为什么说文化因素是影响国际市场营销的核心因素？

3. 国际营销者应如何对待营销环境？

五、案例分析题

（一）上海通用汽车的国际市场营销之道

上海通用成立于1997年6月，从销售第一辆别克汽车到2003年，上海通用的别克系列产品销售量已达20.1万辆，远远高于全国同业的平均的增长速度，居全国轿车销售前三甲。“用户为中心，市场为导向”是上海通用确立的企业价值观。这些年来，他们针对中国市场的特点和用户的价值取向，在继承别克品牌优秀品质的基础上，做了大量本地化的工作。“以世界先进技术铸造产品筋骨，以中国文化精髓塑造品牌灵魂”是上海通用别克的发展方针。

上海通用从高端起步，最早推向市场的是别克系列高级轿车，这与其他大集团产品策略没有太大不同。别克轿车大气豪华，很讨中国人欢喜。但上海通用并不满足，为使别克系列更进一步“中国化”，他们着力使别克从里到外更加符合中国人的审美情趣和使用习惯。上海通用汽车的目的就是要使别克成为一个针对中国市场、有明显本地化特征的品牌。上海通用的别克系列，都取了中文名字：君威、凯越、赛欧，具备非常明确的中国用户的价值取向和文化内涵。别克、君威体现了以中国消费者为中心的理念，从外观到内饰，既保留了别克车一贯的大气沉稳，又符合了东方人的审美观。赛欧在外观、内饰和配置设计开发上，更是以消费者需求为标准，保险杠、零部件、空调电子等，都是专为中国市场设计开发的。君威除外观改变外，内饰没有一样是原来的东西，发动机、变速箱等也进行了更细微的调校和改进；前脸和尾灯都变大了，灯罩材质更加透亮；车内也完全换了一番天地，座椅特别按中国人体形数据做了修改，坐进去支撑性更好。凯越以大气动感的外形，精致典雅的内饰，良好的操控性能，以及相宜的价格，满足了中国人对中级车的需要。

别克是一个拥有100多年历史的美国品牌，自1998年在中国诞生之日起，上海通用就开始探索如何让美国别克融入中国文化，用东方价值观、文化理念打造“上海通用别克”，以使品牌在文化内涵上，更加拉近与消费者的情感距离。在品牌传播上，从初期的“当代精神当代车”、“不容许任何水分”，到君威的“心致、行随、动静合一”，凯越的“全情全力、志在进取”，再到母品牌的“心静、思远、志在千里”，别克品牌始终与中国传统精神以及文化和主流价值观紧密相连。在这一系列品牌宣传中，上海通用赋予别克越来越多的中国文化元素。1998年底上海通用第一辆“别克新世纪”下线时，同时推出了第一个“推球篇”的企业形象广告片。“推球”的创意，源自“愚公移山”的精神，象征国际品牌与中国文化的结合。“球”的寓意为“圆”，代表着完美，是一种不变的信念；“圆”，又代表着永不停滞，是一种趋于极致和追求。这就是以当代精神造别克。众人推球，是一种气势，更是一种力量。“水滴篇”，用中国人常说的“不允许有任何水分”，来寓意上海通用别克的完美品质。君威“荷花篇”，体现了浓重的中国文化情结，高度沉稳内敛的品牌意境得到了更好的表现。最新的“逗号篇”，寓意上海通用不断追求超越、追求卓越的理念，将一个个成功的“句号”，化作一个个将要继续的“逗号”，并成为体现上海通用锐意进取的一个精神符号。

2002年11月15日，中国汽车的第一个售后服务品牌“Buick Care别克关怀”诞生了，这个极具中国情感成分的关怀式服务，从此为上海通用赢得了更多的用户。有别于传统的被动式售后服务，“别克关怀”以“比你更关心你”为核心，强调售后服务的主动性，要求售后服务人员比车主更关心他的车，主动担当车主的义务汽车保养顾问，并重视车主在体验整个服务过程中的心理感受。为将全新的售后服务理念落到实处，让每位车主都体验到别克关怀，上海通用推出了主动提醒问候服务，主动关心；一对一顾问式服务，贴身关心；快速保养通道服务，效率关心；配件价格、工时透明管理，诚信关心；专业技术维修认证服务，专业关心；两年或四万公里质量担保，品质关心等6项标准化关心服务。推出了“别克关怀月全车免费检测”活动，即在全国别克授权售后服务中心，为所有的别克（包括赛欧）进行全车免费检测，帮助用户解决存在隐患。同时新的特色服务也不断充实。“别克关怀”周年献礼，为消费者提供一个月的全车免费检测；“星月服务”，将全国所有别克特约售后服务中心的服务时间，统一延长至夜晚10点，全年不休。中心的售后服务专用车为别克车主全天候24小时待命，客户服务电话连同上海通用免费热线24小时开通。“别克关怀”新年贺岁，秘密暗访客户，为售后服务中心挑刺、补缺等等，使得“别克关怀”更加深入人心，更加体贴入微。

问题：

1. 根据以上材料，你认为上海通用的国际营销理念及其发展阶段是什么？

2. 上海通用是如何适应中国市场的？它们应对其国际营销环境的成功经验有哪些？

（二）混乱的埃及局势

2013年7月3日，埃及发生政权更迭，执政仅一年的民选总统穆尔西遭军方罢黜，最高宪法法院院长曼苏尔被推上前台担任临时总统，主持过渡时期工作。事实上，埃及自2011年初发生剧烈政局动荡以来，社会治安状况恶化，游行示威引发的暴力冲突和袭击抢劫案件增多。

直至2013年6月下旬，埃及发生了全国范围的游行示威活动。因此，埃及社会的各行各业都受到了不同程度的影响。譬如，由于交通的时常瘫痪，人们不得不减少外出活动；为躲避风险，在一些繁华地段的商家只得提早了夜晚打烊的时间；有些小卖部、餐饮店甚至不到傍晚就关门停业。有趣的是，在示威活动的主要地点，一些与示威活动相关的小生意反而火了起来。在开罗纳赛尔城集会地附近，销售印有埃及国旗图案的手环、钥匙链、帽子等的摊主借机小赚了一笔；而在庆祝军方推翻穆尔西政权的解放广场示威现场，销售烤玉米、果汁饮料、荧光棒、国旗等的摊位也是热闹非凡。

据埃及华商会会长陈建南介绍，在埃餐饮贸易类中资企业，由于固定资产投入较少，运营较为灵活，在安全局势恶化的情况下，部分企业闭门歇业，人员归国，以等待时机重新开业。而一些投资较大的企业，则因示威活动不断导致亚历山大和苏伊士的港口关闭，货物出口受到影响。

问题：

1. 从国际营销的角度，你如何评价营销环境对当前埃及不同经营者的影响？

2. 假如你正拟开拓埃及市场，你打算如何避免这些影响？

第三章 国际市场营销微观环境

【学习目标】

了解国际中间商市场的特点和购买行为；理解企业自身与竞争者的优势与劣势、环境的机会与威胁分析方法；熟悉消费者购买行为模式；掌握国际消费者市场的购买类型、决策过程以及影响消费者市场购买行为的因素。

把国际市场营销环境分为宏观环境与微观环境，有利于区别和掌握两类不同环境对市场营销活动的作用程度。二者的关系如图 3 - 1 所示。

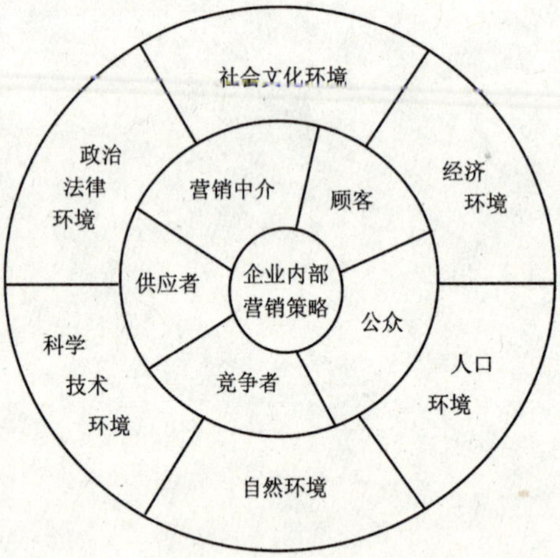

图 3 - 1　营销微观环境与宏观环境关系

图中外环各因素主要构成宏观环境，内环的企业内部营销策略主要为 4P 组合，介于宏观环境与企业内部营销策略之间的各主要因素构成国际营销的微观环境。由此，我们可以看出，微观营销环境对企业市场营销活动的影响更为直接、具体。

第一节 国际营销微观环境概述

一、国际营销微观环境定义

国际营销微观环境是直接制约和影响企业国际营销活动的条件和因素，主要包括企业在营销活动跨越国界情况下的竞争环境、产品的市场环境和内部环境。微观环境因素与企业具体的营销活动（比如采购原材料、对外业务往来等）发生直接影响，所以，又称作直接营销环境，或企业作业环境。

国际市场营销微观环境的分析同企业的国内市场营销微观环境分析并无根本区别，只是各环境要素的变量更多更复杂，具有更大的不确定性。因此，国际营销者面临的任务是，认清各种环境因素，尤其是微观的环境因素，以探寻企业自身的优势与劣势，从而更好地把握企业国际营销的机会与威胁。

二、国际营销微观环境的构成因素

一般来说，微观环境主要由企业内部环境、市场营销渠道企业、竞争者、顾客和各种公众等因素构成。

（一）企业内部环境

企业营销的发展，经历了销售部门负责营销工作，到设立有专门营销岗位的扩大销售部门，再到企业内部设立与销售部门平起平坐的专业营销部门，再进一步升格为企业的核心部门，由副总裁直接负责营销部门的工作，最后整个企业成为一个营销机构的发展过程。从中看出，营销部门与其他职能部门间既有相当程度的合作，又存在着争取资源方面的矛盾。从某种意义上说，与其他职能部门的相互关系是否协调，对营销决策的制定与实施影响极大，因此，企业内部的其他部门也是企业的营销对象。

（二）市场营销渠道企业

任何一家企业都不可能自己承担所有产品和服务的全部市场营销活动，而必须与营销渠道中的其他企业合作，才能完成生产和营销任务。

一个企业的市场营销渠道企业包括：

1. 供应商（Suppliers）

指向企业及其竞争者提供生产经营所需原料、能源、资金等生产资源的企业及个人。供应商对企业营销活动有实质性的影响，其提供的原材料数量及质量将直接影响产品的数量和质量，而且所提供的资源价格则直接影响企业的产品成本、价格和利润。

2. 中间商

指协助企业推销产品给最终购买者的所有中介单位，包括中间商、实体分配公司、营销服务机构、金融机构。

（三）竞争者

竞争是市场经济的普遍规律，现代企业都处于不同的竞争环境中。从营销学角度分析，企业在市场上面临着四类竞争者：

（1）愿望竞争者。指提供不同产品以满足消费者不同需求的竞争者。

（2）属类竞争者（一般竞争者）。指提供不同产品以满足消费者同一种需求的竞争者。

（3）产品形式竞争者。指提供能满足消费者同一需要的产品的各种形式间的竞争，如同类产品在质量、规格、性能、款式及价格上的不同而产生的竞争。

（4）品牌竞争者。

因此，企业应当加强对竞争者的研究，寻求增大本企业产品引力的方法，才能在竞争中立于不败之地。

（四）顾客

顾客是企业服务的对象，是企业市场营销活动的出发点和归宿。因此，顾客是企业最重要的环境因素。企业必须坚持顾客第一的观念，加强对顾客的研究。

顾客从不同角度有不同的分类标准。按购买动机和类别可以将其分为消费者市场、生产者市场、中间商市场、政府（非营利组织）市场、国际市场等五类。本章将做专门分析。

（五）公众

公众是指对企业实现营销目标及其经营活动有实际或潜在的影响和兴趣的团体及个人。企业与广大公众间的关系将协助或妨碍企业营销活动的正常进行。

企业面临的公众主要有以下七种：

（1）金融公众（融资公众），指所有影响企业融资能力的组织及机构，如银行、投资公司、保险公司等。

（2）政府公众，（Government Publics），指与企业业务经营活动有关的各类政府机构，如行业主管部门、财政、工商管理部门、税务、物价、商品检验等。

（3）媒介公众，指报纸、杂志、电视、广播等大众传播媒体。

（4）社区公众——地方利益公众，指企业所在地附近的居民及社区组织。

（5）社团公众——市民行动公众（Citizen Action Publics），包括所有保护消费者权益的组织、环保组织及其他群众团体。

（6）一般公众，指上述公众之外的社会公众。此类公众虽然不会有组织地对企业采取行动，但企业形象会影响他们对企业产品的购买选用。

（7）内部公众，指企业内部的全体员工。员工的责任感及满意度必然会传播并影响外部公众，从而对企业的整体形象产生直接影响。

> **思考：** 世界上各大手机厂商、手机芯片厂商、移动运营商、互联网服务商、内容提供商集体参战，正在争夺移动互联网新市场，你认为它们是属于哪一类竞争者？

第二节 国际市场竞争环境分析

国际市场竞争环境分析包括两个方面：一是公司所在行业竞争结构分析，最经典的观点是被称为“现代竞争战略之父”的迈克尔·波特提出的竞争“五力模型”；二是公司的竞争优势分析，最经典的方法是SWOT分析法与核心竞争力分析模型。通过对外部竞争环境与企业内部环境分析，了解企业自身与竞争者的优势与劣势、环境的机会与威胁，确定企业自身的核心竞争优势。

一、公司所在行业竞争结构

一个行业是生产可以互相替代产品的一群公司的集合，这些公司之间彼此竞争。美国管理学家迈克尔·波特（Michael E. Porter）在其经典著作《竞争战略》中，提出了行业结构分析模型，即所谓的“五力模型”（如图3－2所示）。他认为：新进入者的威胁、行业现有的竞争状况、供应商的议价能力、买方的议价能力、替代产品或服务的威胁这五大竞争驱动力，决定了企业的盈利能力，并指出公司战略的核心，在于选择正确的行业，以及行业中最具有吸引力的竞争位置。

波特认为，五种作用力中的任何一种都由产业结构或产业基本的经济和技术特征所决定，但在任何特别的行业中，并非所有五种作用力都同等重要，各因素重要性依据结构不同而不同。每一个行业都有其独特的结构。五种作用力的框架能使企业透过复杂的表象看到本质，能准确揭示对行业的竞争至关重要的因素，也能识别那些对行业以及企业本身最大提高盈利能力的战略创新。因此，波特的“五力模型”分析法不仅说明了该行业中的企业平均具有的盈利空间，也可用于创业能力分析，以揭示本企业在本行业中具有何种盈利空间。

（一）潜在进入者的威胁

潜在进入者是指那些试图或新进入到某个行业参与竞争的企业。一般来说，行业利润越高越容易吸引潜在竞争者的加入，新的竞争者往往会带来大量的资源投入，形成新的生产能力，这都会导致行业内产品价格下降，利润减少。潜在进入者威胁的大小，取决于进入该行业的障碍大小，以及现有企业的反应。进入行业的障碍具体有以下几种：

（1）规模经济，即某种产品的生产，只有达到一定的规模时，才能取得较好的效益。

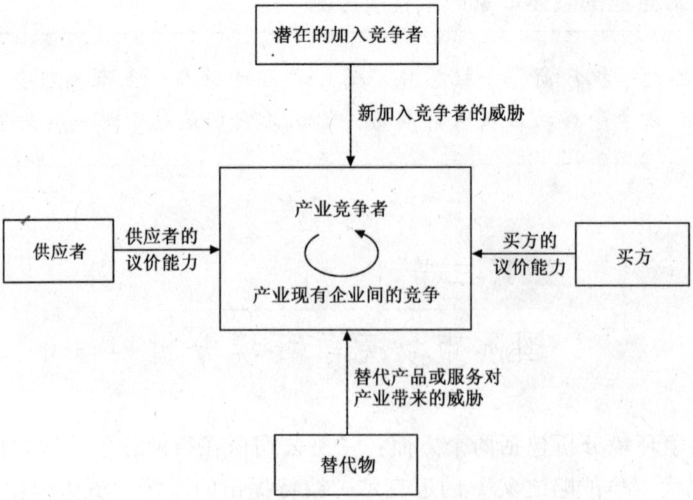

图 3-2 波特的竞争“五力”模型

资料来源：（美）迈克尔·波特：《竞争战略》，乔晓东等译，中国财政经济出版社，1989 年版，第 10 页。

它表现为在一定的产量范围内，产品的单位成本会随着产量的增加而下降。当行业内企业实现了显著的规模经济时，新进入者就难以与之竞争。

（2）产品差异化程度，通常产品差异性越大，独特性越强，意味着现有企业更易获得消费者对品牌的忠诚度，这将对潜在进入者形成进入壁垒。它使得新进入者必须耗费大量的资金，来消除原有企业的顾客忠诚度优势，树立自身的品牌形象，这无疑将加大新进入者的运营风险。

（3）对资本量的要求，竞争需要的投资越多，那么除了实力强大的企业外，一般企业不易进入。

（4）较高的转移成本，转移成本是指买方从原有卖方转换到新卖家所遇到的一次性转移成本或转换成本。这包括重新培训人员、购买新的附属设备等。若转移成本很高，则会对新进入的企业形成一种进入壁垒。

（5）分销渠道的控制，通过控制现有的分销渠道，增加新企业的进入成本。理想的分销渠道被原有企业占据，新进入企业若想进入则必须采用各种营销策略促使中间商接受其产品，如降低商品价格、分担广告费用等，这必将降低新进入企业的利润。

（6）行业内现有企业的抵制。当新进入企业来瓜分市场时，现有企业往往会结成联盟进行抵制，如短期内大幅度降低商品价格，垄断原材料市场等。强烈的抵制行为会扼杀掉刚进入市场的新企业。

（二）行业现有的竞争状况

竞争是一把“双刃剑”，当整个行业处于良性竞争时，竞争会促使各个企业不断降低成本，使成本趋于合理化；反之，恶性竞争则会使整个行业的利润降低，导致产业内部的不稳定。任何一个行业都无法完全避免竞争，但竞争强度则会有所差别。影响某一行业竞争激烈程度的因素主要有以下四个方面：

(1) 行业内竞争对手的数量和力量对比。通常情况下，行业内竞争对手越多则竞争越激烈，行业内竞争对手实力越相近则竞争越激烈。

(2) 行业内产品的差异程度。当竞争者之间提供的产品越相似，则竞争越激烈，这是因为产品的差异化程度越低，则消费者的忠诚度越难以控制，用户比较容易转移，这必将导致竞争的加剧。

(3) 行业的增长速度。当整个行业发展迅猛时，企业较容易获得销售额和利润的增长，企业间摩擦较小；而一旦行业发展速度放慢，“市场蛋糕”难以做大时，企业间的竞争就会加剧。

(4) 退出行业的难易程度。当行业内存在高额的固定投资时，企业为了降低单位产品的固定成本，必然要扩大生产，充分利用企业的剩余生产能力，这就会导致竞争的加剧；另一方面，由于投资庞大，资金回收较为困难，在短时期内企业无法迅速退出该行业，过剩生产能力就无法释放到产业之外，结果就造成整个行业平均利润率的降低，加剧行业内部企业竞争的激烈程度。

(三) 上下游客户的议价能力 (包括供应者与买方)

行业的上游厂商是行业的供应商。供应商的议价能力体现在能否促使买方接受较高的价格水平，并尽可能少地提供服务。影响供应商议价能力的因素主要有以下三种：

(1) 供应商对行业的制约能力。若供应商数量少，规模大，集中度高，则供应商对行业的制约能力就强，在议价中就处于优势地位。

(2) 供应商所提供产品的特点。若供应商生产的是差异性明显，或是该产品是买方的重要投入品时，买方转换货源较为困难，供应商就具有较强的议价能力。

(3) 彼此之间的依赖程度。若供应商销售对象较多，并不专门依赖某一买主时，则其议价能力较强；反之，若供应商过于依赖买主，则会削弱其议价能力。行业的下游厂商客户是行业产品的消费者或用户。

买方的议价能力主要体现在能否促使卖方以更为优惠的价格提供更高质量的产品或服务。影响买方议价能力的主要因素也有三种：

(1) 购买的数量，顾客购买的数量越多，议价能力越强。

(2) 信息的完全性，若买方能充分掌握市场供求信息及产品的相关生产成本与营销费用，就有较强的议价能力。

(3) 买方的特点，消费者虽然人数众多，但力量分散，购买批次多，单次购买量少，议价能力较弱；生产者单次购买量大且较为集中，议价能力较强。

(四) 替代产品或服务的威胁

所谓替代产品或服务是指功能相近，满足顾客相似需要，从而可以相互替代的产品或服务，如牛肉和羊肉，蔗糖和糖精等。当某一行业存在替代品时，替代品就会对企业的现有产品构成竞争。要消除替代产品所带来的竞争威胁，企业可以通过扩大产品之间的差异程度，避免可能导致替代现象出现的价格差别。具体来说，替代品的威胁主要包括以下几个内容：哪些产品是替代品、购买者对替代品的购买倾向、替代品的相对性能价格比、替代品的可获得性。当然，由于提供的产品和服务的种类不同，企业分属于不同的行业，而顾客在购买产品和服务时，出发点是为了满足自己的需求，他们并不关注产品和服务所属的行业。因此，任何产品都可能被其他同样能满足顾客需求的产品所取代。替代品的威胁程度取决于以下条件：一是存在很多方法能够满足顾客的相同需求，而且不存在技术上的困难，成本也能为顾客所接受。二是顾客放弃使用原来的产品转而使用替代品的转换成本或者说机会成本很低，比如不存在使用和售后方面的问题。三是顾客对价格敏感，而替代品有明显的价格优势，会导致顾客的转向。四是顾客的品牌忠诚度低，替代品的威胁就会增加；反之，替代品的威胁就会减少。

提　示： 不同行业的竞争结构存在差异，同一行业的竞争结构随着行业生命周期的变化也会发生变化。

二、竞争优势分析

（一）竞争优势的内涵

关于竞争优势的内涵，还没有公认的界定，但有一点很清楚，就是比别人做得好。尽管有人认为这种类似蜻蜓点水式的说法，未免失之于轻率、过简与不深入，但确实反映了竞争优势的基本内涵，即竞争优势就是要比竞争对手做得好。由于竞争对手不同，竞争优势的表现也有所不同。大至一个国家，小至一个个体，都可以竞争或成为竞争对手，因而可以有国家竞争优势，也可以有个人竞争优势。关于前者，迈克尔·波特（Michael E. Porter）在《国家竞争优势》一书中有专门的论述，并提出了著名的“国家竞争优势钻石理论”。许诗玉博士还从“价值链”的角度对“竞争优势”进行了界定，认为：竞争优势就是在某一特定的价值链之中，个人或组织所创造与保持的优异差异性（superior differentiation）。其优异的差异性可以是：

（1）使其利益关系人（例如顾客、供货商、债权人、员工、投资人、以及/或者其他相关的个体）易于认定并接受其所提供的产品、服务、形象、以及/或者品牌名气。

（2）使其所提供的产品、服务、形象、以及/或者品牌名气能够胜过其他竞争者所能提供的价值或贡献。其中，最核心的概念就是“优异的差异性”，认为优异的差异性表现在对利益关系人所提供之价值或贡献。个人或组织若没有优异的差异性，则没有竞争优势。个人或组织不仅要达到利益关系人的高要求，而且要使此高要求的实现值超越利益关系人的期望值，且让利益关系人非常满意或十分感动。

我们所讨论的竞争优势主要指的是企业竞争优势，用大前研一（Kenichi Ohmae）的话说，企业竞争优势就是“提供目标客户比竞争者更高的价值；或者，相较于竞争者，以更低的成本提供目标客户相同的价值”。

具体来说，所谓企业竞争优势，是指企业在产出规模、组织结构、劳动效率、品牌、产品质量、信誉、新产品开发以及管理和营销技术等方面所具有的各种有利条件。企业竞争优势是这些有利条件有机构成的整体，是企业竞争力形成的基础和前提条件。这里所指的企业竞争力，是指企业设计、生产和销售产品和劳务，参与市场竞争的综合能力。这种能力主要是由企业自身所拥有的竞争优势所决定的。美国信息技术战略家鲍尔（Bernard H. Boar）将企业的竞争优势归纳为五种：一是成本优势，这种优势能够使企业更廉价地提供产品或服务；二是增值优势，这种优势能够使企业创造出更吸引人的产品或服务；三是聚焦优势，这种优势能够使企业更恰当地满足特定顾客群体的需求；四是速度优势，这种优势能够使企业比竞争对手更及时地满足顾客的需求；五是机动优势，这种优势能够使企业比竞争对手更快地适应变化的需求。

（二）竞争优势分析工具：SWOT 分析法

能力学派管理学家运用价值链解构企业的价值创造过程，认为竞争优势来源于企业在设计、生产、营销、交货等过程及辅助过程中所进行的许多相互分离的活动，这些活动中的每一种都对企业的竞争优势有自己特有的贡献，如图 3－3 所示。

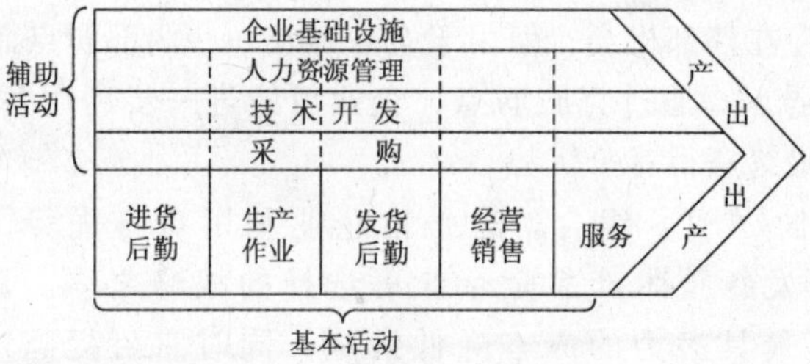

图 3－3 价值链分析模型

资料来源：石盛林、贾创雄：《战略管理：实践、理论与方法——以企业生命周期为主线》，东南大学出版社，2009 年版，第 60 页。

SWOT 分析法就是在综合了“五力模型”和能力学派两种研究方法的基础上，将公司的内部分析（以能力学派为代表）与产业竞争环境的外部分析（以安德鲁斯与迈克尔·波特为代表）结合起来，形成了自己结构化的平衡系统分析体系。所谓 SWOT 分析法，就是根据企业自身的既定内在条件与外在竞争环境进行分析，找出企业的竞争优势。其中，S 代表 Strength（优势），W 代表 Weakness（弱势），O 代表 Opportunity（机会），T 代表 Threat（威胁），SW 是内部因素，OT 是外部因素（如图 3－4 所示）。企业竞争优势就是一个企业“能够做的”（即企业的强项和弱项）和“可能做的”（即环境的机会和威胁）之间的有机组合。因此，SWOT 分析法实际上是将对企业内外部条件各方面内容进行综合和概括，进而分析企业的优势与劣势、面临的机会和威胁的一种方法。

具体来说，SWOT 分析的基本步骤：一是分析企业的内部优势、弱点，既可以是相对企业目标而言的，也可以是相对竞争对手而言的，它主要是着眼于企业自身的实力及其与竞争对手的比较。二是分析企业面临的外部机会、威胁，它将注意力主要放在外部环境的变化及对企业的可能影响上。这种影响可能来自于与竞争无关的外环境因素的变化，也可

内部因素

外部因素	2 利用这些	3 改进这些	机会
	4 监视这些	1 消除这些	威胁
	优势	劣势	

图 3-4 SWOT 分析模型

能来自于竞争对手力量与因素变化，或二者兼有，但关键性的外部机会与威胁应予以确认。三是外部机会、威胁与企业内部优势、弱点进行匹配，形成可行的竞争优势与竞争战略。它有四种不同类型的组合：

一是优势——机会（SO）组合。这是一种发展企业内部优势与利用外部机会的一种理想的战略模式。当企业具有特定方面的优势，而外部环境又为发挥这种优势提供有利机会时，可以采取该战略。

二是弱点——机会（WO）组合。这是利用外部机会来弥补内部弱点，使企业改劣势而获取优势的战略。存在外部机会，但由于企业存在一些内部弱点而妨碍其利用机会，可采取措施先克服这些弱点。通过克服弱点，企业可能进一步利用各种外部机会，降低成本，取得成本优势，最终赢得竞争优势。

三是优势——威胁（ST）组合。这是指企业利用自身优势，回避或减轻外部威胁所造成的影响。开发新技术产品是企业可选择的战略之一。新技术、新材料和新工艺的开发与应用是最具潜力的成本降低措施，同时它可提高产品质量，从而回避外部威胁影响。

四是弱点——威胁（WT）组合。这是一种旨在减少内部弱点，回避外部环境威胁的防御性技术。当企业存在内忧外患时，往往面临生存危机，降低成本也许成为改变劣势的主要措施。当企业成本状况恶化，原材料供应不足，生产能力不够，无法实现规模效益，且设备老化，使企业在成本方面难以有大作为，这时将迫使企业采取目标聚集战略或差异化战略，以回避成本方面的劣势，并回避成本原因带来的威胁。

与其他的分析方法相比较，SWOT 分析从一开始就具有显著的结构化和系统性的特征。首先在形式上，SWOT 分析法表现为构造 SWOT 结构矩阵，并对矩阵的不同区域赋予了不同分析意义；其次在内容上，SWOT 分析法的主要理论基础都强调从结构分析入手对企业的外部环境和内部资源进行分析；最后，SWOT 分析法的重要贡献在于用系统的思想将分析中涉及的内部优势、劣势，外部机会、威胁这些似乎独立的变化因素相互匹配起来进行综合分析，使得企业战略计划的制定更加科学全面。但必须注意的是，SWOT 分析法具有很强的主观性，不同的人会得出不同的 SWOT 结论，因而不要过多地依赖它。你可以将 SWOT 分析法作为参考，但不能作为唯一的方法。成功应用 SWOT 分析法必须遵循如下规则：一是进行 SWOT 分析的时候必须对企业的优势与劣势有客观的认识；二是进行 SWOT 分析的时候必须区分企业的现状与前景；三是进行 SWOT 分析的时候必须考虑全面；四是进行 SWOT 分析的时候必须与竞争对手进行比较，比如优于或是劣于你的竞争对手；五是保持 SWOT 分析法的简洁化，避免复杂化与过度分析；六是 SWOT 分析法因人而异。

（三）核心竞争力分析模型

“核心竞争力（Core Competence）”概念是 1990 年由美国管理学家普拉哈拉德（C. K. Prahalad）和加里·哈默尔（Gary Hamel）发表在《哈佛商业评论》上的《公司核心竞争力》一文中首先提出来的。

他们对核心竞争力的定义是：在一个组织内部经过整合了的知识和技能，尤其是关于怎样协调多种生产技能和整合不同技术的知识和技能。因此，核心竞争力实际上是隐含在公司核心产品或服务里面的知识和技能或知识和技能的集合体。因此，核心竞争力又称“核心（竞争）能力”或“核心竞争优势”，指的是企业具备的应对变革与激烈的外部竞争并且取胜于竞争对手的，以知识、创新为基本内核的某种关键资源或关键能力的集合，是将技能资产和运作机制有机融合的企业自身组织能力，是能够使企业在一定时期内保持现实或潜在竞争优势的动态平衡系统。

关于“核心竞争力”的本质，尽管有不同的看法，但至少可以有四点结论：其一，真正的核心竞争力，在于组织中的人，而不在于技术或产品；其二，最赚钱的是人的知识和想象力，而知识和想象力的获得取决于员工快速学习的能力；其三，提供他人无法模仿的独占性产品或服务，是今后竞争的最有效武器；其四，要使自己成为一个“新思维模式的拓荒者”，重新设立一套新的游戏规则：过去我们可以“因为我看见，所以我相信”，现在我们必须是“因为我相信，所以我看见”。具体来说，企业核心竞争力的识别标准主要有四个：一是价值性。这种能力首先能很好地实现顾客所看重的价值，例如能显著地降低成本，提高产品质量，提高服务效率，增加顾客的效用，从而给企业带来竞争优势。二是稀缺性。这种能力必须是稀缺的，只有少数的企业拥有它。三是不可替代性。竞争对手无法通过其他能力来替代它，它在为顾客创造价值的过程中具有不可替代的作用。四是难以模仿性。核心竞争力还必须是企业所特有的，并且是竞争对手难以模仿的，也就是说它不像材料、机器设备那样能在市场上购买到，而是难以转移或复制。这种难以模仿的能力能为企业带来超过平均水平的利润。

企业核心竞争力的构建可以首先从企业的资源和能力入手，从中发现企业的竞争力，然后再确定哪些竞争力能够构成核心竞争力。具体操作可分为三个步骤：一是资源和能力分析。建立企业核心竞争力分析指标体系，测度企业内外部资源和技术能力及支撑能力指标的表现。二是竞争力分析。比较该企业与同行业其他企业的表现，找出相对于其他企业的优势资源和能力，从中界定出该企业的竞争力组合。三是核心竞争力分析。对竞争力组合因素，逐一检验是否符合核心竞争力的特征，即是否符合企业的发展和竞争战略，与企业的目标和长远规划相一致；是否具有价值，能够提高企业经营管理效率，降低成本，对最终产品中的顾客利益有突出贡献；是否具有独特性，独具特色和个性，有助于企业进行差异化经营；是否难于模仿，难以被其他企业学习；是否不可替代，难以被竞争对手所替代；是否能提供进入市场的潜能，衍生出一系列的产品和服务满足市场需求，有利于扩大经营范围。将不符合特征的因素予以剔除，最后得到的一组资源和能力就是企业的核心竞争力。

注 意：

加快培育出口竞争新优势

长期以来，我国出口产品的国际竞争力主要表现为基于生产成本优势的价格竞争力，成本优势又是建立在劳动力、土地、资源等要素价格较低的基础上。显然，这些传统的竞争优势已经使得我国企业和产业感受到新一轮的分工和竞争压力。面对日趋激烈的国际竞争和国内外经济环境的重大变化，我们亟须加快培育以科技自主创新和人力资源提升为基础的出口竞争新优势，推动企业出口从传统的生产成本优势向技术、品牌、质量、服务为核心的新优势转化，才能拓展新的经济增长空间。

第三节

国际市场消费者

狭义的消费者，是指购买、使用各种消费品或服务的个人与家庭，又称之为最终消费者；广义的消费者是指购买、使用各种产品与服务的个人或组织，它分为最终消费者和组织机构消费者。这是根据购买商品的目的和购买者是否是商品的最终消费者来划分的，具体来说，有四类主要的购买者：消费者、生产者、中间商和政府（如图 3 – 5 所示）。其中，消费者，即为最终消费者，亦称为个人购买者，其余的可划为组织购买者。

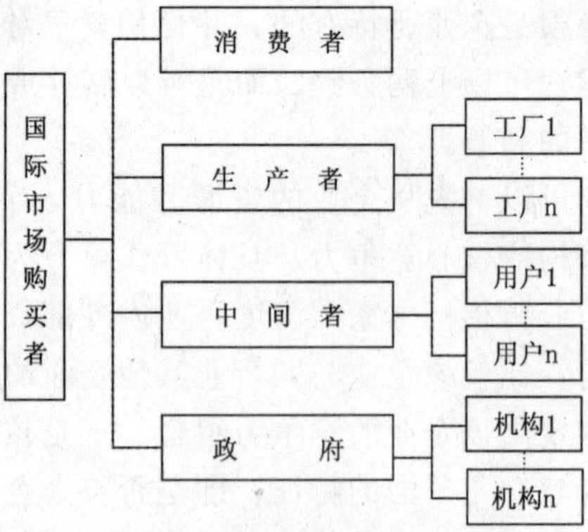

图 3 – 5 国际市场购买者构成

资料来源：叶万春、宋先道：《国际市场营销学》，武汉工业大学出版社，1999 年版，第 89 页。

一、国际市场最终消费者

国际市场最终消费者主要指的是狭义的消费者，不包括组织机构消费者在内，是国际商业活动中为满足衣、食、住、行等生活消费需要的国际消费者个人或家庭。

（一）最终消费者的类型

根据不同的标准可以将最终消费者分为不同的类型，略述如下：

一是根据消费者个性分析，可以把消费者划分为习惯型消费者、理智型消费者、经济型消费者、冲动型消费者、情感型消费者等。其中，习惯型消费者购买行为迅速，而且容易重复购买，成为某种商品的忠实的消费者；理智型消费者在购买商品的过程中比较冷静慎重，对各类商品，喜欢自己通过细心比较选择后才决定购买；经济型消费者特别重视价格，一心寻求最经济合算的商品，并由此取得心理上的满足；冲动型消费者主要考虑的是商品的外观和自己的兴趣，不大讲究商品的用处、性能，因而特别容易受商品广告宣传的影响；情感型消费的购买决定往往由情感所支配，情绪体验也较深，并且想象力与联想力丰富，审美感觉也较灵敏。

二是根据购买产品的特性分析，消费者可划分为威望类产品消费者、地位类产品消费者、成人类产品消费者、渴望类产品消费者、快乐类产品消费者、功能类产品消费者等。其中，威望类产品消费者注重崇高或领导地位，它不仅是威望的象征，而且是具有威望的实际证明；地位类产品消费者看重社会阶层的归属，希望通过消费可以显示消费者的地位或显示归属于社会某一阶层；成人类产品消费者一般局限于成年人群；渴望类产品消费者一般购买保护自我的产品或提高自我的产品，如肥皂、牙膏、香水及剃须刀等；快乐类产品消费者时常冲动购买，主要针对包括各种零食品，或者是颜色美观、式样新颖的成衣与玩具等；功能类产品消费者所购买的产品均具有实用性，大多数的食物（如蔬菜、水果）以及建筑材料的消费者等均属于此类。

三是按照社会阶层分析，主要是根据职业、收入、教育和价值倾向等因素来划分社会阶层，并且不同阶层的人具有不同的价值观念、生活习惯和消费习惯，其根源主要是由经济地位的不同所决定的。但有时即使收入水平相同，不同阶层人们的生活方式和购买行为，也仍然有明显差别。以美国为例，一般把社会划分为七个阶层：上上阶层，占美国总人口不到1%；上下阶层，占总人口约2%；中上阶层，约占总人口的12%；中下阶层，占总人口的31%；劳动阶层，占总人口的38%；下上阶层，占总人口的9%；下下阶层，占总人口的7%。

四是根据在购买活动中所起的作用，可以把消费者区分为发起者、影响者、决策者、购买者、使用者等。其中，发起者是第一个建议或想到要购买某种产品或服务的人；影响者是对最后决策有直接或间接影响的人；决策者是对是否购买、怎样购买有权进行最终决策的人；购买者是执行具体购买任务的人；使用者是实际消费或使用产品或服务的人。了解每一消费者在购买决策中扮演的角色，并针对其角色地位与特性，采取有针对性的营销策略，就能较好地实现营销目标。

（二）最终消费者购买行为的影响因素

所谓购买行为，是指购买者为满足各自的需要，在寻求、购买、使用及评估商品或劳务过程中所表现出来的行为。有关消费者购买行为影响因素的分析，有两因素论、三因素论、四因素论等观点。其中，两因素论主要指外部环境因素和内部因素；三因素论包括外部环境、内在特征和营销活动三个因素；四因素论一般指社会、文化、个人和心理因素。消费者的需要、欲望、消费习惯和购买行为是在许多因素的影响下形成的，因而其购买行为深受社会、文化、个人和心理因素的影响（如图 3 - 6 所示），并且每种因素对消费者购买行为的影响程度都有所不同，特别是文化因素的影响最为广泛和最为深刻。下面分别阐述这四方面因素的具体内容及其对消费者购买行为的影响。

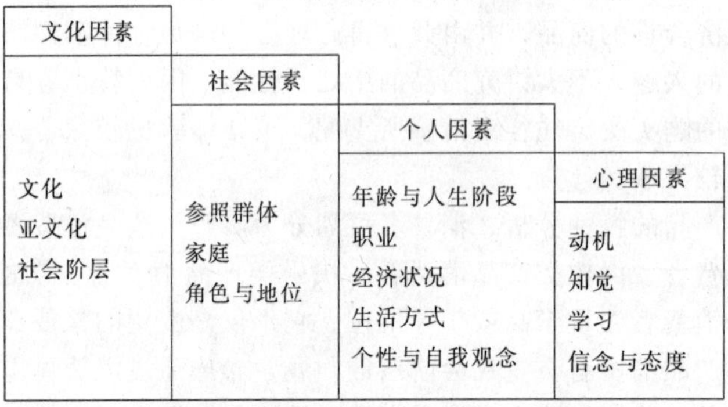

图 3 - 6　影响消费者购买行为的因素

资料来源：肖祥鸿、卢长利：《国际市场营销学》，中山大学出版社，2009 年版，第 56 页，略有修改。

1. 文化因素

文化因素对消费者的行为具有最广泛和深远的影响，是造成不同区域、不同阶层消费者需求差异的重要因素。具体来说，包括三个方面：一是文化，它是影响人的欲望和行为的最基础的决定因素，具有明显的区域属性和很强的传统属性。因而营销人员必须密切注意各个国家的文化价值观，用最佳的方法推广现有产品，为新产品寻找市场机会。二是亚文化，事实上，每个文化都包含小的亚文化，即在一定范围内具有文化同一性的群体，如国籍亚文化、种族亚文化、地域亚文化等，它可以帮助营销人员更具体地进行细分识别。三是社会阶层，它是指在一个社会中具有相对的同质性和持久性的群体，并且按等级进行排列，每一阶层内的成员具有相类似的价值观、兴趣爱好和行为方式。当然，社会阶层并非仅由一个变量来决定的，而是受到如职业、收入、财富、教育和价值观等多种变量的影响。个人在一生之中能改变自己所处的阶层，既可以向高阶层迈进，也可以跌至低阶层。这种改变的程度取决于社会阶层是否僵化。

2. 社会因素

消费者的购买行为也经常受到一系列社会因素的影响，如消费者的参照群体、家庭和角色地位等。其中，参照群体是指那些直接或间接影响消费者的消费态度、价值观念和购买行为的个人或集体，并且可以按照不同的变量来分类：一是按照与消费者接触的密切程度分，相关群体可分为主要群体和次要群体；二是按照是否存在较为正式的组织分，相关群体可分为正式群体和非正式群体；三是仰慕群体和分离群体，前者是人们希望去从属的群体，后者是其价值观和行为被人们所拒绝的群体。

研究表明，人们至少受到参照群体三个方面的显著影响：参照群体往往会迫使个人接受新的行为和生活形态的影响，并且还影响个人的态度和自我概念；参照群体还产生某种趋于一致的压力，可能会影响个人对产品和品牌的选择。此外，人们还经常受到一些自己并不属于的群体的影响。家庭作为社会组织的一个基本单位，是社会中最重要的消费与购买单位，大部分的消费行为是以家庭为单位进行的。在购买者生活中可区分为两种家庭类型：原生家庭和衍生家庭，前者包括一个人的双亲和兄弟姐妹，后者是夫妻加上子女。无论是父母、夫妻、子女，都对消费者的购买行为有着显著的影响，营销人员应该对此有明确的认知与理解。具体来说，家庭对消费者购买行为的影响主要体现在三个方面，即家庭权威中心、家庭规模与家庭生命周期。角色和地位标志着个人在群体中的位置，其中角色是由一个人应该进行的各项活动组成，而每一角色都伴随着一种地位。人们在购买商品时往往会结合自己在社会中所处的地位和角色来考虑。营销人员必须意识到产品和品牌正成为地位的象征：首先，每一种角色都有与之对应的角色产品需求；其次，角色的转换引起消费者行为上的改变，往往会引起对新产品的需求；最后，角色冲突和角色紧张会引起对缓和这些冲突与紧张产品的需求。

思考：美国一位“脱口秀”女主持人拥有数百万忠实观众，一次她在节目中随口说“我已经不再吃牛肉汉堡了”，竟使得美国牛肉市场销量顿时下跌15%，你认为这是为什么？

3. 个人因素

消费者购买决策也受个人特性的影响，特别是受其年龄与性别、职业与教育、生活方式、个性以及自我观念的影响。其中，年龄与性别是消费者最为基本的个人因素，具有较大的共性特征。不同年龄层次和不同性别的消费者，客观上存在生理和心理上的差别。因此，所需的商品与服务也不尽相同，对同一商品或服务的评价、选择的角度及价值观念等也会存在很大差异。职业与教育实际上是社会阶层因素在个人身上的集中反映。从事一定的职业以及受过不同程度教育的人会产生明显的消费行为差异，这主要是由于一种角色观念的作用。生活方式则反映了人们对怎样花费时间和金钱的态度及其所做的消费抉择的形式。

个性特征通常可以用自信、控制欲、自主性、顺从性、社交能力、防范性和适应能力等术语来描述。与个性相关的另一种因素是自我观念，或称自我形象，即在心目中认为自己是什么样的人或认为自己在别人心目中是什么样的人。因此，在分析消费者品牌选择时，个性是一个很有用的变量。假设品牌也有个性，消费者很可能选择和自己个性相符的品牌。所谓品牌个性是指在一个特定品牌上所归纳出的一组人类特质的组合，如坦诚、兴奋、能力、优雅和粗犷。

4. 心理因素

影响消费者购买行为的心理因素主要有动机、知觉、学习以及信念和态度等。其中，动机是一种升华到足够强度的需要，它能够及时引导人们去探求满足需要的目标。因此，动机的产生必须具备两个条件：一是具有一定强度的需要；二是具有满足需要的目标和诱因。消费者的动机一般分为感情动机、理智动机与惠顾动机三种类型。

按照心理学的说法，当客观事物作用于人的感觉器官时，人脑中就会产生反应。这种反应如果只属于事物的个别属性，称之为感觉；如果是对事物各种属性的各个部分及其相互关系的综合反应，则称之为知觉。知觉过程是一个有选择性的心理过程，它有选择性注意、选择性扭曲和选择性保留三种机制。学习则是指人们经过实践和经历而获得的，能够对行为产生相对永久性改变的过程。消费者的学习是通过驱动力、刺激物、提示物（诱因）、反应和强化的相互影响而产生的（如图 3 - 7 所示）。最后是信念和态度，信念是指人们对事物所持有的自己认为是可以确信的看法。这个看法的根源是消费者对某事物带给自己或自己所代表的群体的利益。因此，消费者对企业产品或服务的信念可以建立在科学的、经验的、偏见的、误传的基础上。态度则是指个人对某些事物或观念长期持有的好与坏的认识评价、情感感受和行动倾向。态度导致人们对某一事物产生或好或坏、或亲或疏的感情。

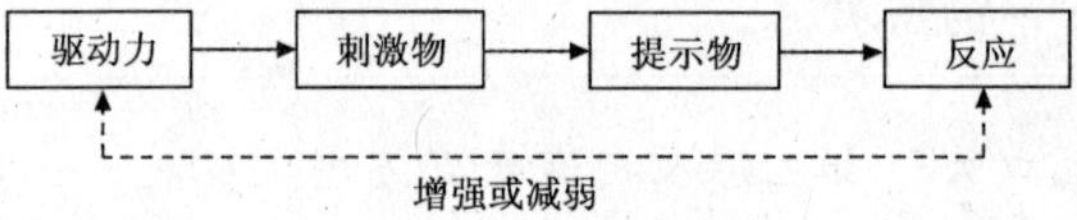

图 3 - 7　消费者学习模式

资料来源：肖祥鸿、卢长利：《国际市场营销学》，中山大学出版社，2009 年版，第 58 页。

（三）最终消费者的购买行为分析模型

有关消费者购买行为分析模型有很多种，如霍金斯模型、阿塞尔模型（消费者行为反馈）、所罗门模型（消费者行为轮盘）等。常用的有两种非常重要的分析模型，即“6W1H”和“7O”模型（见表 3 - 1）。“6W1H”模型关注的是消费者有哪些，他们购买什么，他们为什么购买，谁做出购买决策，如何购买，什么时候购买，最后，在哪里购买。“7O”模型与“6W1H”模型几乎一致。

表 3 - 1　“6W1H”和“7O”模型的对比

“6W1H”模型	“7O”模型
谁构成市场？—Who	购买者　—Occupants
购买何物？　—What	购买对象—Objects
为何购买？　—Why	购买目的—Objectives
谁参与购买？—Who	购买组织—Organizations

续表

"6W1H" 模型	"7O" 模型
如何购买？ —How	购买方式—Operations
何时购买？ —When	购买时间—Occasions
何地购买？ —Where	购买地点—Outlets

1. 购买者（Who or Occupants）

在国际市场上，购买者包括外国消费者与本国消费者，他们的购买行为在各方面都有某种程度的不同，这样说并不否认人类行为在各国之间有许多相似之处。

2. 购买对象（What or Objects）

他们购买的东西尽管都可以划分为耐用品、非耐用品和服务，但各国之间实际从市场上购买的东西却不一样，因而对国际市场营销感兴趣的企业关心的是自己的产品能否在外国消费者某一群体中找到销路。

3. 购买目的（Why or Objectives）

消费者为什么购买，简单地说，都是为了满足吃、穿、住、用的需要和其他欲望。但事实上，购买者行为和动机在不同的国家或更准确地说在不同的文化中是不相同的，因为不同的国家有不同的文化，而购买者行为是由文化决定的。

4. 购买组织（Who or Organizations）

谁出面购买或做出购买决策是非常重要的一个问题，研究发现，谁影响或做出消费者购买的决策取决于所买产品的种类和家庭中的情况，父母、孩子、丈夫和妻子各有各的作用，特别是孩子的作用与家庭的作用及结构不容忽视。

5. 购买方式（How or Operations）

如果要观察消费者如何购买，有两种途径：一是把消费者购买看作是一种解决问题的活动，如日常购买不需要多考虑和费劲，有限问题的解决需要寻找较多的情报信息和花费较多的时间，广泛问题的解决对消费者来说，情况更为复杂，涉及更多的信息、时间和努力。二是考察消费者购买过程的各个步骤：第一步是引起需要，消费者对某种有潜在兴趣的产品开始注意；第二步是寻找信息，消费者对某种产品有了更多的了解；第三步是评价行为，消费者依据自己的标准，对购买该产品的可行性和需要程度做出评价；第四步是决定购买，即消费者购买或不购买该产品。

6. 购买时间（When or Occasions）

消费者什么时候购买，在国际间有几方面的变化：一种是购买频率，如杂货购买，有些国家是每天一次，有些是每周一次或两次；另一种是卖方是否营业，以及气候的影响等；关于消费者什么时候购买的最后一个方面是一些产品在不同的国家或在一个人或一个家庭的生命周期的不同时间进行购买。

7. 购买地点（Where or Outlets）

消费者在哪里购买取决于他们可接触到的市场营销渠道。一般来说，不同的商品在不同国家出售的商店是不同的，如英国人一半以上的服装是从联号商店购买的，而法国人只有 4% 的服装从这种商店购买。

背景资料：

中国市场上消费者的消费行为

据统计，中国方便面的人均消费是世界平均水平的 250%，接下来是猪肉，约为世界平均水平的 240%，自行车也达到了 200% 左右。近年来，我国居民消费加速的领域有保险、食品包装、网上旅游、尿布、医疗器械、食品香料、牛奶、果汁、红酒、化妆品、巧克力等。在这些领域，中国的人均消费或产品普及率不及世界平均的二成。由此看来，在这些领域中国市场上将有巨大的增长潜力。

资料来源：马骏：为发达国家下半年经济二次下行做好准备（2010 年 1 月 9 日，华夏时报）。

二、国际市场组织机构消费者

（一）国际市场组织机构消费者的概念与特征

在国际市场上，组织机构消费者又称之为组织购买者，是指购买商品或服务以用于生产性消费，以及转卖、出租或用于其他非生活性消费的企业或社会团体，包括生产者、中间商、非营利组织和政府部门。因此，就买主而言，如果说消费者购买是一种个人行为的话，组织机构购买则是法人行为。

所谓组织购买行为，是指各类组织机构确定其对产品和服务的需要，并在可供选择的品牌与供应商之间进行识别和挑选的决策过程。这是因为组织机构不只出售产品或服务，同时还会购买大量的原材料、生产部件、厂房设备、供应品和服务等。组织购买者行为与消费者购买行为之间有很多相似点，如，组织消费者的行为像个人消费者的行为一样具有"人性"，则前面介绍的关于购买者行为的基本模型对组织购买者仍然有效，但组织机构的购买行为仍然有其特殊性，这些特殊性是企业营销决策所不可忽视的。

首先，各类组织机构购买产品和服务的目的不是单一的消费，而可能是为获得利润、降低成本、满足员工需要、承担社会及法律义务等；其次，参与组织机构购买决策的人一般比参与消费者购买决策的人多，尤其是一些重要的商品的采购；其三，采购者必须留意他们的组织所制定的各项政策、限制和要求；其四，组织机构的采购手段，如要求报价、提出建议书以及采购合同等，往往为消费者购买行为中所不常见者；其五，组织的个人成员把购买和消费过程当作政治舞台，试图通过购买提高他们的个人、部门或者职务权力。凡此种种，都要求我们对组织市场及其购买行为进行比较细致的研究。

（二）不同组织机构消费者及其购买行为分析

1. 生产者及其购买行为

生产者是国际市场组织机构消费者中最大的组织购买者。具体可细分为三大类：一是原设备制造商，即承接加工任务的 OEM 制造商，他们将购入的工业品装配或整合在其所制造的产品内，再将它们的产品卖到消费品市场或组织市场。二是产品最后使用者，他们购买工业品是用来执行业务或者生产作业，并不是将购入之工业品整合或装配在自己的产品内。三是产品中间使用者，他们购买原料、物料、零配件等半成品作为生产的投入，目的在于在生产其他的产品。

生产者购买行为包括三种：一是直接重购，即生产者按常规重新购买过去购买过的同类生产用品，这是一种最简单的购买情况；二是修正重购，采购部门根据企业发展要求，适当改变采购的某些产品规格、价格等条件，甚至更换供应商；三是新购，指生产者第一次采购某种产业用品。因此，与消费者个人购买行为相比较，生产者购买行为具有如下几大特点：

一是购买者数量少。比如麦道飞机制造公司的客户只有世界各国政府和航空公司两大类，只有共约近百家。二是购买者规模较大。一般是少数大买主就购买了绝大部分的产品，如专门生产自行车零件的上海自行车集团公司有近70%的产品销往上海“永久”和“凤凰”两大股份公司。三是购买者在地理上较为集中。每个国家都只有有限的几个大工业基地。许多行业的工业品如石油、橡胶、钢铁等主要销往这些基地的购买者。四是购买者的需求属派生需求。这是因为对工业品及服务的需求一般是由对消费品及服务的需求所派生出来的。例如，自行车制造公司对钢铁的需求就是由人们对自行车的需求派生出来的。这对钢铁公司的营销决策来说，就必须考虑更多的因素。五是购买者的需求往往缺乏弹性。许多工业品和服务的需求并不受价格变化的影响。六是购买者的需求还具有波动性。从长期看，人们对工业品和服务的需求往往比消费品及服务的需求更为多变。根据经济学的乘数原理，消费品需求上涨10%，有时会使工业品的需求上涨200%，从而使工业品营销决策更为复杂。七是购买者行为具有专业性。工业品购买者，无论是企业自身，还是代理商，一般对产品的了解和采购技术的掌握具有相当的专业水平，决策参与人员也往往是专家，这对工业品的营销策略制订来讲，无疑是一种挑战。另外，工业品购买还往往由企业直接采购而不要经过中间商环节，或者是相互购买产品的互惠交易，或者以租赁代替购买等等。

由于生产者购买不像最终消费者购买那样仅仅由个人决策，而是个人决策、群体决策乃至组织决策相互交织在一起，故其影响因素十分复杂。但概括起来主要有四大类：一是环境因素。当前和未来的经济环境，对于生产者购买行为会产生重大影响，其中消费者基本需要的水平、经济发展状况、资金使用成本、技术变动速度、竞争状况和政治法律的演变是其中最重要的因素。二是组织因素。每个社会组织，都有自己的目标、政策、秩序、组织机构和制度。营销人员必须了解与生产者购买相关的问题，比如：有多少人参与决策？是哪些人？他们的评价标准是什么？该公司的采购政策对采购人员有什么限制？三是人际因素。购买行为的各参与成员通常都具有各种不同的职位、地位、观念和说服力，他们互相影响，从而对采购决策具有重要的作用。四是个人因素。每个参与购买决策的成员都具有个人的动机、认知和偏好，而这些因素又与其年龄、收入、教育、职位、个性以及对风险的态度等联系在一起。

提 示： 组织机构消费者与最终消费者购买行为分析模型基本一致。

2. 中间商及其购买行为

中间商是指那些取得产品以供转卖或出租，并从中获得利润的所有个人和机构，主要成员为批发商与零售商。因此，中间商的主要特征是“为卖而买”，由于各自的条件、能力等因素，中间商在决定购买的时机时，必须对其采购策略做出抉择。可供选择的策略有如下几种：一是独家搭配，指专门经营某一企业的产品，成为其专卖店。如上海街头各式各样的专卖店。二是深度搭配，指中间商专门经营不同企业生产的同类产品。如大多数家用电器商店都同时经营“松下”、“索尼”、“东芝”、“三星”等公司的电子产品。三是广度搭配，指中间商同时经营某一范围内相关的几条产品线。如家用电器商店同时经营电视机、录像机、收音机和音响设备等。四是混合搭配，指中间商在广度搭配的基础上，同时经营其他不相关的产品线。如家电商店除经营各类家用电器外，还经营煤气用具、照相器材。

国际上，中间商购买决策的制定往往没有统一模式。一般说来，小商店的购买者即为店主自己，大规模的中间商则由专门的职能部门来承担购买决策工作。中间商购买行为同样受到环境、组织、人际和个人因素的影响，对此我们在前面已经做了若干介绍，在此不再赘述。但营销人员应特别注意七种类型的购买者风格，以便因人制宜，促成交易：一是忠诚型购买者，他们通常不轻易改变采购渠道，而年复一年地利用同一渠道购货；二是机会型购买者，他们善于以备选的几个符合其长期利益和发展前途的供应商中，随时选择最有利的货源；三是最佳条件型购买者，他们专门选择在规定时间内能给予最佳交易条件的供应商；四是创造型购买者，他们会向卖方提出其需要产品的规格、价格等，并希望以其条件成交；五是广告型采购者，他们希望在交易中得到部分的广告补贴；六是吝啬型购买者，这类购买者常常在交易中讨价还价，希望卖方给予尽可能多的价格折扣；七是精明型购买者，此类购买者总是比较善于选择结构最好的产品。

3. 政府部门及其购买行为

政府部门包括中央及地方各级政府机构，这些机构购买或租赁产品与服务以履行政府的主要功能。在我国，无论中央政府和地方政府，一般都有政府自己的采购单位——各级办公厅、办公室和后勤办事处，当然还包括一些专门的采购机构。

无论什么国家，政府购买总是国家财政支出的一大组成部分，特别是在宏观经济不景气时，政府常常用增加政府购买开支的手段来达到启动经济的目的。因此，政府部门的购买行为具有如下特点：一是需求受到较强的政策制约。一国的经济政策对政府集团的消费影响较大，财政开支紧缩时，需求减少；反之，则相应增加。二是需求计划性较强。一国政府开支都要列入财政预算，各级政府部门购买什么、购买多少都要受到财政预算的限制，且要制订购买计划，还要经过预算、审批等过程。三是购买方式多样。政府购买方式明显区别于消费者市场或中间商市场，较为复杂。对日用办公品购买，往往先选定供应商，然后采取连续购买的形式定期购买；对价格昂贵的大宗商品，会采用公开招标的方式采购；对公共福利品，则容易受到推销商的影响等。四是购买需求受到社会公众的监督。各级政府机构的开支来自财政拨款，财政拨款来自于社会公众的税收，社会公众有权以各种形式对政府机构的购买活动加以监督，要求政府富有效率、公正、廉洁，能以最低标准的购物数量实现政府的各项职能。五是购买目标的多重性。由于其社会职能决定，政府在购买时除了考虑价格较低等经济性因素外，还要追求其他政治性、军事性、社会性目标。例如，对国防用品、军火的采购，对某些地区、某些产业的产品的扶持性购买等。

政府采购也受到环境、组织、人际和个人等因素的影响，但特殊的是政府采购更受公众的监视：首先，是各国的议会的监督，如我国的全国人民代表大会、美国的国会等，许多人大代表和议员的职责就是揭露政府的浪费、监督政府的开支；其次，是财政预算的制约，政府开支一般都作为财政预算的重要项目由议会审定通过，一旦确定便具有法律效应，不能随意改变；最后，是政府的自我监督，在我国，政府开支的许多项目属于社会集团购买，在反腐倡廉和宏观紧缩的形势下，中央规定对社会集团购买采取限额审批、严格管理，各级政府只有相应的一定限额的审批权力，重大项目的购买必须由国务院审批。由于政府购买必须让公众知晓，因而必须涉及许多文书作业，填写表格，进行层层审批。这对营销人员来讲，也是一种特殊的考验，如果能妥善地应付，那就能够成功。另外，政府采购还受到其他一些因素的影响。如在一些国家，政府可能不得不向少数民族经营企业采购，或向反对种族歧视的厂商采购等。这些总意味着供应商的竞争有时不完全是产品价格竞争，营销人员必须对之有所了解。

政府购买的决策过程与生产者购买比较类似，但具有一些特殊性：一是政府购买品种繁杂，数量极大，政府常常会直接发布需求信息，因而作为供应商必须学会了解政府采购信息的发布渠道。二是政府购买和采购程序一般分两类，公开招标和协议合同，前者是指政府采购办事处邀请合格的供应商对政府所购产品或服务进行投标，政府一般选择出价最低者，如我国政府的大型公共工程项目，一般就是通过国内外招标而确定供应商的；后者是指政府通过与一家或几家供应商谈判而确定供应商。三是政府采购一般会产生延伸性需求。因为一些大公司与政府签订合同后，就会将其分解为若干部分，转包或分包给其他企业，从而制造出了延伸性的需求。四是政府采购往往以价格为决定因素，在保证一定质量的前提下，供应商必须在降低成本和价格方面有所努力。

4. 非营利组织及其购买行为

非营利性组织是指除了营利性企业和政府机构之外的组织机构。非营利性组织的购买行为，主要受到该组织经费来源、经营目的和管理者决策能力的影响，决策过程取决于该组织的计划、组织程序审批、经费约束等因素的综合作用。这些影响因素包括：（1）限制总额：非营利性组织的采购经费总额是既定的，不能随意突破；（2）价格低廉：非营利性组织大多数不具有宽裕的经费，采购中要求商品价格低廉；（3）保证质量：非营利性组织购买商品不是为了转售，也不是使成本最小化，而是维持组织运行和履行组织职能，所购商品的质量和性能必须保证实现这一目的；（4）受到控制：为了使有限的资金发挥更大的效用，非营利性组织采购人员受到较多的控制，只能按照规定的条件购买，缺乏自主性；（5）程序复杂：非营利性组织购买过程的参与者多，程序也较为复杂。

非营利性组织的购买方式主要有三种：一是公开招标选购。这是指非营利性组织的采购部门通过传播媒体发布广告或发出信函，说明拟采购商品的名称、规格、数量和有关要求，邀请供应商在规定的期限内投标。因此，非营利性组织处于主动地位，供应商之间却会产生激烈竞争。二是议价合约选购。这是指非营利性组织的采购部门同时和若干供应商就某一采购项目的价格和有关交易条件展开谈判，最后与符合要求的供应商签订合同，达成交易。三是日常性采购。这是指非营利性组织为了维持日常办公和组织运行的需要而进行的采购。

三、消费者购买行为的决策过程

（一）消费者购买行为基本模式

消费者的购买行为受到消费者心理活动的支配。研究表明，外界的各种刺激，经过消费者心理活动，会产生不同的反应，引起消费者购买或不购买的行为。美国营销专家菲利普·科特勒（Philip Kotler）将这一"刺激——反应"的过程称之为"消费者购买行为模式"（如图 3－8 所示），他认为由于营销和环境的刺激进入消费者的意识，一套整合了消费者性格特征的心理过程导致了决策过程和购买决策，因而营销人员的任务就是要弄清楚在从外部刺激到最终购买的过程中，消费者的意识到底发生了什么变化。通常情况下，外部刺激和消费者反应往往是看得见、摸得着的，但消费者如何消化各种外部刺激信息，进而形成某种反应，则常常难以揣摩，似乎是"黑箱"作业的结果。

购买者"黑箱"虽然还难以一窥其完整内幕，但至少包含两方面内容，即顾客特征和顾客心理，特别是四个关键的心理过程（动机、认知、学习和记忆），从根本上影响着消费者对外部刺激的反应。然后在诸多因素的共同作用下使消费者最终做出一定反应，决定如何满足需求和欲望，消费者的行为也由此从观念形态进入现实，如产品选择、品牌选择、经销商选择、购买时机和购买数量选择，以及付款方式等。这里着重讨论"从根本上影响着消费者对外部刺激的反应"的四个关键的心理过程，即动机、认知、学习和记忆。

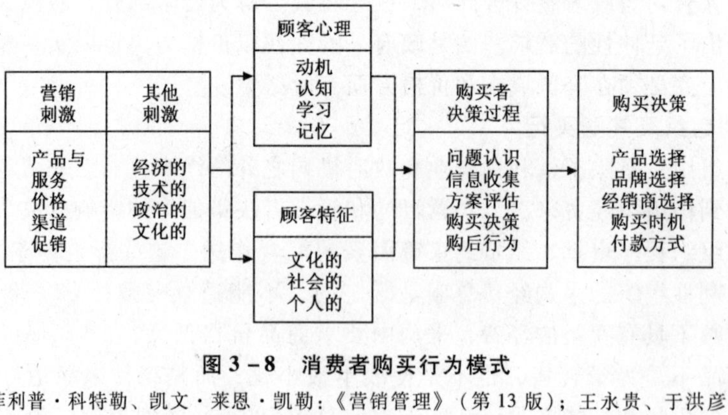

图 3－8　消费者购买行为模式

资料来源：菲利普·科特勒、凯文·莱恩·凯勒：《营销管理》（第 13 版）；王永贵、于洪彦、何佳讯、陈荣译，格致出版社，上海人民出版社，2009 年版，第 188 页。

1. 动机

动机是指推动个人进行各种活动的驱策力，是行为的直接原因，它促使个人采取某种行动，规定行为的方向。动机是由需要引起的。严格说来，在任何时候，我们都有许多需要：一些需要源自于生理的紧张状态，如饥饿、口渴和身体上的不适；而另一些需要则是源自于心理的，它是由心理的紧张状况而引起的，如想被认同、想受人尊重、想有归属感等。当需要达到一定程度而驱使人们去采取行动时，需要就会变成动机。消费者的购买行为，是消费者解决他的需要问题的行为。不同的人有不同的需要，而且不同的需要在人们心中的层次也不一样。急需满足的需要，会激发起强烈的购买动机，需要一旦满足，则失去了对行为的激励作用，即不会有引发行为的动机。企业在进行国际市场营销时，应该了解目标市场哪些需求尚未满足，从而有针对性地进行产品决策。

最著名的动机理论有三种，即西格蒙德·弗洛伊德（Sigmund Freud）、亚伯拉罕·马斯洛（Abraham Maslow）及弗雷德里克·赫茨伯格（Frederick Herzberg）的理论。弗洛伊德认为形成人们行为的心理因素大多是无意识的，一个人不可能完全理解自己的动机。当一个人审查某特定品牌时，不仅会对品牌的已知能力有所认识，也会对那些潜意识方面的特征有所反应，如产品的形状、大小、重量、材质、颜色和品牌都能引起这个人的某种联想和感情。

马斯洛则试图解释在特定时间人们为何受到特定需要的驱动，他认为人的需要是有层次的，人们总是先满足最迫切的需要，在满足了最迫切的需要之后再转向满足下一个次迫切的需要。这些需要按其重要性的高低程度分别为生存需要、安全需要、社会需要、尊重需要和自我实现需要。层次越低，需求强度越大；层次越高，需求强度减弱。

赫茨伯格的动机双因素理论却对不满意因素和满意因素进行了区分，认为只是消除引起不满的因素是不够的，还必须主动积极地展现满意因素。例如，电脑公司没有附加产品保修期限，产品不附保单就可能成为一个不满意因素，但产品即使有了保单也不一定就会形成满意因素或引起购买动机，因为保单并不是电脑产品的根本满意因素，它必须在性能上保证满意。因此，根据赫茨伯格的动机理论，卖家要尽可能避免不满意因素的出现（如不合格的说明书或不完善的服务政策），尽管这些因素不能令你成功地卖出商品，但是它们却能轻易地毁掉这宗交易。

2. 认知

关于认知的作用，它在营销中比实际情况更重要，因为尽管受到刺激的人会随时准备行动，但如何行动则受其对情境的认知的影响，即认知影响消费者的行为。所谓认知是指一个人选择、组织并解释外来信息输入，以产生其内心世界有意义的图像的过程。研究表明，认知不但取决于刺激物的物理特征，而且还依赖于刺激物周围环境的关系以及个人所处的状况。一个顾客可能认为一位说话很快的推销员行为过分或欠诚恳，而另一位购买者却可能认为该推销员很聪明，对自己购买颇有帮助。因此，每个人对这个推销员的反应可能有所不同。

通常情况下，人们对同一刺激物会产生三种认知过程：一是选择性注意，即一个人不可能对所有刺激物都加以注意，其中多半被筛选掉或有选择地被忽视。真正引起人们注意的要么是有目的性的注意，要么是由某人或某事等外界因素引起的注意。如人们更倾向于注意那些与当前需要有关的刺激物，一个有购买电脑动机的人，会对电脑广告产生兴趣，而不会注意 DVD 的广告。二是选择性扭曲，即信息接受者即使注意到了刺激物，也不会完全接受这个刺激物所要传达的信息，他会用符合自己认知的方式来解读信息。至于具体怎么理解或解读，通常取决于个人经历、偏好、当时的情绪、情境等因素。这就有可能造成消费者扭曲信息，以使其与自己对产品和品牌的理解和预期相一致。三是选择性保留，即人们往往会忘掉许多学习过的事物，只记忆支持其态度与信念的信息。换句话说，我们很可能会记住有关产品的优点，而忘掉了其他竞争品牌的优点。因此，选择性保留对强势品牌很有利。这也揭示了为什么许多营销人员不断地重复向目标顾客传递信息，其目的就是为了确保他们的信息不会被顾客遗漏。

3. 学习

学习是指人们自觉或不自觉地从多种渠道，经过各种方式获得的后天经验，并藉由经验而改变行为的过程。尽管大部分的学习都是具有偶然性的，但是人类行为除了本能驱动力（如饥、渴、性）支配的行为外，大都来源于学习。研究表明，人们在行动的时候，就是在学习，并且这种学习会引起个体行为的改变。主要有四种情形：一是加强，如消费者购买产品以后非常满意，会加强对该品牌的信念，以至于重复购买；二是保留，如消费者购买以前不知道的品牌或产品，称心如意或非常不满，会念念不忘，铭记心怀；三是概括，即消费者对企业或品牌感到满意，会由此及彼、爱屋及乌，对企业或与该品牌有关的其他产品也产生好感，反之也会“城门失火，殃及池鱼”；四是辨别，即消费者对企业或品牌一旦形成偏好，需要时会百般寻求，成为忠诚的顾客。

研究还发现，一个人的学习是通过驱动力、刺激物、诱因、反应和强化间的相互作用而形成的：驱动力是指促成行动的一种强烈的内在刺激；诱因是指那些决定一个人何时、何地及如何做出反应的较小刺激。假设你购买了一台苹果电脑，如果你的经验证实是值得的，那么你对电脑和苹果的肯定性反应也会随之加强；在此之后，你想再买一部手机，也许你会想苹果公司既然能生产最好的电脑产品，就也能生产最好的手机。因此，你把对电脑的肯定性反应扩散到类似刺激物上，而扩散的相反倾向是辨别，辨别意味着一个人已经学会了在一系列同类刺激物中认识其中的差异，并能据此调整自己的反应。换句话说，学习的理论告诉营销人员，他们可以通过把学习与强烈驱动力联系起来，运用刺激性暗示和提供积极强化等手段来建立消费者对产品的需求。

4. 记忆

心理学家将动机区分为短期记忆（短暂储存的信息）和长期记忆（储存较长时期的信息）。事实上，所有在生活中积累的信息和经验都可以成为我们的长期记忆。研究发现，长期记忆结构与关联性模式形成有关。例如，关联性网络记忆模型将长期记忆视为由一系列的节点和连接链组成，各强弱程度不同的连接链将许多信息汇集到节点上。任何形式的信息都可以被储存在这种网络记忆结构中，包括口述性的、可视性的、抽象性或情境的。

所谓品牌联想，就是由一些包含可以连接到品牌节点的所有与品牌相关的想法、感觉、知觉、印象、经验、信任、态度等所组成的联想。换句话说，我们可以把营销看作一个方法，这个方法确保消费者有合适的产品和服务经验来产生合适的品牌知识结构并且储存在记忆中。像宝洁这样的公司，喜欢创造一种能够描绘消费者对于特定品牌的理解的心智图，这种图形是按照一些关键的因素创造的，而这些因素可以是营销手段，以及与消费者相关的强度、喜好和独特性。

当消费者主动去了解产品和服务的详细信息，较强的关联性就会在记忆中产生。当消费者的记忆中已经存在广泛的相关知识结构时，要对新的信息建立联想就很容易了。而个人经验之所以可以建立强势的品牌联想，很可能是由于产品相关信息与个人已有的知识结构彼此间的高度相关性。所谓记忆恢复，即信息怎样从记忆中回想起来。根据关联性的网络记忆模型，一个品牌联想的强度越强，信息取得的可能性越高，且更容易从“扩展活动”中回忆起更多的信息。但要成功地使消费者回忆起品牌信息，不仅要依靠储存在记忆中的信息联想强度，还要看三项重要的影响因素：第一，记忆中其他产品信息的出现会对它产生干扰，会使得信息变得混乱和模糊。当同产品类别有很多竞争对手时，营销挑战在于顾客会把竞争对手的信息混合在一起，从而产生记忆混乱。第二，暴露信息和编码信息之间的时间间隔，时间越长，关联性越弱。一般来说，记忆强度是从最后一次接受该信息开始慢慢地衰退，尽管记忆是非常持久的。第三，信息可能存在于记忆中，但没有适当的暗示或提示未必能够被回想起来。因此，对于一个品牌是否能够被忆起，取决于消费者思考该品牌的情境，提示的线索越多，就越有可能回忆起这些信息。

（二）消费者购买行为过程

前面讨论的基本心理过程对于理解消费者如何进行购买决策有重要的作用，根据消费者购买行为模式，我们会发现消费者的购买决策是一个动态发展的过程。图 3 - 9 表示的是一种简化的购买行为过程，其结果要么是购买，要么是不购买。但最复杂的，也是最重要的，并且只能被部分理解的是被称之为“购买决策”的过程，它主要包括消费者如何在两种或两种以上的可行方案中做出选择以及这种选择之前和之后过程的系统思考。聪明的公司都会试图全面了解顾客的购买决策过程，包括他们学习产品、选择品牌、使用产品甚至处理产品的经历。

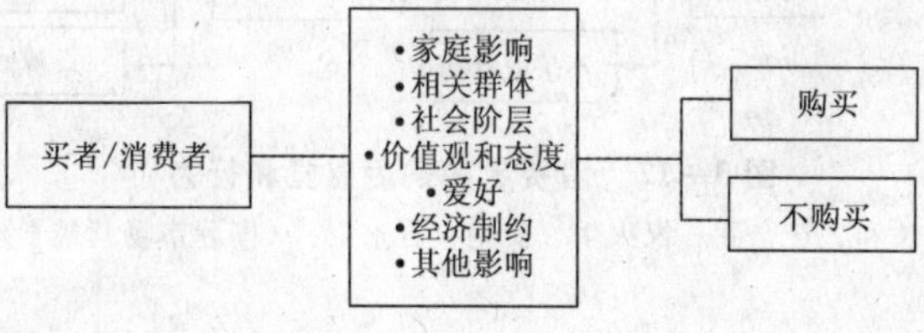

图 3 - 9 消费者购买行为过程

资料来源：范恩·特普斯特拉：《国际市场营销》，桑秀国译，商务印书馆，1996 年版，第 51 页。

从最复杂的角度看，消费购买决策过程可分为五个连续的阶段，美国营销专家菲利普·科特勒（Philip Kotler）称之为“五阶段模型”，如图 3 - 10 所示。其中，在问题认知阶段，消费者意识到某种需要的存在，如果需要足够强烈，它就会促使消费者进入信息搜寻阶段。信息的搜寻可能是十分广泛的也可能是十分有限的，这取决于消费者对该购买行为的参与程度。然后消费者会对所有可能解决问题的选择方案进行评估（见图3-11），评估的过程与上述消费者购买行为模式是同步的。在购买决策阶段消费者会决定何种方案，然后才进行购买行为。当然，消费者在消费或使用所购商品或服务后，还会对以前的行为后果进行评估（见图3-12）。需要指出的是，消费者并不总是依次通过全部五个阶段的，他们可能会越过或颠倒某些阶段。比如说，当你要购买固定品牌牙膏时，你会跳过信息搜索和评估，直接从对牙膏的需要进入购买决策阶段。但是，由于图3-10提供了一个很好的参考框架，我们仍将使用这一模式，因为它阐述了消费者面对一个高度购买涉入情况时所有可能发生的过程。

图3-10 消费者购买过程的五阶段模型

资料来源：菲利普·科特勒、凯文·莱恩·凯勒：《营销管理》（第13版），王永贵、于洪彦、何佳讯、陈荣译，格致出版社，上海人民出版社，2009年版，第196页。

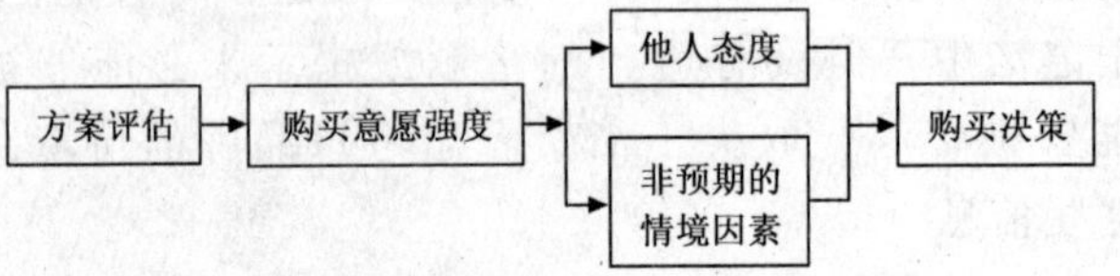

图3-11 影响消费者购买意向转化为购买决定的因素

资料来源：菲利普，科特勒、凯文·莱恩·凯勒：《营销管理》（第13版），王永贵、于洪彦、何佳讯、陈荣译，格致出版社，上海人民出版社，2009年版，第201页。

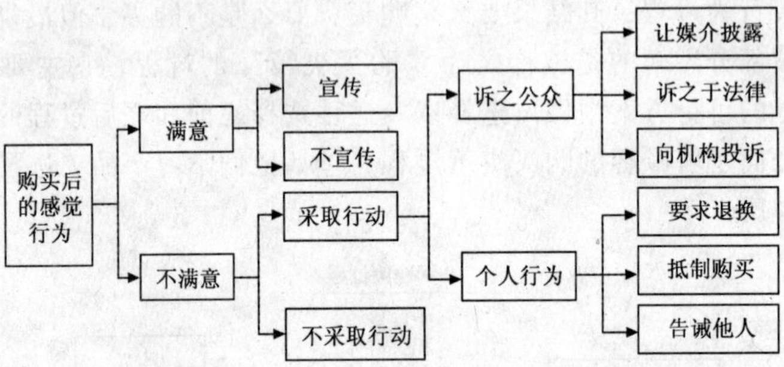

图3-12 消费者的购后感觉和行为

资料来源：肖祥鸿、卢长利、符全胜、祝火生、安艳、赵永全：《国际市场营销学》，中山大学出版社，2009年版，第66页。

【思考与练习】

一、单选题

1. 消费者购买过程是消费者购买动机转化为（　　）的过程。
A. 购买心理　　B. 购买意志
C. 购买行动　　D. 购买意向

2. 同种型号不同厂家的“VCD”机在市场上竞争，这种竞争关系是（　　）。
A. 愿望竞争　　B. 一般竞争
C. 产品形式竞争　　D. 品牌竞争

3. 消费者的购后评价主要取决于（　　）。
A. 心理因素　　B. 产品质量和性能发挥状况
C. 付款方式　　D. 他人态度

4. 消费者协会对保护消费者权益起了很大的作用，它属于（　　）。
A. 金融公众　　B. 社团公众
C. 企业内部公众　　D. 市民行动公众

5. 消费者购买香烟、火柴的购买行为类型一般是（　　）。
A. 复杂购买行为　　B. 寻求多样化购买行为
C. 化解不协调购买行为　　D. 习惯性购买行为

二、多选题

1. 影响消费者购买行为的主要社会因素有（　　）。
A. 参照群体　　B. 家庭
C. 社会角色与地位　　D. 亚文化
E. 知觉

2. 组织机构购买者采购业务的主要类型有（　　）。
A. 直接重购　　B. 修正重购
C. 新购　　D. 计划采购
E. 合同采购

3. 企业采购中心通常包括的成员有（　　）。
A. 使用者　　B. 影响者
C. 采购者　　D. 决定者
E. 信息控制者

4. 核心竞争力的主要特征应包括（　　）。
A. 价值性　　B. 不可模仿

C. 不可替代　　D. 稀缺性

E. 竞争性

5. 消费者购买决策的信息来源通常有（　　）。

A. 个人来源　　B. 商业来源

C. 公共来源　　D. 经验来源

E. 网络来源

三、判断题

1. 消费品尽管种类繁多，但不同品种甚至不同品牌之间不能相互替代。（　　）

2. 研究消费者购买行为的理论中最有代表性的是刺激—反应模式。（　　）

3. 有一定竞争优势的企业就会有核心竞争力。（　　）

4. 由于最终消费者与组织机构消费者的购买行为和决策方式存在差异，企业的营销策略也应相应调整。（　　）

5. 顾客的信念并不决定企业和产品在顾客心目中的形象，也不决定他的购买行为。（　　）

四、思考题

1. 简述消费者购买行为模式的基本内涵。

2. 国际消费者购买行为的影响因素有哪些？

3. 简述迈克尔·波特提出的竞争“五力模型”。

五、技能训练与案例分析题

1. SWOT分析法的技能实训

（1）要求：掌握SWOT分析法。

（2）内容：①利用SWOT分析法对自己的人生定位做一次SWOT分析；②利用自己所熟知的企业或某案例材料，对该企业进行SWOT分析。

（3）形式：①个人人生定位SWOT分析，选取学生代表发言，班上同学评议；②企业SWOT分析，分小组讨论，每小组选代表发言，班上同学评议。

2. 案例分析题

iPad：创造新的消费者行为模式

从1977年1月成立以来，苹果公司由最初一家专营个人电脑硬件和软件开发的美国本土企业，逐步发展到提供个人电脑系列、播放器系列、智能手机以及所提供产品的配套产品及配套软件的跨国公司，取得的业绩令世人瞩目：2010年5月26日，苹果公司市值超过微软，成为全球第一大市值科技公司；2011年，随着公司平板电脑二代iPad 2发布，苹果公司股票市值更是一路攀升到3 000亿美元以上，成为全球总市值排名第一企业。

苹果公司所推出的产品获得了全球范围消费者的青睐，甚至有很多忠实粉丝乘飞机专程赶往产品发售专卖店外彻夜排队守候，只为第一时间购买到任何一件与苹果公司有关的产品。2007年推出的iPhone系列手机已经累计销售超过1亿部，2010年推出的iPad系列则在一年内销售出1 500万台，占据平板电脑90%以上的市场份额。

iPad的推出，使苹果之所以取得巨大突破，就在于其尝试创造一套新的消费者行为模式，而不单单只是解决一个明显的设计问题或技术问题。苹果公司构建起了一套以消费者需求为导向的完整产品、服务的品牌共生体系，该体系的最终目的是满足消费者所有因消费苹果产品所产生的需求，为了达到这一目标，苹果公司采取了以下措施：

第一，公司自行研发电脑操作系统及IOS手机操作系统，并根据需要升级以求更加完善。除此之外，还开发了iTunes等能够满足消费者不同需求的软件。同时，公司与音乐版权商签订协议，使消费者可以通过iTunes以每首0.99美元的代价下载歌曲；允许除本公司以外其他公司、团体、个人开发的应用软件或游戏等经公司审查合格后，挂在苹果网上下载，供消费者免费或者付费下载。由于提供者众多，网上下载商店可供消费者下载的各种软件数量达到近40万种。

第二，消费者在购买苹果产品后，需购买配件以及外设产品，如购买电脑可能要配一台音箱等。除了自己生产的一部分，苹果公司同样授权其他公司或团体开发苹果核心产品配件和外设产品。当然，这种产品同样要通过苹果公司的严格检验。配件商提出申请，配件产品交由苹果公司经过严格的测试，确保不会使苹果产品出现使用故障，不会影响苹果产品的性能。得到授权的配件产品可贴上“MFI”标签，表明“made for iPod”或“made for iPhone”。由于开发和生产者众多，产品覆盖消费者可以想到的方方面面，因而能够很好地满足消费者各方面需求。

第三，在设计上，苹果公司从博取消费者“喜欢”的角度出发，为迎合消费需求，强调品牌“i”即我的诉求，在产品上打下了鲜明的私人化、个性化标签。苹果公司主管工业设计的高级副总裁乔纳森·艾维在回顾“i”系列产品的开发时说：“设计一台与众不同的计算机并不难，难的是如何让使用者感到贴心好用。”而“贴心好用”恰恰是乔布斯对艾维所领导的设计团队提出的要求。乔布斯曾骄傲地对媒体说：“在苹果公司，我们遇到任何事情都会问：它对用户来讲是不是很方便？它对用户来讲是不是很棒？每个人都在大谈特谈‘用户至上’，我想其他人都没有像我们这样真正做到这一点。”

第四，通过开设直营店、网上商店、网上下载商店以及为电信运营商提供定制机等方式，向消费者全方位地提供苹果公司，与公司协议合作以及授权的公司或企业生产、开发的各种软硬件产品。消费者可以根据自己的情况选择最便宜的购买方式进行购买。

由此，我们可以看出，从消费者角度出发，注重消费者的消费感受，以消费者的需求为产品生产的方向，是企业生产产品的基本原则，在此基础上，以消费者在已有产品上得不到满足的需求为研发和改进的基础，通过创新和技术工艺进步不断对产品更新换代，才能在市场上获得消费者认可。所以说，以消费者的消费体验为企业产品研发、改进的基本出发点，以消费者需求满足为企业生产产品和提供服务的目标，让企业的产品和服务成为消费者真正需要的，才能使企业具备在竞争中长期生存的基本条件。

问题：

1. 苹果公司如何把握消费者心理？从这个案例你得到什么启示？

2. 试用“6W1H”或“7O”分析模式，分析苹果公司的营销模式成功经验。你觉得还有哪些方面值得改进？

第四章 国际市场营销调研

【学习目标】

了解国际营销调研的含义及作用；掌握国际营销调研的内容、方法以及步骤；学会运用所学理论开展国际营销调研。

第一节 国际营销调研概述

市场调研是企业在以消费者需求为中心的现代市场营销观念下不可或缺的工作。从事国际市场营销的企业，因经营产品、经营地区及经营方式的不同组合进一步增加了目标市场的复杂性。要想在国际环境中赢得竞争，市场调研显得至关重要。

一、国际营销调研的定义

国际营销调研（International Marketing Research）是以国外市场为对象，用科学的方法，系统地、客观地收集、分析和整理有关市场营销的信息和资料，从而把握目标市场变化规律，用以帮助管理人员制定有效营销决策的活动过程。调研结果只能作为决策的参考，企业营销经理们根据调研信息做出自己的计划与决策，来指导企业的经营活动。

国际营销调研有着不同于国内营销调研的特殊性：首先，国际决策比国内决策更需要充分、及时、准确的信息。这是因为，各国的文化、法律、政治、经济等方面存在着巨大的差异性，国际营销决策者对他所面临的营销环境远不如国内营销决策者那样熟悉，稍有不慎就可能决策失误，而其后果有可能是致命的。所以，信息对国际营销来说更为重要。其次，国际营销决策所需要的信息不同于国内营销所需要的信息。这是由国际营销决策不同于国内营销所致。例如，国际营销的重要决策之一，是选择进入国外市场的方式。为了制定这一决策，企业需要了解目标市场国的外汇和外资政策，了解目标国的劳动力、原材料、管理经验等资源条件，了解目标国的竞争状况以及渠道模式等。这些信息在国内营销中一般是不需要的。第三，国际营销调研比国内营销调研更困难、更复杂。这种困难性和复杂性主要表现在：一是有些信息在国内很容易得到，在国外（尤其是在发展中国家）很难得到或根本得不到；二是从不同国家得到的信息，由于各国统计方法、统计时间等因素存在着差别，需经过复杂的整理、换算后，才能使其具有可比性；三是同样的调研方法，在甲国有效，在乙国则可能无效或受到很大制约；四是国外调研的成本要远远高于国内调研；五是国际营销调研的组织工作要比国内调研更复杂。例如，如何处理好跨国公司的母公司调研与子公司调研的关系？如何利用国内调研公司和国外调研公司？这些问题显然比国内调研中所遇到的问题复杂得多。

相关链接：

专业人士如何看待营销调研

全球顶尖的市场研究公司 AC. 尼尔森公司总裁施密特曾经说：中国是全世界最复杂的市场之一，太复杂、太多样化了。西方公司在中国市场常犯的一个最大错误就是它们直接把在其他发展中市场开发的产品搬到中国来，而不是先花时间研究中国消费者的特点，结果是很多公司马上失败。如果直接把某种西方的产品搬到印度、巴西或俄罗斯，结局也将是一样。所以必须先花时间来做市场调研。这个程序在任何国家都适用。只有那些真正理解、看透消费者的商家才能最终获胜。

资料来源：李世嘉编著：《国际市场营销理论与实务》（第二版），高等教育出版社，2011 年，第 128 页。

二、国际营销调研的步骤

国际营销调研和国内营销调研一样，可分为四个步骤，如图 4－1 所示。

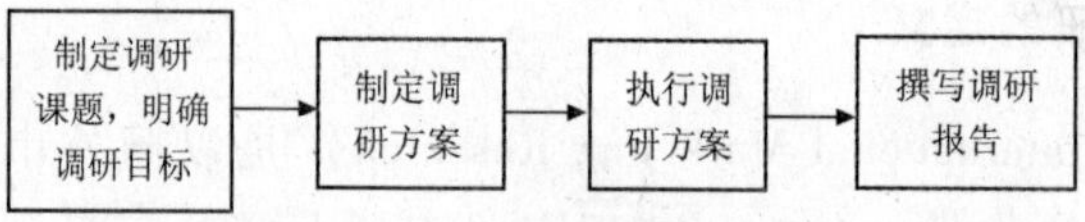

图 4－1 国际营销调研的步骤

（一）制定调研课题，明确调研目标

这是开展国际营销调研的第一步。制定调研课题、确定调研目的，是在实际开展国际市场营销调研之前，把企业需要了解和决定的营销问题进行分析和提炼，从而提出有待调查的，影响企业开展营销活动的各种因素。只有确定了课题，明确了目标才能有的放矢。企业的营销调研课题大致来自三个方面：其一是企业某一个市场出现了问题，如遭遇反倾销或销量骤降等；其二，企业打算开辟新的市场，需要评估某些国家或地区市场潜力、竞争情况以及风险高低等；其三，企业希望谋求新的发展，实施新的发展战略，想要提高知

名度、扩大市场占有率等。

（二）制定调研方案

制定调研方案，是前一步工作的细化，是企业为实现调研任务而做的具体执行计划。调研方案要具体、明确，一般应包括以下内容：调研的目的、资料来源的确定、调研方法的设计、调研工具的选择、抽样计划的制定以及资料的收集和分析，最后撰写调研报告等内容。

1. 确定资料来源

资料的来源可以分为企业内部资料和企业外部资料。企业内部资料是指企业自身所拥有的各种信息。企业外部资料范围很广，通常有以下四种基本的调查数据：（1）被调查者；（2）类似情况；（3）实验；（4）间接数据。

2. 设计调研方法

调研方法是指调查人员获得调研信息的方式。企业可采用案头调研和实地调研两种方式获取调研信息。实地调研具体可采用询问法、观察法、实验法进行。至于选用何种调研方法，要视调研目标、调研对象、调研时限和成本而定。

3. 选择调研工具

问卷和仪器可以作为调研工具，问卷是主要的调研工具，仪表在营销调研中很少使用。

4. 制定抽样计划

就营销调研所涉及的所有信息渠道，企业既不可能也没必要展开撒网似的全面调研，因而需要从局部的调查中得到有关整体的结论，这就是抽样调差。制定抽样计划要明确以下三方面的内容：（1）抽样对象，即调查那些人；（2）抽样规模，即调查多少人；（3）抽样程序，即怎样选择被调查者。

5. 选择接触方法

即采用哪些方式得到相关信息。可有三种方法选择：（1）邮寄调查问卷；（2）电话访谈；（3）面谈访问。

（三）执行调研方案

调研方案的执行阶段是调研方案的具体落实过程，一般包括以下步骤：

1. 收集信息资料

信息资料的收集包括间接资料收集和直接资料收集。营销调研的信息资料收集阶段是调研工作中投入最大也最容易出错的阶段，企业可由内部营销调研人员来完成这一过程，也可聘用外部调研公司完成这一工作。两种方式各有优点，企业自己收集信息资料，可以加强对收集过程和信息质量的控制，而专业调研公司则能更迅速地完成收集工作，企业需综合考虑调研目标、调研对象、调研时限和调研成本来选择。

2. 编辑整理

编辑整理资料就是将原始资料进行核实、分类、编码等工作，使杂乱无章的信息变成清晰有序的资料，供统计分析使用。这一步要完成如下具体工作：（1）检查和筛选所收集到的资料；（2）编辑；（3）编码和分类；（4）录入和制表等。

3. 统计和分析

资料经过上一步的处理后，还要运用数学运算、统计分析、建模等技术手段进行分析。市场调研所使用的数据分析技术方法很多，应注意根据需要选用，详见表4－1。

表4－1 数据分析各技术归纳

方法	含义及特点
多元回归	是设计一个最适宜的估计公式，以显示一组自变量变化时，其对应的因变量的变化情况
多元回归判别分析	是将目标分成两个或两个以上类别以进行分析
因子分析	是企图用已发现一组较多数量的彼此相关的变量中可以构成并说明其相互关系的少数基本因子的一种统计方法
集群分析	是把要区分的目标纳入特定的维数据中，排除组与组之间的同质性的一种统计方法
联合分析	是为被访问者分解不同的提供物进行偏好排列，以确定每种特征的个人推测功能和各个特征之间的重要关系
多维排列	多样化的技术，将有代表性的目标作为一点，对其特征用多维空间描述，其点之间的距离不对称的方法衡量

4. 实地调研的计划

若企业还需进行实地调研，则在调研方案中需做好如下安排：（1）时间安排；（2）预算安排；（3）人员安排；（4）进度安排。

（四）撰写调研报告

国际营销调研的最后一步是撰写调研报告，对调研结果做解释和说明，调研报告不是统计数据的罗列和高深统计公式的书写，具体来说，应注意如下几点：

1. 撰写规则：简明；客观；易懂

调研报告不是文学作品，无需华丽的辞藻，不用过多的修辞手法，只要简明客观地交代清楚基本情况、调研目的和范围、使用的方法、数据分析说明以及调研结论和建议即可。

2. 报告格式

调研报告没有通用格式，一般来说，大多数调研报告包含以下内容：（1）标题页；（2）内容目录；（3）表格或图示目录；（4）摘要；（5）正文（包括调研项目介绍、调研方法、调研结论、局限性等）；（6）总结；（7）附录。

3. 数据展示

数据的展示是调研报告中不可或缺的内容，在展示数据时，以下三点需要注意：（1）注意图表与文字说明的关系；（2）编辑图表，图表应包括图表编码、图表的标题、图表内容、图表的脚注几个要点；（3）选择适宜的图形，通常在市场调研中使用的图形有饼形图、条状图、线状图等。

思考：如何理解“营销调研”与“市场调查与预测”的区别与联系？

第二节 国际市场营销调研的主要内容

企业开展国际营销，一般来说，需要做出的决策包括：一是对于谋求新发展的企业而言，评估是否存在国际市场机会；二是企业可采取何种方式进入国际市场；三是在目标市场从事国际营销的企业，选择何种营销组合以赢得激烈的国际竞争；四是企业在有限的人财物资源约束下，如何合理配置资源以发挥资源的最大效能。这些决策的正确制定，有赖于卓有成效的营销调研。不同的决策所需信息也不同，这些决策所需的信息就构成了国际营销调研的基本范围。

一、国际市场机会调研

开展国际市场机会调研，是要将国内与国外相关信息做比较，结合企业自身资源，决定是否进入国际市场。这个决策对于企业来讲事关重大，关乎企业未来发展道路，它可能意味着更好的前景和收益，也可能意味着更多的挫折和风险。要做出这项决策，就需要通过调研，分析国内外的市场机会和潜在困难，因此企业要收集的主要信息包括：

（1）产品的国际市场和国内市场价格；

（2）企业产品的世界市场总需求量；

（3）企业潜在的市场占有率（国内的和国际的）；

（4）企业进入国际市场的机会成本和可能的收益；

（5）企业的人、财、物等资源条件。

企业可以主要依据上述资料来评价国际市场的潜在机会和困难。如果资料表明，企业的潜在的国际市场份额非常小，进入后的收益也不能大于机会成本，那么就不值得企业去开拓；相反，国际市场潜力很大，而且企业具备足够的实力，企业就应该下决心进入国际市场。此外，企业还要了解国际市场环境相关信息，如目标国的政治稳定性、文化属性、地理特征等信息资料，以增强对该国的感性认识，减少对异国环境的陌生感，藉以迅速适应新环境。

二、国际市场进入方式调研

企业如若决定开拓国际市场，接下来的决策是选择进入市场的方式。是出口，还是许可证贸易；是国外组装，还是国外生产；是国外合资经营，还是建立独资企业？不同的国际市场进入方式对企业资源能力有不同的要求，其可能的风险、潜在收益及海外市场的控制力也不相同，企业应综合考虑目标国的投资环境和企业自身的竞争优势，做出选择。为此，需要从以下几个方面开展调研：

（1）目标市场国的规模与潜力、市场竞争情况；

（2）目标市场国的政局的稳定性及当地政府对外来企业的优惠和限制；

（3）目标市场国的基础设施情况，如交通、能源、通信、商业等方面的发达程度；

（4）目标市场国的资源供应条件，如原材料、劳动力价格等；

（5）本企业的技术、管理、人才、资金和海外营销的经验等。

以上调研所收集到的资料，是企业选择进入目标市场的方式的极为重要的依据。如果目标市场的规模很大，且贸易限制多，运输费用昂贵，企业就可以考虑直接投资，就地生产和销售；如果目标市场国政局不稳，为了减少风险，企业就应该采用较间接的进入方式。

三、国际市场营销组合策略调研

企业选定目标市场，接着要考虑的是向目标市场的消费者提供怎样的产品、价格如何、销售渠道如何安排以及如何开展促销问题。这些决策及其组合，是企业最终赢得国际市场的关键。为此，企业应该在对目标顾客调研的基础上，分别就产品、定价、渠道、促销等营销组合因素进行调研。

（一）有关目标顾客的信息

消费者市场和生产者市场，目标顾客信息不同。消费者市场要重点收集消费者的年龄、职业、教育程度、对产品的购买习惯、购买力、购买动机和偏好等信息；而生产者市场，则要了解用户的数目、地理分布、规模大小、资信状况、发展前景等。

（二）有关产品的信息

主要包括目标市场对该产品的技术性能、外观、用途、使用条件等方面的具体要求；该产品的延伸需求或派生需求；国际市场该产品的生命周期和发展趋势；国际市场上新产品的出现及更新换代的周期；竞争对手产品的优缺点等。

背景资料：

我国某工厂由于没有获悉摩洛哥禁止进口带有英制单位货物的信息，在向该国出口的钢卷尺上不仅刻了国际单位制长度单位，同时，也刻了英制单位，结果货物被该国海关全部扣留。后经过多方交涉，才将货物全数退回，损失达 10 多万元。

（三）有关价格的信息

价格是企业进入国际市场最敏感的因素之一，为产品制定一个合适的价格，有利于企业实现利润、赢得市场。为此，企业要展开以下调研：目标市场上该产品的价格需求弹性或消费者对价格的敏感度；该产品是否存在价格升级，升级幅度大小；该产品与其他产品的比价及同类产品的差价情况，差价的原因；该国有关定价的法律规定、价格惯例以及企业特殊规定和要求等。

（四）有关渠道的信息

开展国际营销，企业要了解进口国的分销渠道，主要包括目标市场国的销售渠道类型及商务惯例；各类中间商的信誉、实力、功能、服务、促销、位置等情况；对该类产品的交货期的要求；在批零差价、折扣和信贷方面的习惯做法；运输、储存等方面的条件等。

（五）有关促销的信息

想要做出正确的促销决策，企业需要对目标市场国的广告、人员推销、销售促进及公共关系等促销方式有关信息进行调研。比如广告促销，需要了解目标国消费者文化背景、宗教、风俗习惯等，了解他们对色彩、画面有什么偏好与禁忌；目标市场国的主要广告公司业务范围、业务能力、市场覆盖面、收费标准等等。

四、资源配置决策调研

所谓“知己知彼”方能“百战不殆”。开展国际营销，对国外市场开展调研，做到“知彼”固然不可省，“知彼”之后再结合“知己”，才能有正确的国际市场营销决策。企业可能在甲国进行直接投资而与乙国仅仅开展出口贸易。不同的市场进入方式，给企业带来的利润也有所不同。假设企业在甲国的投资占其总资产的30%，但在甲国的利润只占企业总利润的10%，而企业与乙国的出口贸易可实现其30%的利润，则企业就需要将有限的人财物资源做重新配置，比如加强与乙国的进出口贸易，减少在甲国的投资等。企业资源配置决策，就是在对自身资源配置情况调研基础上，分析当前资源配置方面存在的问题，找出解决对策。企业制定资源配置决策需要的信息包括：

（1）企业在各国市场上的销售潜量；

（2）企业在各国市场上的经营状况；

（3）企业各种产品在各国市场上的生命周期状况；

（4）企业在各国市场上各种经营方式的经营现状及前景。

当然，国际企业的资源配置决策是一个十分重要而复杂的决策，需要的信息量极大。处于不同行业、不同目标市场，企业资源配置所需信息也会有所不同。而上述几条只是一个大致提纲，每一条都包含着大量的、具体的信息。企业只有在充分地掌握了这些信息之后，才能不断地调整企业资源在各国市场、各种产品、各种经营方式之间的分配，使其产生最佳的经济效益。

> **思考：** 如果你是一家服装企业老板，打算进入美国市场，你必须做好哪些市场工作才能部署企业的资源？

第三节
国际市场营销调研的主要方法

一、案头调研法

案头调研，又称二手资料调研或文献调研、办公室调研，是对现成的由他人收集、记录、整理、积累的资料（即间接资料、第二手资料），进行再收集、整理和分析，从而间接地获得对自己有用的信息加以利用。

（一）案头调研的信息来源

第二手资料的来源很多，包括内部资料和外部资料。内部资料来源于被调查企业内部，如企业的会计账簿、销售记录和各类报告等。外部资料是来自被调查企业以外的信息资料。这类信息包括出口国国内的资料和来自进口国市场的资料。开展国际营销的企业除了从本国政府和相关科研机构获得外部资料外，还可以从下列渠道获得案头调研的资料：（1）国际性组织；（2）外国或地区政府的有关机构；（3）各种商会机构；（4）出版社和研究机构；（5）银行和证券商；（6）消费者组织以及公司等。

这些信息来源特点各异，企业在从事营销实践时不可能也没有必要使用所有的信息来源。对信息来源的正确选择往往可使调研工作达到事半功倍的效果，而善于选择信息来源应是营销调研人员的基本素质之一。调研人员首先要熟悉各种信息来源的特点，了解各信息来源所提供信息的种类及特征，然后根据调研目标和主题确定信息来源。

（二）案头调研的特点及使用

案头调研省时、省费用，超越时空限制，搜集信息方便、自由、迅速。但案头调研的局限性也是明显的，如时效性差、信息可能不够全面、可靠性不强、不稳定等。因而，开展案头调研，要注意以下问题：

1. 资料的可获性

调研人员在选用第二手资料时应考虑省时和省钱的问题。所需资料应能迅速、方便、便宜地被调研人员使用。一般只有在迫切需要信息时才会使用昂贵的资料来源。在资料搜集过程中，调研人员常常会发现某些国家统计非常完备，企业可以很容易地得到所需要的资料，而另外一些国家（特别是发展中国家）统计手段落后，调研人员很难得到需要的资料。

2. 时效性

在某些国家某些信息来源中得到的数据资料往往已过时数年，不能作为企业决策的主要依据。因此，贪图简便，用过时资料来推断当前的市场状况，将使企业的调研缺乏时效性与准确性，因此无法被决策者所采用。

3. 可比性

由于各国条件不同、数据搜集程序和统计方法不同等，从不同国家得到的数据有时无法进行相互比较。有时即使是同一类资料，在不同的国家可能会使用不同的基期，使得相同指标在含义上也可能不大相同。各国数据在各国之间的不可比性，必然会影响到数据的有用性，从而影响到企业决策。

4. 相关性

营销调研人员所找到的资料必须与调研的问题相关才能保证调研结论的正确。例如，企业要调查一个指定工业部门的有关情况，则调研人员应从某些精通于指定工业的商业杂志去搜集适合于该项调研目标的有关信息。虽然该国已公布的银行报告中也可能有有关信息，但银行报告一般强调的是某一国的经济状况，尽管一个国家的经济状况和这个指定的工业发展方向是一致的，但后者应有其自己特殊的发展模型和速度。如果简单地使用经济发展数字来取代指定工业的发展状况，那么企业据此所做的营销决策将对指定工业的发展毫无用处。

5. 精确性

调研人员搜集到不同二手资料，往往只能包含企业所要的部分信息或较为模糊的信息，只在很少的情况下，一些由别人公布的第二手资料会全面、精确地论述市场调研人员所要调查的主题。特别是当调研人员得不到直接切题的第二手资料时，只能利用代用资料，为提高资料的精确度，调研人员要适当地对这些代用资料做一些修改或补充，还应当深入研究制作这类第二手资料时所用的方法，推敲一下它们是否能经得起科学的考验。

二、实地调研法

实地调研亦称直接调研，即是到现场直接收集原始资料、直接资料、第一手资料的调研方式。与案头调研获取间接资料不同，实地调研获取的是直接资料。实地调研可通过两种途径获取直接资料：调研人员亲自到现场进行调查或通过调查问卷等方式直接从被调查者处获得。采用实地调研，企业可以自己选择方法，控制调研的过程，能得到有较强针对性、适用性、及时性、真实性、可靠性的信息（在现代，信息的质比量更重要，而高质量的信息来自现场）；但受时空和企业资源的限制，信息的取得不方便，成本较高。影响调研成败的关键因素是回答者是否愿意并能够提供所需要的信息。

（一）实地调研的主要方法

1. 询问法

即直接向被调查者询问有关事实、意见或理由的方法，有双方互知、双向互动的特点，为最基本、最常用的方法。具体形式有：

（1）邮寄调查：向被调查者邮寄调查问卷，通过被调查者在规定时间内寄回的答卷来收集信息。此法调查面广，成本不高，被调查者有充分时间答卷并可匿名，不受调查者干扰，信息较真实；但可能存在问卷回收率低、回收时间长的问题，使得调查反应率低、反应慢，反应效果差（有的问卷回答不全或含糊不清，还会出现因误解而错答和他人代答，增加调查误差，调查者无法观察、澄清，也无法判断寄回者与不寄回者的态度区别）等问题。

（2）面谈调查：通过调研人员走出去寻访被调查者或请被调查者到企业来进行个别或小组交谈的方式取得第一手资料。交谈方式可以是按事先准备好的问卷逐项询问的标准化（结构化）访谈，也可以是非标准化（非结构化）的自由交谈。此法简便、灵活机动，可做深入细致的了解，调查反应率高，反应速度快，信息较准确可靠，易发现新问题，得到新启示；但成本高，费时，调查面有限，效果不稳定，受双方人的因素制约很大，对调查者要求较高。

（3）问卷调查：此法结合了面谈、邮寄方法的长处，将问卷当面交给被调查者，并做说明、指导，留置作答，定期收回。问卷调查易取得被调查者的支持、合作，能提高问卷回收率。

（4）日记调查：将选定的调查对象（样本）固定下来，进行连续调查，如住户调查、用户调查等。调查时调研人员发调查登记簿（表）给被调查者，要求逐日记录，定期收回、汇总。此法获得的信息全面、可靠，但内容受限制，被调查者负担较重，难以长期坚持。

（5）电话调查：通过电话（非可视电话）询问。此法迅速、及时、准确、经济，调查反应率高，被调查者无面对面的心理压迫感；但不易得到被调查者的合作，通话时间不能长，难以深谈，也无法展示和观察，受通信条件限制（电话号码不公开），对象选择有局限性。

（6）计算机调查：通过计算机终端和网上询问征答。此法效率最高，发展快，但目前受条件（计算机、网络及其知识的普及程度）限制，调查面尚有局限。

2. 观察法

调研人员直接到现场，通过工具、仪器或直观方法，在被调查者没有觉察或配合情况下，观察被调查对象的行为、表情，从而进行资料收集的调研方法。它与询问法的不同之处在于询问法调查时让询问人感觉到“我正在接受调查”，而前者观察法则不一定让被调查人感觉出来，只能通过调查者对被调查者的行为、态度和表现的观察来进行推测，判断问题的结果。观察法因双方不正面接触，使观察结果较自然、客观、具体、准确；但观察存在时空条件限制，且仅限于表面现象，很难得到被观察者的内在信息，颇费时间，成本高。

3. 实验法

它是指在控制的条件下，对所研究的对象从一个或多个因素进行控制，以测定这些因素间的关系，它的目的是通过排除观察结果中的带有竞争性的解释来捕捉因果关系。在因果性的调研中，实验法是一种非常重要的工具。实验法的结果较客观、准确、可靠，但往往费时、成本高，而且由于许多实际因素无法人为控制，实验结果可能有误差，不一定能推广。实验方法主要有两种：一是较简单的纵向对比，即条件改变前后不同时期的情况对比；二是横向对比，即在同一时间和类似环境中，将改变了某些条件的“试验组”的情况同未改变条件的“控制组（对照组）”的情况做对比。当然这二者也可并用。

（二）实地调研应注意的问题

1. 语言问题

在使用问卷方式进行调查时，由于国家间语言不同，需要对调查问卷进行翻译。由于翻译不当引起误解，将导致调查失败。例如，在扎伊尔，官方语言是法语，但人口中只有少数人能讲流利的法语。在这种情况下，问卷调查是极其困难的，因为一种语言中的成语、谚语和一些特殊的表达方式很难译成另一种语言。而被调查者的文化程度也给问卷调查带来影响，在一些不发达国家和地区，人们文化程度很低，甚至识字不多，用文字写成的调查问卷毫无用处。

2. 代表性问题

以抽样调查为例，一项抽样调查要取得成功，样本必须具有代表性。但是在发展中国家，抽样调查的样本往往具有很大的偏倚性，最大问题是缺乏对总体特征的适当的了解和从中抽出有代表性样本的可靠名单。在这种情况下，许多调研人员只能依靠在市场和其他公共场所抽取合适样本，以取代概率抽样技术。由于公共场所接受询问者之间的差异，调查结果并不可靠。

3. 通信问题

邮寄问卷调查的前提是被调查国家邮电系统发达完善，这在发展中国家比较困难。有些国家的邮电系统的效率极低，邮寄问卷的调查方法根本就行不通。另外，在许多发展中国家，电话数量很少，除非只调查富裕阶层，否则电话调查法就没有价值。即使被调查人有电话，也并非都能应用电话调查法。据估计，在开罗，有50%的电话线可能同时失灵。在这些国家中，即使是进行工业调研，采用电话调研也是不足取的。

4. 文化差异问题

个别访问是取得可靠数据的重要方法之一。但在许多发展中国家，由于文化的差异采用这一方法很困难，被访者或者拒绝访问和回答问题，或者故意提供不真实的信息。

（三）解决实地调研问题的方法

（1）对于语言翻译的问题，可采用“返翻法”解决调查问卷的词义问题。即把资料从一种语言译成另外一种语言，然后请当地人把它翻译回原来的语言，以检查是否有错译或曲解的地方。

（2）要注重交叉文化的研究，克服因文化差异带来的调研困难。尽可能借助于精通两国语言和两国文化、系统地接受过营销学和营销调研方面训练的当地人，帮助企业搞好在当地的营销调研，减少因文化差异带来的实地调研误差或困扰。

（3）重视借鉴其他国家在国际营销调研上的经验与教训。加强对调研人员的培训，使其熟练掌握各种调研技巧。这样，当在某国不能使用某一种或某几种调研方法时，还可以使用其他调研方法。

相关链接：

宝马如何在美国冲破萧条的汽车市场

20世纪80年代末90年代初，美国经济开始走向萧条，加上其他高级轿车以其“物美价廉”的优势打入美国市场，德国“宝马”牌汽车在美国面临新的挑战。为此，该公司进行了新一轮市场调研。调查中发现，消费者之所以喜欢“宝马”，是因为它能给人一种与众不同的感觉，即“人”驾车而不是“车”驾驶人，驾驶“宝马”的消费者感到安全、自信，不仅可以感受汽车、控制汽车，还可以得到如何提高驾驶技术的反馈。于是，该厂商将目标市场对准下列三种人：相信高技术驾驶人应该驾驶好车的消费者；希望以高超驾驶技术体现个人成就的消费者；为了家庭安全而希望提高驾驶技术的消费者。到了1992年，尽管整个美国汽车市场陷入萧条，“宝马”的销售量却比1991年提高了27%。

资料来源：孙忠群主编：《国际营销精要》，中国经济出版社，2007年版，第104页。

第四节 国际市场营销调研的主要技术

一、问卷设计技术

调查问卷是国际营销调研的重要工具之一。在大多数市场调查中，研究者都要依据研究目的设计某种形式的问卷。

（一）调查问卷的结构

问卷一般由卷首语、问题与回答方式、编码和其他资料四个部分组成。

1. 卷首语

它是问卷调查的自我介绍信。卷首语的内容应该包括：调查的目的、意义和主要内容，选择被调查者的途径和方法，被调查者的希望和要求，填写问卷的说明，回复问卷的方式和时间，调查的匿名和保密原则，以及调查者的名称等。为了能引起被调查者的重视和兴趣，争取它们的合作和支持，卷首语的语气要谦虚、诚恳、平易近人，文字要简明、通俗、有可读性。卷首语一般放在问卷第一页的上面，也可单独作为一封信放在问卷的前面。

2. 问题和回答方式

它是问卷的主要组成部分，包括调查询问的问题、回答问题的方式以及对回答方式的指导和说明等。

3. 编码

就是把问卷中询问的问题和被调查者的回答，全部转变为 A，B，C……或 a，b，c……等代号和数字。

4. 其他资料

包括问卷名称、被访问者的地址或单位（可以是编号）、访问员的姓名、访问开始的时间和结束的时间、访问完成情况、审核员的姓名和审核意见等。

有的自填式问卷还有一个结束语。结束语可以是简短的几句话，对被调查者的合作表示真诚感谢；也可稍长一点，顺便征询一下对问卷设计和问卷调查的看法。

（二）设计问卷的基本原则

设计调查问卷要注意以下原则：

（1）客观性原则，即设计的问题必须符合客观实际情况。

（2）必要性原则，即必须围绕调查课题和研究假设设计必要的问题。设计的问题数量过少、过于简略，无法说明调查所要什么的问题；数量过多、过于繁杂，不仅会大大增加工作量和调查成本，而且会降低回答质量，降低问卷的回复率和有效率，也不利于正确说明调查所要说明的问题。

（3）可能性原则，即必须符合被调查者是否自愿真实回答的问题。凡被调查者不可能正面真实回答的问题，都不应该正面提出。

（三）问卷设计的步骤

问卷设计没有统一的固定的格式和程序，一般说来有以下几个步骤：

1. 确定需要的信息

在开始问卷设计之前，调研人员首先要考虑问卷的目的、问卷要收集那些信息，从而在问卷中提出一些必要的问题以获取这些信息。

2. 确定问题的内容

确定了需要的信息之后，就要确定在问卷中要提出哪些问题或包含哪些调查项目。在保证能够获取所需信息的前提下，要尽量减少问题的数量，降低回答问题的难度。

3. 确定问题的类型

问题的类型一般分为以下三类：（1）自由问题。这种回答问题的方式可以获得较多的较真实的信息。但是被调查人因受不同因素的影响，各抒己见，使资料难以整理。（2）多项选择题。这种问题应答者回答简单，资料和结果也便于整理。需要注意的问题是选择题要包含所有可能的答案，又要避免过多和重复。（3）二分问题。二分问题回答简单也易于整理，但有时可能不能完全表达出应答者的意见。

4. 确定问题的词句

问题的词句或字眼对应答者的影响很大，有些表面上看差异不大的问题，由于字眼不同应答者就会做出不同的反应。因此问题的字眼或词句必须斟酌使用，以免引起不正确的回答。

5. 确定问题的顺序

问题的顺序会对应答者产生影响，因此，在问卷设计时问题的顺序也必须加以考虑。原则上开始的问题应该容易回答并具有趣味性，以提高应答者的兴趣。涉及应答者个人的资料则应最后提出。

二、抽样技术

国际营销调研所需资料若可以从全面的调查中取得，结果当然会比较准确。但是，由于时间、空间、目标市场国情况和企业资源能力的限制，企业不可能展开全面的调查。所以企业只能采用非全面调查的方式收集资料信息。抽样调查在非全面调查中占有非常重要的地位。所谓抽样调查，即从调查对象总体中选取具有代表性的部分个体或样本进行调查，并根据样本的调查结果去推断总体。抽样调查可以节省人力财力，缩短调查时间，及时提供资料。

（一）抽样调查的分类

抽样方法按照是否遵循随机原则分为随机抽样和非随机抽样。表4－2为抽样调查的具体类型。

表4－2　　随机抽样和非随机抽样的类型

抽样	类型	方法
随机抽样	1. 简单随机抽样	总体中的每一个成员都有被了解和被选中的机会
	2. 分层随机抽样	把总体分解成为各个互斥的组别，以小组为单位进行简单抽样
	3. 分群抽样	把总体分为互斥的组别对各个组进行抽样和观察
非随机抽样	1. 任意抽样	选择人口中最容易接触的成员以获取信息
	2. 判断抽样	应用调研人员自己的判断来选择能提供信息的理想成员
	3. 配额抽样	按类型分类，对每一类型规定一定数量进行调查

资料来源：（美）菲利普·R. 凯特奥拉，约翰·L. 格雷厄姆著，周祖城等译：国际市场营销学，机械工业出版社，2003年版，第126页。

（二）抽样调查工作的实施

抽样调查是由五个步骤组成的工作过程。

（1）确定调查总体：即明确调查的全部对象及其范围。这是抽样调查的前提和基础。

（2）抽样框架的确定和个体编号：抽样框架是提供抽样所用被调查对象的详细名单。在没有现成名单的情况下，可由调查人员自己编制。个体编号即对调查总体中的个体进行编号。

（3）选择调查样本：首先确定抽样的技术（随机抽样还是非随机抽样）和具体的抽样方法（如分层抽样还是分群抽样），接着确定样本的数量。在上述问题确定后，按预定的要求选择调查的样本。

(4) 实施调查：对选定的样本运用不同的调查方法逐个进行调查，从而取得第一手资料。

(5) 测算结果：这是抽样调查的最后一个步骤，也是抽样调查的目的所在。指用样本指标推断总体指标的结果。具体方法包括百分比推算法和平均推算法等。

三、信息分析技术

开展国际营销的企业通过案头调研和实地调研，在取得大量资料信息之后，需要通过科学的方法对资料信息进行分类、筛选、整理、加工，从中把握目标市场变化规律，用以帮助管理人员制定有效的营销决策。这项工作就是信息分析。信息分析是运用科学的理论、方法和手段，在对大量的（通常是零散、杂乱无章的）信息进行加工整理与价值评价的基础上，透过由各种关系交织而成的错综复杂的表面现象，把握其内容本质，从而获取对客观事物运动规律的认识的过程。

(一) 信息分析的方法

信息分析方法一般可以分为定性方法、定量方法以及定性与定量相结合的方法三大类。

1. 定性方法

定性方法针对那些不需要或不可能应用定量手段来进行分析的决策任务，通过定性的比较、分类、类比、分析和综合、归纳和演绎等，以获得关于研究对象的质的规定性知识，而不涉及其微观的数量关系，直观性强，容易学习和掌握，推理严密，有说服力。对比法是较为常用的一种定性方法，也是研究事物的最为普遍的一种方法。通过比较，可以确定事物间的水平差距，揭示事物的发展过程，分析事物的异同和优劣，发现问题和规律。比较法的基本原则是可比性原则，包括时间、空间和范畴的可比性。在比较时，要抓住事物的主要方面，不失之偏颇，同时也注意多项指标的比较，避免认识的局限性。头脑风暴法也是较为常用的一种定性方法。它是一种典型的创造性思维方法，指无拘无束、自由奔放的思考问题的方法。在一个偶然的场合，个人由于受到外界事物的启发而突然萌发出一个富有创见的想法，或是找到了解决某个问题的办法，这是个人头脑风暴。很多专家学者集中在一起，就某个问题面对面展开讨论，多提方案建议、少争论、相互启发、相互补充，往往可以产生许多有创见的思想火花和大胆的设想，这是集体头脑风暴。当然，无论哪种方法，都只能用来诱导和捕捉思维的灵光，要想得到最终的决策，还需运用逻辑和数学的方法进行严密论证。

2. 定量方法

定量方法是一种高度抽象的方法，借助于数和数量关系，强调对数据的分析，通过建立数学模型等可重复检验的手段来表达数据的内涵，获得关于研究对象的量的特征，其结论更为直观、精确，有较高可信度。预测分析法是较为常用的一种定量分析方法，它以概率论作为主要理论基础，根据事物过去和现在的发展规律，科学地估计未来的发展趋势。此外还有系统分析、模型模拟、多元分析、模糊数学等多种常用的定量方法。

3. 定性与定量相结合的方法

对于复杂的决策任务，一方面，靠经验总结来进行定性分析的活动很难保证分析结果的准确性和重复性；另一方面，单纯使用定量方法难于应付复杂多变的客观现实，其对“精确性、严密性”的刻板要求常常拖延，甚至阻碍任务的完成。因此，必须将定性方法与定量方法结合起来使用，才能满足决策的需要。定性方法把握信息分析的重心和方向，侧重于建立对事物的宏观认识体系；定量方法为信息分析提供数量依据，侧重于建立对事物的微观分析模型，并进行模型的求解。德尔菲法是一种常用的以定性为主的，定性与定量相结合的分析方法。它具有匿名性、反馈性和统计性的特点。德尔菲法一般采用匿名的形式以规范的程序向专家进行多轮次（经典的情况要进行四轮次）的函询调查。对调查的专家意见要进行统计评定和定量统计。采用德尔菲法时，专家人数一般以20到50人为宜。德尔菲法特别适宜于在不确定因素较多的情况下以及数据不够充分难以建立定量模型的情况下，进行探索性的预测和决策。

（二）信息分析的步骤

国际营销调研的信息分析工作，一般按以下步骤进行：

1. 选择分析课题

选择分析课题就是选择信息分析的主题，即明确信息分析的对象、目标和方向，是信息分析工作的起点。开展国际营销调研的信息分析工作，分析的课题即为营销调研拟要解决的问题。如寻找新的市场机会，查找目标市场产品销量突然下降的原因等。

2. 制定信息分析方案

（1）明确分析目的。明确本次分析要解决什么问题，以及问题的性质和范围，分析目的规定了分析的内容和可能采取的方法。

（2）确定分析的内容。根据分析的目的，确定分析的内容，以便选用信息资料。

（3）确定分析的方法。根据问题的性质和掌握的信息资料的特点，选用适宜的分析方法。

（4）确定分析的时间期限。根据分析研究任务的大小和难易程度以及用户需要，确定分析的时间期限，对分析各个环节进度做出计划安排。

（5）进行人员安排和经费预算。明确分析人员职责，进行经费预算（调研费、资料费、上机费、打印费、讨论会会务费、劳务费等）。

（6）明确分析成果的形式。包括研究报告、论文、著作、数据库等。

3. 进行分析研究

这一步是信息分析的主体部分。企业通过实地调研和案头调研，获取了很多信息资料，在这一步要选择适宜的分析方法，在规定的时间内得出有价值的分析研究结论。

4. 提交分析成果

这是信息分析的最后一步，将分析出来的结果以一定的形式提交给管理者。成果形式主要有：

（1）消息类产品，如快报。快报能跟踪监视和及时报道特定领域的国内外发展的最新水平、趋势和动向，具有内容新颖、简洁、报道迅速及时的特点。快报的结构由四部分组成：A. 导语。用简洁文字把某一事实最重要、最新鲜、最能引起读者兴趣的内容表达出来。B. 主体。用简洁文字解释导语，展开某一内容事实。C. 结尾。用简洁文字对前述内容进行小结或提出思考性的问题。D. 背景材料。附属与本体事实有关的（对比性、说明性、注释性）材料。

（2）数据类产品，即有关课题的系统资料或数据。具体形式有手册、汇编、指南、要览、年鉴、数据库等。数据类产品的特点是密度性高、系统性强。

【思考与练习】

一、单选题

1. 以下哪种途径获得的信息属于二手资料：（　　）。

A. 通过访谈　　B. 通过调查问卷

C. 通过市场试验　　D. 通过报纸、刊物

2. 在国际营销调研中，关于电话访问正确的说法是（　　）。

A. 适合工业营销调研　　B. 适合消费者调研

C. 电话访问的成本低　　D. 电话访问能获得的信息量大

3. 以下不属于实地调研方法的是（　　）。

A. 专题组座谈　　B. 邮寄调查

C. 深度访谈　　D. 收集报刊资料

4. 以下不属于随机抽样的是（　　）。

A. 简单随机抽样　　B. 任意抽样

C. 分层抽样　　D. 分群抽样

5. 以下属于非随机抽样的是（　　）。

A. 判断抽样　　B. 分层抽样

C. 分群抽样　　D. 简单随机

二、多选题

1. 下列哪些提法，符合国际营销调研作用的体现：（　　）。

A. 可为企业投资决策服务

B. 可为企业改进产品包装提供参考

C. 可为企业的营销决策服务

D. 可为企业开发新品提供参考

E. 可以为企业获得有关消费者的隐私

2. 问卷设计者要从被调查者的（　　）角度出发，合理安排提问问题的顺序。

A. 阅读习惯 B. 思考习惯
C. 消费习惯 D. 思维逻辑
E. 资金情况

3. 问卷中各问题顺序安排的原则，通常是（ ）。
A. 从浅入深 B. 由易而难
C. 由简入繁 D. 条理清晰
E. 尽量简化

4. 有效的调研计划包括以下哪几个方面：（ ）。
A. 资料来源 B. 调研方法
C. 调研工具 D. 抽样计划
E. 接触方法

5. 国际市场营销调研的程序是（ ）。
A. 确立调研目标 B. 制定调研方案
C. 调研方案实施及数据处理 D. 撰写调研报告
E. 提供决策方案

三、判断题

1. 为使不同国家的调研结果可比较，应在不同国家采用统一标准化的调查方法。（ ）
2. 个人访问特别适合在发达国家使用。（ ）
3. 电话访问特别适合工业用品调研。（ ）
4. 整群抽样能提高样本的代表性。（ ）
5. 在国际营销调研中，应主要选择随机抽样。（ ）

四、思考题

1. 国际市场营销调研的主要内容有哪些？
2. 国际营销调研资料的来源有哪些？

五、案例分析题

（一）麦当劳在冰岛的投资

2009年10月31日午夜，冰岛的麦当劳结束了一天营业的同时宣布全面退出了冰岛市场。1993年麦当劳这个全球最大的快餐连锁店在冰岛开设第一家分店时，冰岛时任总理奥德松特别前往品尝了第一个汉堡以示支持。16年的经营成为历史，麦当劳甚至没有表示会有重新开张的一天！

麦当劳总部的声明中提到："在冰岛开展业务是一项非常大的挑战。"然而与此同时，麦当劳在冰岛的总经销商欧曼德森却表示麦当劳在冰岛的生意一直十分兴隆："每到就餐时，汹涌的人潮是任何一个地方都没有的!”

既然生意这样好,那又是什么使麦当劳在这种难以克服的挑战中最终选择退出呢?谁也想不到的是,让麦当劳认输的,竟然不是同行业的竞争,而是因为冰岛的洋葱!

冰岛是一个地处大西洋中的岛国,农业极不发达,大部分农作物都靠从自德国进口,包括麦当劳里一种必不可少的原料——洋葱。然而,麦当劳于1993年决定在冰岛开设分店的时候,并没有对此做一个仔细的调查,麦当劳总部想当然地认为洋葱只是一种随处可见的便宜货,到开张之后才发现,冰岛的洋葱简直就是贵得出奇,购进一个普通大小的洋葱,需要卖掉十几个巨无霸汉堡包才够本!

但既然开张了,麦当劳只能选择坚持,长期以来,麦当劳在冰岛的生意看上去虽然红火,但是所能产生的利润实在是薄之又薄。冰岛的麦当劳特许营运商奥格蒙德森,曾用一句话描述出了这十年来的经营状况:“我一直在不断亏钱!”

近年来的金融风暴使冰岛克朗大幅贬值,欧元逐渐走强,加之进口食品的税率,因此成本不断攀升。而这,也将麦当劳的这种亏本经营更加凸显。在冰岛首都雷克雅未克,一个巨无霸的售价为650冰岛克朗,但如果要获得哪怕是最低的利润,最低价格为780冰岛克朗(约6.36美元)。如果是这个价格,麦当劳则根本不会成为人们的选择!

对于麦当劳退出冰岛,有人说这是因为冰岛不产洋葱所致,也有人说这是金融危机给害的,但最为根本的原因,是其市场调研的疏忽。麦当劳在决定开拓冰岛这片市场的时候,忽略考虑一个细节:冰岛的洋葱从哪儿来?

问题:

麦当劳在冰岛的投资为什么会失败?

(二)迪士尼没有再现东京的神奇

1984年美国沃特·迪士尼集团走出跨国经营的第一步,采用向日方技术转让收取转让费和管理费的进入方式,由日方投资建造经营东京迪士尼乐园,结果大获成功,利润远远超出预期。这使迪士尼非常后悔没有采取合资的方式经营,因为这样可以挣到更多钱。

1992年,迪士尼集团采取股份合作的方式到巴黎开办第二个国外迪士尼乐园。有东京乐园的经验,又有占有股权所带来的经营管理上相当大的控制能力。然而巴黎的经营成果到至今为止并不理想,第一年经营亏损达9亿美元。这又使得迪士尼非常后悔采取了股权控制的合作方式。如果采取许可经营转让一类的方式损失会少得多。两个市场进入的方式为什么会张冠李戴、南辕北辙?问题还是出在市场调研上,更准确地说是出在对两个市场消费者特点研究的不到位上。

1984 年开办东京乐园时，正是日本经济腾飞之后，日本消费者刚开始有了闲暇时间和足以支配闲暇时间的收入，但度假习惯尚未形成，东京乐园的开办正好与日本消费者寻找新型娱乐方式的欲望需求相切合。而巴黎迪士尼开办的 1992 年，欧洲大多数国家的收入已经很高，消费者闲暇时间的支配方式已经形成。迪士尼没有意识到他们已错过进入市场时间上的“战略窗口”，即使花了 2.2 亿美元大做广告宣传也难达到预期的经营目标。

问题：

结合案例的描述，谈谈国际营销的调研的重要作用。

第五章 国际市场进入与开发

【学习目标】

了解中国企业国际市场进入战略主要特征；熟悉国际市场扩张战略与进入方式的选择；掌握企业不同国际市场进入方式内涵及其利弊。

第一节 企业国际市场进入方式

所谓国际市场进入方式是一种系统性的安排和规范性的部署，它使得企业的产品、技术、工艺、管理及其他资源进入国外市场成为可能。从经济学的角度来看，企业进入国际市场的模式不外乎两种：一是通过目标国以外的生产基地向目标国家出口产品；二是将技术、资金、人员技能和管理等资源有效地转移到国外市场，在那里可以直接把所生产的产品销售给顾客，或与当地资源（尤其是劳动力）结合，生产产品并在当地市场销售。从管理或操作的层面来看，这两种进入模式可以分解为三种差异显著的具体方式：出口进入方式、合约进入方式和投资进入方式。

一、出口进入方式

出口进入方式是指通过向目标国家或地区出口商品而进入该市场。这是传统的进入方式，也是目前较为普遍的进入国际市场方式。采用该进入方式时，意味着生产地点不变，生产设施仍在国内，劳动力、资本没有在国际市场流动，出口的产品与内销的产品相同，也可以根据国外目标市场需要做适当调整，或专门为国外顾客开发出新产品。因此，这种进入方式的费用和风险都很低，而利润回报的速度却很快。具体策略有两种：间接出口与直接出口。

（一）间接出口

1. 间接出口的内涵

间接出口是指企业不直接与国外客户联系，而通过国内的经销商、代理商或其他机构实现商品出口。因此，对于对国际市场缺乏了解和不具备开拓国际营销活动能力的企业来说，选择间接出口方式比较稳妥。这是一种被动的初级出口形式，生产企业在出口销售中没有任何主动权。

2. 间接出口的途径

间接出口主要有三种途径：（1）企业将产品出售给出口商，再由出口商以自己的名义将产品销往国外；（2）企业与出口贸易机构签订代销合同，由后者协助寻找国外销路，企业承担风险，产品售出后付给出口贸易机构一定比例佣金；（3）与国内中间商合作经营，由中间商提供信息，寻找买主，实行风险共担。一般说来，本国生产厂商只与本国中间商相联系，而由后者与国际市场买主发生联系的出口均属间接出口。

3. 间接出口的利弊

优点：（1）不需要增加专门投资。由于间接出口的企业一般不需要改变自己的生产线、营销组织与任务，也就不需要设立专门的对外营销机构，不需要去了解国际市场营销的产品、价格、销售渠道、促销等信息，从而节约了这些方面的投资；（2）风险较小。间接出口由中间商负责产品的出口销售业务，企业只要把产品交给中间商就行了，出口的风险由这些中间商承担。

缺点：（1）企业无法真正全面了解国际市场的情况，因而无法掌握国际市场的主动权。这是因为间接出口业务是由中间商来完成的，企业的产品、价格、利润等完全受制于出口中间商，生产什么，怎样生产，完全听从中间商的安排，从而使企业完全处于被动地位。（2）企业的利润较低。由于间接出口所得的利润要在生产企业和出口中间商之间分配，并且分配的权力在出口中间商手中，因而生产企业所获得的利润一般较少。

（二）直接出口

1. 直接出口的内涵

直接出口是指生产企业直接向国外中间商、分销商乃至最终消费者销售产品。直接出口的企业既可以自行建立销售系统，也可利用国外中间商。因此，直接出口是出口贸易的高级形式，它直接与国外市场发生联系，也是现代企业普遍采取的一种出口营销方式，尤其为大企业所重视。一般来说，当企业通过间接出口取得国际市场营销经验后，可转向直接出口，使企业成为真正的国际市场营销企业。与直接出口相对应的营销方式主要有国外包销、代理、寄售、拍卖、展卖、投标、易货贸易等。以加工贸易和补偿贸易来扩大出口，属于直接出口的复杂形式。

2. 直接出口的途径

直接出口主要有三种途径：（1）建立独立的出口经营机构，将产品直接出售给国外批发商、经销商和消费者；（2）设立驻外分支机构和国外营销分公司，派出销售人员直接在国外从事营销活动；（3）设立海外市场商业代表，与国外进口商、批发商、经纪人乃至零售商、消费者建立业务联系，将产品直接销售给海外市场。

3. 直接出口的利弊

优点：（1）可以使企业迅速了解国际市场情况，从而掌握和控制国际市场销售。企业在直接出口过程中，直接与外国的中间商和用户接触，因而可以迅速了解国际市场上供求的变化和竞争状况等信息，并可根据国际市场的变化组织营销活动，掌握市场竞争的主动权。（2）企业可以根据国际市场的供求状况决定产品的价格，从而增加了潜在的利润。这是因为企业采用直接出口的形式，利润不需要与国内的出口中间商分享，因而利润增加。（3）增加了企业从事国际市场营销的知识和经验，使企业有能力驾驭国际市场。企业在国际市场营销中，直接与外商打交道，既了解了各国的国情，也学会了从事国际市场营销的知识，这就为企业在国际市场经营打下了基础。

缺点：（1）投资增加。企业在直接出口中，要建立自己的国际市场营销组织，要拥有一定的销售渠道，要不断根据国际市场情况改变自己的生产和销售活动，并因增加了产品在途运输时间而增加了资金的占用时间，从而使企业的投资增加。（2）风险较大。间接出口的风险主要由出口中间商承担，现在要企业自己承担，因而风险较大。

二、合约进入方式

合约进入方式是指企业通过与国外企业签订合同使技术、服务等无形产品进入国际市场的方式。这种合作协议可以是转让无形资产，包括各种工业产权（如专利、商标、管理秘诀、管理技能、营销技能等）和版权，也可以是劳务出口或工程承包等。这种方式可以降低生产成本，避免经营风险，减少汇率波动损失，加强经济技术合作。具体方式主要有如下几种：许可贸易、特许经营、合同安排。

（一）许可贸易

1. 许可贸易的内涵

许可贸易又称为“技术授权”，是指企业（许可方）与国外另一企业（被许可方）签署许可协议，授权对方使用本企业的专利权、商标权等工业产权和版权从事生产和销售，然后向对方收取许可费用。

提　示： 世界饮料界巨头可口可乐、百事可乐最初进入中国市场，就是采用许可贸易方式。

2. 许可贸易的利弊

优点：（1）无须进行生产和销售方面的大量投资；（2）避开了贸易壁垒，不受关税、配额等贸易壁垒的限制；（3）规避和降低了国际营销的风险。

缺点：（1）要求许可人本身具备一定的条件；（2）在收取许可费用方面，对国外被许可方的依赖性较大；（3）被许可方生产的产品质量比较难以控制；（4）可能会为本企业日后开拓国际市场培养竞争对手。

（二）特许经营

1. 特许经营的内涵

特许经营是许可贸易的一种特殊方式，基本上是一种专业化的许可协议，是特许方和受许方之间的契约关系。在该协议中，特许方不仅把自己的无形资产提供给受许方，而且还要求受许方遵守严格的经营规则。因此，特许经营双方的关联程度较高，特许方往往将受许方作为自己的分支机构，统一经营政策、统一风格、统一管理，向客户提供标准化的服务。遍布全球，实行统一标准化经营的麦当劳、肯德基等都是特许经营的典型例子。

背景资料：

1970年以前，国际特许经营并不活跃，国际特许专营协会（IFA）调查显示，当时只有14%的会员企业在美国以外有特许经营协议，而其大部分集中在加拿大。到目前美国企业在世界各国已有3万多宗特许经营交易，涉及软饮料、汽车旅馆、零售、快餐、汽车出租、汽车修理服务、娱乐等行业。例如，麦当劳平均每7.3小时就开办一家新的国际连锁分店，巅峰时期每隔3个小时就有一家连锁店诞生，已成为显示当前特许经营全球化速度的一个最好例证。特许经营正成为西方大多数国家增长最快的贸易形式。

2. 特许经营的种类

特许经营的种类按不同的划分方法，可以归纳为以下几种：

（1）按所需资金投入，可分为工作型特许经营、业务型特许经营和投资型特许经营。其中，工作型特许经营只要求加盟者投入很少资金，有时甚至不需要营业场所；业务型特许经营一般需要购置商品、设备和营业场所，如洗衣、冲印照片、快餐外卖等，所以需要较大的投资；投资型特许经营则需要更多的资金投资，如饭店等。

（2）按交易形式划分，可分为四种：制造商对批发商的特许经营，如可口可乐授权有关瓶装商（批发商）购买浓缩液，然后充碳酸气装瓶再分销给零售商；制造商对零售商的特许，如石油公司对加油站之间的特许；批发商对零售商的特许，如医药公司特许医药零售店；零售商之间的特许，如连锁集团利用这一形式招募特许店，扩大经营规模。

（3）按加盟者性质划分，可分为区域特许经营、单一特许经营和复合特许经营。区域特许经营是指加盟者获得一定区域的独占特许权，在该区域内可以独自经营，也可以再次授权加盟商。单一特许经营是指加盟商全身心地投入特许业务，不再从事其他业务。复合特许经营是指特许经营权被拥有多家加盟店的公司所购买，但该公司本身并不卷入加盟店的日常经营。

（4）按加盟业务划分，可分为转换型特许经营和分支型特许经营。前者是加盟者将现有的业务转换成特许经营业务，特许商往往利用这种方式进入黄金地带。后者则是加盟商通过传统形式来增加分支店，当然需要花费更多的资金。

（5）按授权内容与方式，可以分为三种：一是生产特许。受许人投资建厂，或通过

OEM 的方式，使用特许人的商标或标志、专利、技术、设计和生产标准来加工或制造取得特许权的产品，然后经过经销商或零售商出售，受许人不与最终用户（消费者）直接交易。典型的案例包括：可口可乐的灌装厂、奥运会标志产品的生产。二是产品—商标特许。受许人使用特许人的商标和零售方法来批发和零售特许人的产品。作为受许人仍保持其原有企业的商号，单一地或在销售其他商品的同时销售特许人生产并取得商标所有权的产品。三是经营模式特许。受许人有权使用特许人的商标、商号、企业标志以及广告宣传，完全按照特许人设计的单店经营模式来经营；受许人在公众中完全以特许人企业的形象出现；特许人对受许人的内部运营管理、市场营销等方面实行统一管理，具有很强的控制。

3. 特许经营的利弊

优点：（1）标准化经营，可以最大限度地扩大特许方品牌或商标的影响力；（2）资金投入较少，特许方使用较少的资金便可以迅速拓展国际市场；（3）特许方有权检查被特许方各方面的经营，当被特许方未能达到协议标准和销售量或损害特许方产品形象时，特许方有权终止协议；（4）政治风险较小，政治风险主要由被特许方承担。

缺点：（1）对特许方的要求高，只有那些拥有著名的品牌、商标等特殊优势的企业才能采用此种方式；（2）特许方的盈利有限，盈利水平不如直接投资；（3）特许方对被特许方经营的控制权不如直接投资，特许方要求被特许方保证完全按照协议所规定的质量来提供产品和服务有一定难度，因此很难保证在各个市场上展现一致的品质形象。

（三）合同安排

1. 合同安排的内涵

合同安排又称“非股权安排”，是企业进入国际市场时，在股权投资和人事参与之外所采取的另—种手段。企业以承包商、代理商、经销商、经营管理者、技术人员的身份，通过承包工程、经营管理、技术咨询等形式，取得利润和产品，开辟新的市场。因此，合同安排形式很多，主要有制造合同、工程项目合同、交钥匙项目合同、管理合同、国际分包合同、劳务输出合同等。

2. 合同安排的种类及利弊

（1）制造合同。指企业利用外国当地厂商现有设施，生产所规定的产品，但该企业仍保留产品营销的责任。为了得到符合标准要求的产品，企业一般要向当地制造厂商提供援助或转让技术。因此，在不宜于投资，出口受到限制或成本过大的情况下，这是值得选择的一种方式。

利用制造合同进入国际市场的优点是：投入少；能应付进口限制；减少运输成本；回避所有权问题。其缺点类似许可贸易，有形成未来竞争对手的风险。

提　示： 制造合同在对外贸易中一般表现为加工贸易。加工贸易从商标使用方面，可分为定牌生产和无牌生产；从生产原材料或零部件的来源看，可分为进料加工、来料加工、来样加工与来件装配。

(2) 工程项目合同。指企业为外国政府或厂商从事道路、交通等工程建设，在提供机器、设备及材料的同时，还提供设计、工程、管理等多项服务。在工程建设期间，承建公司在国外负责管理。工程完成后，管理权即移交当地。

由于工程项目合同实际上是出口货物及劳务的混合体，是劳动力、技术、管理甚至是资金等全面进入和配套进入，因而不仅有利于发挥工程承包者的整体优势，而且最具吸引力之处在于，它所签订的合同往往是大型的长期项目，利润颇丰。但正是由于其长期性，这类项目的不确定性因素较高，如遭遇政治风险。对企业来说，预期外国政府的变化对项目结果的影响往往是很困难的。

(3) 交钥匙项目合同。指国际企业为东道国建设一个工业体系，承担全部设计、建造、安装、试运转及试生产等工作。试运营成功后，承建企业即将整个工厂体系移交当地管理。买方随时可以开工生产，从事经营。因此，交钥匙项目除本身外，通常还有另外部分，即承建企业负责向买方提供管理训练、技术援助等，称为“交钥匙附加”。

交钥匙项目合同的优点是有利于带动成套机器设备出口，利润率高。但由于金额大、时间长，因而谈判相当复杂。特别是许多交钥匙项目合同是由东道国出面签订的，承建企业面临较大的政治风险。

提　示：

除了承包全部项目的“交钥匙”项目合同外，还有“半交钥匙”项目合同，即不负责试生产的“交钥匙”合同；以及“产品到手”项目合同，即不仅负责“交钥匙”所包括的所有项目，而且负责项目投入使用后一定时间内的技术服务，如技术指导、设备维修、技术培训等，使产品质量达到稳定后，再移交给业主。BOT 合同（即“建造—运营—转让”合同）也属于这种方式，不同之处是带资承包和经营承包，承包者既要负责工程项目的筹资，又要在完成工程后经营一段时间，待所付投资和应得利润收回后，再转让给业主。

(4) 管理合同。指某国一个企业由于缺乏专门技术人才和管理经验，以合同形式交由另一国家某国际企业经营管理，但这种经营管理权不涉及改变或决定新的投资、所有权安排以及基本的政策等，而只局限于日常经营。换句话说，一份国际管理合同赋予了一个公司在目标市场国对某个企业进行日常管理的权力，但这种合同并没有赋予管理公司进行新投资、承担长期债务、决定分红政策、实施基础管理或政策变革、变更所有权结构的权力。因此，这种管理控制仅限于日常的经营运作。

管理合同是转移管理的一种方式。以前国际管理才能的转移主要依靠对外投资来达到，但东道国对外国人拥有企业所有权有疑虑，会多方加以干预。现在这种方式弥补了管理才能转移中的不足。同时采用管理合同方式，国际企业不需要投资就可以取得对外国企业的管理控制，风险很小。其缺点是收益较小，并且占用管理人才。从进入国际市场角度看，管理合同不能使国际企业在国外目标市场为自己的产品确立长期性的市场位置。

(5) 国际分包合同。通常指某个国家的总承包商向其他国家的分包商订货，后者生产部件或组装成品，最终产品由总承包商在其国内市场或第三国市场出售。这种合同大部分是短期的，且每年续订一次。因此，在国际分包中，目标国家或地区的企业只承担生产过程的一部分，最终产品的规格、数量、性能等又都是按照合同规定加工出来的，故往往只适合发包人的需要，难以作为成品进入市场。目前分包已成为知名国际企业所追寻的共同趋势。

分包的优点有三：一是能集中力量把企业的主要精力投放在对核心部件的设计、生产或技术开发上，而把那些无关紧要的生产交给其他公司；二是能利用外国生产商低廉的土地、设备及人力成本，这也是总承包商签订国际分包协议的主要动机；三是国际企业通过了解工业承包商的产品和生产过程，可以很快用海外新技术武装自己的产品，提高竞争能力。

分包的缺点有二：一是分包有可能导致对国外合作伙伴的零部件供应、产品开发和设计能力产生越来越严重的依赖，导致自身生产能力的弱化，以及企业整体运营的灵活性和管理控制能力的下降；二是分包也可能导致本国企业生产经营的空洞化，由此加大国内失业率，使公司面临民族对抗情绪的压力。

三、投资进入方式

投资进入方式是通过直接投资进入目标国家，即企业将资本连带企业的管理技术、销售、财务以及其他技能转移到目标国家，建立受本企业控制的分公司或子公司。其实质是企业在国外进行的以控制企业经营管理权为核心，以获取利润为主要目标的投资。具体来说，在生产范围内，国外分公司或子公司可能是由母公司进口半成品的简单组装厂，也可以是承担全部制造任务的生产厂；在所有权和管理控制范围内，国外的生产分公司可以是母公司拥有完全的所有权和控制权的独资企业，也可以是母公司和当地企业共同拥有所有权和控制权的合资企业。

（一）独资经营

1. 独资经营的内涵

独资经营，是指企业独自到东道国去投资建厂，进行产销活动，本企业拥有所投资企业 100% 的股权，独立经营，独享利益，独担风险。

2. 独资经营的方式

独资经营的方式可以是单纯的装配，也可以是复杂的制造活动。其组建方式可以是收购当地公司，也可以是直接建新厂。

3. 独资经营的利弊

独资经营的好处是：企业可以完全控制整个管理与销售，经营利益完全归其支配；企业可以根据当地市场的特点调整营销策略，创造营销优势；可以同当地中间商发生直接联系，争取他们的支持与合作；可降低在东道国的产品成本，降低产品价格，增加利润；可以使企业的技术、工艺、配方、管理等企业秘密不易扩散。其主要缺陷是：投入资金多，可能遇到较大的政治与经济风险，如货币贬值、外汇管制、政府没收等。

（二）合资经营

1. 合资经营的内涵

合资经营，是指国际化经营企业在目标国家与当地某家或少数几家企业或第三国企业联合投资，共同经营，共同分享股权及管理权，共担风险。对于许多寻求业务扩张的跨国公司来说，合资企业是进入国外市场，尤其是新兴市场最可行的办法。从经济角度来说，如果目标国家的投资商缺乏资金或管理能力从而无法单独投资经营，则联合投资利用当地资源不失为合理的进入市场的方式。有些国家规定只有同本国企业合资才能进入其市场，在这种情况下，国际化经营企业不得不选择合资经营的方式。

2. 合资经营的形式

（1）合作制合资经营。是指企业之间以协议的形式相互协作，不涉及任何股份的投资。

（2）股份制合资经营。股份制合资经营要比合作制合资经营更紧密了一步，合作者同意彼此按比例出资。其核心是股权即所有权，它是支配企业的关键。一般来说，股权参与度越高，即在合资企业中拥有的股权比例越高，对所投资的企业的控制力越强。假若比例为100%，即为独资经营；若部分占有股权，即为合资经营。其中大于50%为多数股权，等于50%为对等股权，小于50%为少数股权，而股权参与度为零的情况就是前述合同式（非股权式）进入方式。

3. 合资经营的利弊

合资经营的好处是：投资者可以利用合作伙伴的专门技能和当地的分销网络，从而有利于开拓国际市场；同时还有利于获取当地的市场信息，以对市场变化做出迅速灵活的反应；当地政府易于接受和欢迎这种模式，因为它可以使东道国政府在保持主权的条件下发展经济。但这种模式也存在弊端，例如：双方常会就投资决策、市场营销和财务控制等问题发生争端，有碍于跨国公司执行全球统一协调战略。

四、国际市场进入方式的比较

事实上，国际市场的三种进入方式，代表了国际市场营销从低到高的三个主要阶段，它们应用的目的和条件各不相同：

- 出口进入方式基本上被处于国际营销初始阶段的企业所采用，主要目的是为了消化过剩的生产能力，使产品赢得更广阔的市场，因此企业对国际营销的概念、意识是不自觉的、朦胧的，产品出口经营也带有不稳定和多变的特征。
- 合约进入方式则进了一步，有意识、有步骤、有针对性地在国际市场充分发挥企业的经营优势，并且对回避国际贸易壁垒也颇有心得，但对如何深入国际市场进行纵横捭阖的战略性操作还在探索中，因而基本不涉及国际营销中关键的股权问题。
- 投资进入方式属最高阶段，它以直接投资的方式表明了国际化经营企业渴望在目标国市场上掌握自身命运，参与要素活动，瓜分国际市场，以使货币资本和技术资本获得更广阔的运作舞台。

应该说，国际市场的三种进入方式各有利弊，其优劣比较如表 5－1 所示。

表 5－1　　国际市场进入方式比较

	间接出口	直接出口	许可贸易	特许经营	合同安排	独资经营	合资经营
投入规模	<	<	<	<	<	<	<
进入深度	<	<	<	<	<	<	<
控制程度	<	<	<	<	<	<	<
灵活性	>	>	>	>	>	>	>
风险性	<	<	<	<	<	<	<

注：“<”表示左项小于右项；“>”表示左项大于右项。

因此，三种国际市场进入方式都有明显的特点和差异，其主要区别在于：出口进入方式输出的是实体产品，合约进入方式输出的是技术、服务（包括经营观念、管理经验等），而投资进入方式输出的则是资本。具体来说，表现在如下几个方面：进入深度、控制程度、灵活性和风险性。①

（一）进入深度

所谓进入深度是指国际化经营企业将资源投入到目标国市场的相对程度，可用生产单位产品成本中本企业资源在东道国市场所占的比例加以衡量，资源投入愈多，进入愈深，反之愈浅。三种进入方式中，出口式进入深度最浅，投资式最深，合约式居中；而同种方式中不同做法其进入深度也不同。比如，同为投资式进入，同等规模的投资项目，选择独资比合资投入资源大，进入程度就深；出口式进入中直接出口比间接出口进入程度相对较深，直接出口中，自己设建国外销售机构又比选择中间商进入程度深。

（二）控制程度

所谓控制程度是指国际化经营企业在目标国家和地区经营的企业所拥有的决策能力和影响力，主要包括经营决策和发展决策两个层次。经营决策又包括采购、生产运营、财务融资、收益分配等经营职能，计划、组织、人事、领导、控制等管理职能，营销职能等三方面；发展决策则指企业长期发展战略和投资等战略性决策。掌握控制权，可以有效保护自身利益，按照自身的战略部署进行经营管理，对处理与目标国政府和合资伙伴的矛盾就有了主动权和影响力。控制程度与进入深度呈高度正相关。一般说来，进入愈深，控制程度愈高。

（三）灵活性

所谓灵活性，是指国际化经营企业迅速、低成本地改变经营地点、国际市场进入方式

---

① 梁云：《国际市场营销学》，重庆大学出版社，2002 年版，第 159～160 页。

甚至退出目标国的能力。由于资源的专用性，经营灵活性与资源投入程度、进入深度是负相关关系，如长期或大规模的资源投入，中途欲做根本性调整的余地很小，投资灵活度很低。一般而言，在不确定环境中，国际化经营企业倾向于选择灵活度较高的进入方式，以应付可能出现的各种风险。

(四) 风险性

所谓风险性，是指事先未预料的发生损失的可能性及损失程度。各种进入方式的风险程度与该进入方式的进入深度和资源投入规模呈正相关。国际化经营企业的经营风险源于国外投资信息的不确定、市场的不完全性、巨大的交易成本和机会成本的存在。目标市场政局动荡和对外贸易法律政策的调整则造成了政治风险。

五、影响企业国际市场进入方式选择的因素

企业在进入国际市场时，并不存在一般性的最优进入模式，企业只能根据各种影响因素做出权变选择。根据美国学者路特（F. R. Root）的研究，企业在选择进入国际市场时要考虑的因素主要分为外部和内部两大类。

(一) 外部因素

外部因素就是指外部不确定性因素，包括目标国家或地区的市场、生产、环境因素和国内因素等四个方面。其中，目标国家或地区的市场因素，包括市场规模、竞争结构、市场营销系统的结构及其可利用性；目标国家或地区的生产因素，包括原材料、劳动力、能源等资源，与生产相关的交通、通信基础设施水平及其可利用性；目标国家或地区的环境因素，包括政治环境、经济环境、社会文化环境和地理环境，如进出口政策、外资投资政策、外汇管理的政策、地理接近的程度、经济成长的水平和规模等；国内因素则主要包括本国产业的规模、竞争水平和结构、生产费用的高低等。

(二) 内部因素

内部因素主要是指将进入国际市场企业的产品和资源等因素，与外部因素不同的是企业可以控制内部因素的变化，它反映了企业的竞争优势所在。具体因素包括：产品的差别化程度、售前售后对服务要求的程度、产品的特性以及企业生产经营所需资源的可获得程度和投入的水平等。此外，企业的国际化经验也是影响国际市场进入方式选择的重要因素，它具体反映在国外销售额占总销售额的比例、当前有联系的国外市场数量以及关于目标市场的知识等方面。

在考虑上述因素的基础上，随着时间的推移，企业对国际市场控制的要求会逐渐提高，从而进入国际市场的方式也随之变化。即随着企业对国际市场控制程度的不断强化，企业在国际市场上投入资源的水平也将逐渐增加，相应地，企业的经营风险、市场风险等也会逐渐增大。

第二节 国际市场扩张战略

一个企业无论大小都有寻求成长的渴望，市场扩张是企业生存与发展的本能。因此，当国内市场已嫌狭小，走向国际更大舞台拓展影响力，就成为必然的选择。只有不断走向国际市场，在国际市场上站稳脚跟、壮大实力，才能不断增强自身控制力、影响力和稳固力，才能不断成就世界级的跨国企业，在全球范围内实现自己的利润和利益。

一、国际市场扩张战略类型

国内企业向国际市场的扩张或发展，在很大程度上与企业的战略和战略管理密切相关。企业是通过国际化战略来实现向国际企业的转变的。在企业国际化发展初期，企业会以各种方式开展国际业务。但是，由于海外业务量不多，多数企业通常不需要去制定专门的国际化发展战略，而是让企业的国际业务活动自由发展。只是当企业的国际业务取得一定成功，国际业务量对企业具有重要意义的情况下，企业才开始考虑制定一套完整的国际化发展战略。一般来说，当企业实施国内战略时，企业采用的是适合于所有企业的通用战略管理。这种战略管理不考虑国内企业和国际企业经营活动的特殊性，因此它对国际企业的适用性也会受到一定程度的限制。如果企业实行国际化战略，则要求其管理也由通用战略管理向国际战略管理发展。企业在战略目标的确定、战略方案的制定和战略实施与控制等方面均需要满足企业国际化发展的需要。

根据毕米思（P. W. Beamish）的研究，企业扩张国际市场的战略可以分为三种，即地域扩展型、业务扩展型和职能扩展型①。此外，还有一种类型是国际战略联盟。

（一）地域扩展型战略

地域扩展型战略是国际企业采用在地域上由近及远的扩展业务战略。企业在采用地域扩展型战略时，通常考虑的因素主要有地理距离、心理距离和经济发展距离。其中，地理距离的远近是国际企业选择进入目标国市场的首要因素，因为地理距离近可以使国际企业较为容易地获得该国的市场信息，如市场状况、竞争对手状况和政府政策等方面的信息。当一国企业在地理距离近的国家取得成功后，就会把业务扩展到距离较远的国家。心理距离指国家之间文化的差异性。企业会首先选择文化差异性较小的国家发展国外业务，是因为与当地的消费者、供应商、当地雇员和政府机构有相同或相近的文化价值观、语言和习惯等，这样企业容易取得成功。经济发展距离是指国家之间经济发展的差距。国际企业初期的业务扩展通常首先选择经济发展距离较小的国家，因为经济发展差距小意味着市场的

---

① P. W. Beamish. etc.：International Management：Text and Cases. 4th ed.（影印版），机械工业出版社，2000年版，第168～173页。

相似性就大。有着相同的或相似的市场结构和消费群体，使国际企业能够把产品直接或稍加改变即可投入到新市场。国际企业在这类市场上取得经验后，就可进入经济发展差距大的国际市场了。

背景资料： 美国高露洁公司被看作采用地域扩展型战略的典型企业。该公司始创于19世纪，它首先进入的国外市场是地理距离和心理距离都较小的加拿大。20世纪40年代，高露洁已在全球20个国家建立了子公司。这些国家大都是美国的邻国或有相似文化的国家或经济发展差距小的国家，如墨西哥、英国、澳大利亚、新西兰、西欧国家等。凭借在20个国家积累的经验，到20世纪50～60年代，该公司把业务先是扩展到地理距离小，但心理距离较大的中美洲国家，随后又把业务进一步扩展到亚洲、非洲和东欧国家，在全球居于同行业的领导地位。

（二）业务扩展型战略

业务扩展型战略是国际企业采用的由单一业务领域向多样化业务领域扩展的战略。这种多元化经营战略是国际企业扩展国外业务的又一主要战略。国际企业在实施业务扩展型战略，由一个业务领域向另一个新的业务领域扩展时，经常以并购的方式获取或利用并购当地企业的生产能力，迅速实现业务扩展目标。通常情况下，当企业对要投资的国外市场不熟悉、缺乏国际经营经验时，可以选用业务扩展型战略。企业首先进入一个自己在目标国最具有竞争力的领域，在取得了当地经营的经验后，把业务逐渐扩展到自己竞争优势不明显或不具备竞争优势的领域。因此，企业采用业务扩展型战略进入国外市场的优点是初期投资少、风险小，即国际企业充分利用自己的竞争优势，以较少的投资，保证市场进入的成功，使自己国内的优势转变成目标国优势。采用这种战略的缺点是企业有可能错失快速扩展的良机。

索尼公司被认为是采用业务扩展型战略成功的典型。索尼公司1972年进入美国市场的初期，把直接投资领域定为在它具有国际竞争优势的电视机生产上。两年后，索尼公司在成功地取得了在美国生产电视机的优势基础上，开始把业务扩展到美国市场的音响设备生产领域，随后又扩展到磁带生产领域，最后进入了美国具有竞争优势的数字存储系统和个人电子通信设备生产领域。

（三）职能扩展型战略

职能扩展型战略是指国际企业的国外子公司由执行单一职能向执行多种职能扩展的战略。一个企业的国外子公司在国外市场进入初期，通常执行市场营销职能，之后扩展到执行生产组装、本地化设计和物资采购职能，有的企业还会扩展到执行制定商务计划和战略领导职能。并购是国际企业经常采用的职能扩展方式之一，即企业通过并购外国企业，把被并购企业已有的职能转变为本企业的职能。这种职能扩展方式可以是“瀑布式”的

（如图5－1所示），也可以是“洒水式”的（如图5－2所示）。所谓“瀑布式”指的是企业先进入一个市场，成功后再进入另一个市场；而“洒水式”指的是企业同时进入多个或同时进入所有重要的市场，实现短期内迅速占领全球市场和分担国际风险之目的。如果国际企业开始时并购的只是国外销售公司，目的是建立销售网络的话，国外子公司也就只执行单一的销售职能，执行生产和研究与开发等职能是企业下一步的目标。但是如果企业并购的企业本身执行多种职能，则子公司马上就可以执行全部职能。例如美国的微软公司开始进入中国市场时，也是只销售其软件，执行销售职能，后来逐步转向执行本地化设计，建立了微软研究所等。

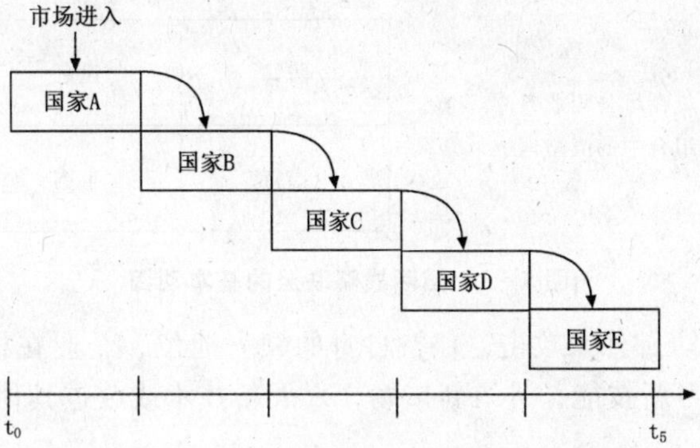

图5－1 “瀑布式”的进入国际市场

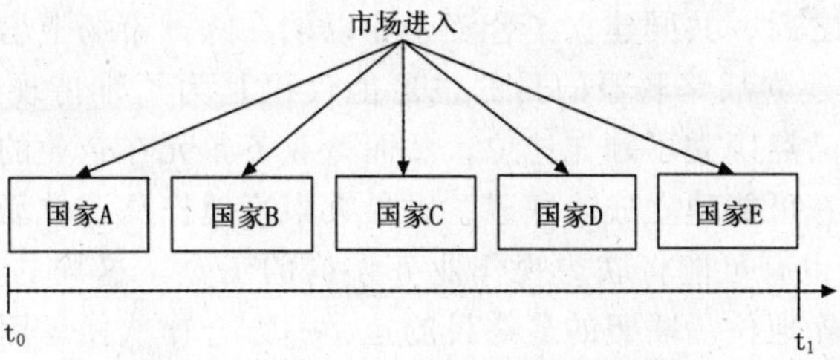

图5－2 “洒水式”的进入国际市场

（四）国际战略联盟

所谓国际战略联盟是指两个或两个以上企业为了实现优势互补，提高竞争力及扩大国际市场的共同目标而制定的双边或多边的、长期或短期的合作协议。

1. 国际战略联盟的类型

根据不同的分类标准，国际战略联盟可以分为以下几种不同的类型：

（1）根据联盟的对象分类，可分为三种：一是水平战略联盟，即联盟双方可能是同一市场上的合作企业或潜在竞争者。此类联盟最为重视研究与开发。二是垂直战略联盟，通过这种联盟进行合作能够减少或防止非对称信息的不利影响，有利于实施产业政策。三是混合联盟或跨行业大企业联合协议。它实质上是水平战略联盟与垂直战略联盟的混合物。

（2）根据联盟的合作伙伴所投入的技能不同分为三类：一是基于技术交流的联盟，这在高科技行业非常普遍。二是基于市场的资产和资源的联盟，如基于分销渠道或商标的联盟。三是基于运营和物流领域的联盟。

2. 国际战略联盟的动因

从企业在母公司业务组合中的战略地位和企业业务的市场竞争地位两个角度来划分，建立战略联盟有四个方面的基本动因（如图 5－3 所示）。[①]

在母公司业务组合中的战略地位 \ 企业业务的市场竞争地位	领导者	追随者
核心	防御	追赶
边缘	维持	重构

图 5－3　国际战略联盟的基本动因

（1）防御。为了防御外来攻击，保持自身的领先地位，企业在核心业务上建立联盟。其基本目标是通过学习新技能，进入新市场，发展新技术或改进其他方面的能力来帮助企业巩固竞争优势。

（2）追赶。企业通过战略联盟来赶超竞争对手。通常情况下，企业为了支持没有取得领先地位的核心业务而建立联盟。百事可乐公司和通用磨坊公司在意识到各自在欧洲快餐市场上均处于劣势之后，共同建立了合资企业以期在欧洲市场上增强竞争地位。

（3）维持。企业建立战略联盟的目的也可能仅仅是为了维持现有的业务局面。如果企业在某个业务单元已经确立了领先地位，然而该业务单元在企业的业务前景中只处于边缘的位置，这时企业有可能建立战略联盟，以最大限度地提高该单元的效率。

（4）重构。企业也有可能将联盟视作业务重构的工具。这样的业务一般属于非核心业务，也没有取得领先地位。联盟的最终目的是，一方合作伙伴运用联盟来激活该业务单元，将之打扮成所谓“待嫁的新娘”，而联盟中的另一方合作伙伴则准备收购该业务单元。

二、国际市场进入障碍

了解国际市场的进入障碍是企业拓展国际市场的首要任务。这些障碍主要表现在两个方面：一是对外贸易政策；二是贸易壁垒。[②]

（一）对外贸易政策

对外贸易政策是一个国家在一定时期内对进出口贸易所制定的基本行为准则，它服从

① （美）Masaaki Kotabe、Kristiaan Helsen：《全球营销管理》，刘宝成译，中国人民大学出版社，2005 年版，第 323 页。

② 杜学森、苗玉树：《国际市场营销》，对外经济贸易大学出版社，2008 年版，第 142～150 页。

于贸易国的经济发展目标。在经济发展过程中，由于不同时期经济发展目标不同，其对外贸易政策也不同。历史上对外经济贸易政策经历了重商主义贸易管制政策、自由贸易政策、保护贸易政策、超保护贸易政策及新保护贸易说等演变，但基本类型不外乎自由贸易政策和保护贸易政策两种。自由贸易政策的理论基础是经济自由主义，而贸易保护政策的理论基础是国家干预及保护幼稚产业理论。

目前，许多国家的贸易政策趋向于管理贸易，即既有降低关税特征的自由贸易色彩，又有国家干预及保护贸易的成分。管理贸易的基本框架和原则包括最惠国待遇、国民待遇、非歧视性原则等，它的基本政策有以下内容：

1. 汇率政策

一个同家利用汇率浮动机制，调整进出口贸易和国际收支状况，常利用本国货币对外贬值，来降低出口成本，提高进入国际市场的竞争力。例如，20 世纪 90 年代中期日本经济衰退，日元对美元的大幅度贬值，刺激其出口贸易，实现其经济结构的转变。汇率的变化，反映了各国经济实力和贸易政策的变化。

2. 商品政策

各国在对外贸易活动过程中，对不同的商品会采取不同的贸易政策。比如我国对一些资源类商品降低出口退税，对高技术含量的产品采取鼓励出口的政策，给予税率上的优惠。

3. 国别政策

即对不同的国家采取不同的贸易政策，多数是由于政治上的目的和经济上的考虑。比如经济制裁和贸易报复等。

（二）贸易壁垒

贸易壁垒是企业进入国际市场的主要障碍，即对国外商品劳务交换所设置的人为限制，主要是指一国对外国商品劳务进口所实行的各种限制措施，一般分关税壁垒和非关税壁垒两类，其设置的目的是各国政府为保护该国的经济不受外来产品的侵犯。但过度的贸易保护并不利于一国经济的发展，如 WTO（即世界贸易组织）就是以倡导自由贸易为宗旨。

提　示： 广义上说，凡使正常贸易受到阻碍，市场竞争机制作用受到干扰的各种人为措施，均属贸易壁垒的范畴。关税及贸易总协定所推行的关税自由化、商品贸易自由化与劳务贸易壁垒，尽管在关税方面取得较大进展，在其他方面却收效甚微。总的趋势是，国际上非关税壁垒的作用正在上升

1. 关税壁垒

所谓关税壁垒，是指进出口商品经过一国关境时，由政府所设置的海关依据本国的海

关法和海关税则，向进出口商征收关税所形成的一种贸易障碍。按征收关税的目的来划分，有两种：一是财政关税，其主要目的是为了增加国家财政收入；二是保护关税，其主要目的是为保护该国经济发展而对外国进口商品征收高额关税。保护关税愈高，保护的作用就愈大，甚至实际上等于禁止进口。如果按关税征收对象划分，主要有进口税、出口税、进口附加税（如反倾销税、反补贴税和差价税）三种。

2. 非关税壁垒

所谓非关税壁垒，则是指除关税以外的一切限制进口措施所形成的贸易障碍，又可分为直接限制和间接限制两类。其中，直接限制是指进口国采取某些措施，直接限制进口商品的数量或金额，如进口配额制、进口许可证制、外汇管制、进口最低限价等；间接限制是通过对进口商品制订严格的条例、法规等间接地限制商品进口，如歧视性的政府采购政策，苛刻的技术标准、卫生安全法规，检查和包装、标签规定以及其他各种强制性的技术法规。

背景资料：

实践中较为常见的贸易壁垒主要体现在以下几个方面：违反承诺的关税措施；缺乏规则依据的进口管理限制（包括通关限制、国内税费、进口禁令、进口许可等）；缺乏科学依据的技术法规、产品标准、合格评定程序、卫生与植物卫生措施；不合理的反倾销、反补贴、保障措施等贸易救济措施；政府采购中违反有关规则限制进口产品的做法；出口限制；补贴；服务贸易准入和经营限制；不合理的与贸易有关的知识产权措施；其他贸易壁垒等。

资料来源：百度百科：贸易壁垒（http：//baike. baidu. com/view/77956. htm）。

三、国际市场进入战略选择

选择最佳的国际市场进入方式，其目的无非是追求利润最大、成本最小或净收入最大。各种因素的影响以及企业的评价标准无一不是与进入方式的成本、收入和利润关联的。因此，可以通过数量分析，对不同进入方式的成本、收入和利润做出估算和比较，来选择最佳的国际市场进入战略。下面介绍三种分析模式：①

（一）成本模式

这里假设只考虑母国和一个目标市场国家。首先要计算以下成本项目：

- 母国生产成本（C_0）：企业在母国的生产成本；
- 目标国生产成本（C_1）：企业在目标国投资办厂情况下可能发生的生产成本；
- 由母国向目标国出口的费用（M）：运输、保险、关税等费用；
- 环境差异成本（AC_1）：企业在目标国投资办厂情况下，相对于当地企业投资办厂的情况下所需付出的额外费用；

① 李艳、徐广卓：《选择进入国际市场方式的数量分析模式》，《北华大学学报（社会科学版）》，2002 年第 4 期，第 61～63 页。

- 转让无形资产的耗散损失（D）：企业拥有的某些技术优势，通过许可证协议让渡给他人使用时，意味着技术优势的耗散，耗散会使企业的收入减少。

此外，还包括其他风险损失在内，如技术秘密被泄露、专利许可被滥用等的风险损失。

有了上述成本数据，就可以比较和选择进入方式。其中，选择出口方式的条件是：

$C_0 + M < C_1 + AC_1$

$C_0 + M < C_1 + D$

该条件表明企业在母国生产并出口的总成本（$C_0 + M$）既小于到目标国投资办厂的总成本（$C_1 + AC_1$），又小于合约进入方式的总成本（$C_1 + D$），故企业采取在母国生产再出口的进入方式就可以节约成本。

选择合约进入方式的条件是：

$C_1 + D < C_1 + AC_1$

$C_1 + D < C_0 + M$

该条件表明，合约进入方式的总成本（$C_1 + D$），既小于企业到目标国直接投资办厂生产的总成本（$C_1 + AC_1$），又小于企业在母国生产再出口的总成本（$C_0 + M$），故企业采取合约进入方式的成本最小。

选择投资进入方式的条件是：

$C_1 + AC_1 < C_0 + M$

$C_1 + AC_1 < C_1 + D$

该条件表明，企业在目标国投资办厂的总成本（$C_1 + AC_1$），既小于在母国生产再出口的总成本（$C_0 + M$），又小于合约进入方式的总成本（$C_1 + D$），故企业采取投资进入方式可以节约总成本。

（二）净收入现值模式

一定时点收入扣除了支出，即为该时点的净收入。这里的收入是指最终产品在目标国的销售收入；支出是指产品生产成本和由进入方式带来的附加成本。无论哪种进入方式，收入和支出都是在若干年后发生的，考虑到存在资金的时间价值，故应将每年的和累计的净收入的“未来值”折算成“现值”。由于不同进入方式带来的现金流量不同，因此，比较它们的净收入现值的大小，就可以选择最佳的进入方式。

为计算净收入现值，需要计算以下收入和成本项目：

- 第 t 年企业在母国的生产成本（C_0）；
- 在目标国生产时第 t 年的生产成本（C_1）；
- 在目标国第 t 年的销售收入（R）；
- 在目标国投资生产的第 t 年环境差异成本（AC_1）；
- 第 t 年出口费用（M）；
- 企业转让无形资产的第 t 年耗散损失（D）；
- 贴现率 i。

根据上述数据，就可以计算三种进入方式的净收入现值 NPV。

出口进入方式：$NPVE=\sum(R_t-C_{0t}-M_t)/(1+i)^t$

合约进入方式：$NPVL=\sum(R_t-C_{1t}-D_t)/(1+i)^t$

直接投资方式：$NPVI=\sum(R_t-C_{1t}-AC_{1t})/(1+i)^t$

不论哪种进入方式，只有净现值大于零，才是可选择采用的。因此，在选择进入方式时，首先应去掉净收入现值小于或等于零的方案，保留可行方案以简化选择工作。在净收入现值大于零的各种进入方式中，净收入现值最大的方式就是最佳的进入方式。如果有两种进入方式的净收入现值均为最大时，就要看它们各年净收入的分布情况了，较前时期的净收入较大的进入方式便为最佳的进入方式。

（三）利润模式

利润分析模式主要用于分析比较投资进入之合资经营方式与其他进入方式的利润大小。假设企业拟与目标国企业进行合营，双方原本各有自己的业务，并可从中获得利润。现在双方要考虑的问题是，合营以后双方是否都能获得比以前更多的利润，并且比按其他方式进入所获得的利润更多。为便于比较，先计算以下数据：

- 在合营条件下，企业可获得的总利润（AR_1），目标国企业可获得的总利润（BR_1）；
- 在合营前且没有采用其他进入方式时，企业可获得的总利润（AR_0），目标国企业可获得的总利润（BR_0）；
- 不搞合营但以其他方式进入时，企业可望获得的总利润（AR_2），目标国企业可获得的总利润（BR_2）。

用上述数据，就可以分析判断企业选择合营进入方式还是选择其他进入方式。其中：

（1）企业选择合资经营方式的条件是：$AR_1>\max(AR_0,\ AR_2)$

（2）目标国企业选择合营方式的条件是：$BR_1>\max(BR_0,\ BR_2)$

只有上述两个条件都成立，合资经营才会被选择采用。

一种理想的情况是，合资经营对双方原有的经营业务没有影响，合资经营所带来的利润（R_1）按双方所持有股份的比例分配。那么，只要 R_1 大于零，合资经营就对双方都有利，于是双方选择合资经营方式的条件是：

$AR_1=AR_0+aR_1>AR_2$

$BR_1=BR_0+(1-a)R_1>BR_2$

其中，a 为企业在拟建立的合营企业中的股份比重；1－a 为目标国企业在拟建立的合营企业中的股份比重。

总之，企业进入国际市场都有一个循序渐进的过程，即使企业通过上述数量分析模式选择了进入方式，并采取了行动，但随着企业竞争能力的不断增强，对国际市场进入程度也会不断提高。换言之，企业在进入国际市场后，要不断重新审核自己生产经营的需要，进入国际市场的动机和目标国的客观经济条件，并把握战略性、适应性、灵活性和主动性要求，从而不断扩展国际市场，以便更多更有效地利用全球市场，利用每个国家和地区的资源，发挥并扩大竞争优势，谋求长远利益。

第三节 中国企业国际市场进入方式

改革开放在打开国门迎接海外投资者的同时，也拉开了中国企业走向国际市场的序幕。特别是在经济全球化浪潮的来临、新兴市场的发展、国际分工的深入和通信技术的进步的背景下，中国企业要取得更大的发展，就必须积极参与国际市场竞争，在全球范围内确立竞争优势，以获得更大的收益。

一、中国企业进入国际市场主要特征

企业国际市场进入往往是全球化压力和本地化压力交叉作用下的平衡产物，因为每一个产业，无论是高科技、服务业还是制造业，都必须面对这两种竞争压力并做出选择。其中，全球化的压力来自广泛的推动因素，包括更加自由的贸易、全球金融服务及资本市场、通信技术的进步等，以及不同行业的压力，如普遍的顾客需求、全球客户、全球竞争者、高投资强度和降低成本的压力等。本地化压力来自国家方面的压力和跨国企业的特殊压力，前者主要包括区域一体化趋势、贸易壁垒、文化差异、民族主义与本土利益等，后者包括组织对变革的抵制、运输困难、新的生产技术、准时制造系统等。中国的企业就是在本土竞争日趋激烈，自身不断发展和变革的前提下，来做出国际化战略选择的。

纵观我国企业国际化的进程，中国企业国际市场进入可划为四个阶段，即技术引进、消化、吸收阶段，产品出口阶段，建立战略联盟阶段和“走出去”阶段。具体来说，从对国外技术引进提高生产能力和技术能力开始，到与国外市场发生联系进行偶然和零星的出口活动；再伴随着出口的增加，企业获取和掌握了更多的海外市场知识，出口活动开始通过海外代理商逐步稳定下来；随着海外业务进一步扩大，就有必要建立自己的销售子公司；伴随着进一步发展，企业结合自身的所有权优势、区位优势以及全球分工的考虑，不断延伸现存的价值链，开始同海外公司组成战略联盟或进行直接投资；最终目标是成为真正意义的跨国公司，融入世界分工体系。

首先，渐进发展是我国企业国际市场进入战略选择的一个显著特征，主要原因是由于缺乏对于海外市场竞争情况的了解以及资金和人力资源的匮乏。具体而言，又可以进一步归结为以下两条演变路线：一是市场区位的演变，国内市场——周边及发展中国家市场——发达国家市场；二是经营方式的演变，技术引进——出口——战略联盟——走出去。现实中，我国许多成功企业在国际化的进程中也都无形中遵循着这一过程，例如海尔的国际化战略历程，即由国际贸易为先导，然后再分阶段、分步骤地将生产、销售和研发环节向外拓展。

其次，我国企业国际市场进入是一个双向国际化的过程，包括内向国际化和外向国际化两个层面。其中，内向国际化活动主要包括技术引进、三来一补、国内合资合营等；外向国际化活动主要包括出口、技术转让、国外合资合营、海外子公司和分公司等。当然，企业内向国际化与外向国际化之间并不是割裂的，而是存在着全过程、多渠道、多方式的联系，这种联系不仅仅发生在初期的技术设备引进阶段，出口和跨国战略联盟阶段实际上也都体现出内向与外向国际化之间的紧密联系。

最后一个特征是我国企业国际市场经历了一个从比较优势向竞争优势的变迁过程。这一变迁过程常常是以产品市场的突破表现出来，即产品从走出国门，进入国外市场，到占领当地市场，再到全球资源的优化组合和相关行业的发展。具体来说，改革开放初期，以资源比较优势参与国际贸易；然后以各种方式引进技术、引进装备，按照国际技术标准，以新比较优势在更高层面上参与国际市场竞争；最后是重组改制，进入国际资本市场，在更深层次上参与国际市场竞争。

二、中国企业国际市场进入方式选择的适应性

企业选择进入国际市场的方式是否合适，首先要考虑的就是国际市场各种进入方式的主要优缺点，其次还可以根据产品的生命周期、特性，企业的经验、实力，以及东道国的具体环境作为参考准则。总体来说，出口进入方式风险小、灵活性强，控制程度低，对外直接投资则正相反，即风险高、灵活性差，控制程度高；而非股权经营在风险程度、灵活性和控制程度等方面都较适中。

中国企业在选择国际市场进入方式时，基本上都采取了“先易后难，逐步升级”的战略，即大多数企业是通过与独立代理商合作办理第一批出口业务的，通常是向心理距离较近（即语言、社会风俗、传统习惯较为接近）的国家出口。如果初战告捷，企业就会雇佣更多的代理商向其他国家扩展，并成立出口部专门处理与代理商的关系。如果出口市场潜力巨大，它们就会在这些国家成立销售子公司以替代代理商，这样虽然增加了它的投资与风险，但也增加其利润潜量。同时为了管理这些公司，它们往往要成立国际营销部以取代出口部。

如果海外市场继续稳定发展，或者东道国要求当地生产，公司就可能实施本土化战略，通过投资，在当地建厂生产，并通过设立国际事业部对世界各地投资进行管理。这种国际市场进入方式具有许多明显的优势：首先，企业能够获得廉价的劳动力和原材料，可以获得当地政府鼓励投资的优惠政策，能节省运费；其次，由于可以增加东道国的就业机会，因而可以树立良好形象；第三，由于接近当地市场，可以按照当地需求改进其产品，更好地适应当地的营销环境；第四，可以通过实施本土化战略，克服市场进入壁垒，保证进入市场的通路。当然直接投资的最大缺点在于企业必须承担巨大风险。

随着国际性投资项目的增加，公司也就逐步演变为全球性公司，开始从全球化视角从事生产设施、营销战略、财务收支、人力资源开发和后勤供给系统的计划工作。经理人员和技术骨干可以从其他国家聘任，零部件及其他原材料可以在世界上任何价格最低的地方采购，投资在世界上预期能获得最大收益的地方。

当然，企业进入市场的方式不是一成不变的，它不仅与市场进入的不同阶段和不同时期有关，而且还受到企业自身所拥有的资源禀赋和拟进入的国际市场情况的影响。英国学者邓宁（John H. Dunning）提出的国际生产折衷理论，对此进行了分析，认为企业选择

进入国际市场方式的决定因素或依据，可概括为“三优势模式”，即“OIL paradigm”：“O”即所有权特定优势，是指一国企业所拥有的国外竞争者所没有或无法获得的资产及其所有权，尤其是专利、专有技术和其他知识产权。“I”指内部化优势，其含义是企业能独占其无形资产或其他中间产品在内部交易并应用，克服外部市场失灵的障碍，使交易成本趋于最小，并获得内部化的其他利润。“L”指区位优势，是指“那些对任何规模、任何国籍的厂商都适用，只与特定地区有关而且必须在这些地区才可以加以利用的因素”，它主要包括三个方面：一是要素禀赋，如廉价的劳动成本以及其他具有比较优势的要素；二是政府政策影响，包括税收政策、外汇政策以及有关外商投资的政策等；三是社会文化环境等。

表 5－2　所有权优势与区位优势对 FDI 的影响

	FDI 水平	经济结构	FDI 动因
第一阶段	区位优势有限：FDI 流入很少，本国拥有所有权优势的企业很少，没有对外投资	第一产业	资源导向型投资，区位优势局限在自然资源禀赋方面
第二阶段	一般性区位优势：FDI 流入增加，国内支持部门工业增长，有少量对外投资	第一产业下降 制造业上升	资源导向型，但非熟练劳动力和基础设施吸引劳动密集型制造业，市场导向型 FDI 出现
第三阶段	被创造资产区位优势已具备，FDI 流入量大幅增长，国内工业增强，对外投资增加	制造业上升 服务业上涨	市场导向型 FDI，随着被创造资产区位优势增加，制造业中的效率导向型 FDI 增加
第四阶段	被创造资产区位优势很强，国内企业被创造资产所有权优势很强，对外投资超过 FDI 流入	制造业下降 服务业上涨	效率导向型 FDI 市场导向型 FDI 资产导向型 FDI
第五阶段	如第四阶段国家，但 FDI 流入与流出水平在正负之间波动	制造业下降 服务业发达	效率导向型 FDI 市场导向型 FDI 资产导向型 FDI

表 5－2 显示了跨国公司所有权优势和东道国区位优势的变化对国际直接投资（FDI）的影响，它表明处于不同发展阶段的国家在世界经济环境变化中的地位有很大差别。处于第一阶段和第二阶段的国家的特征是：被创造资产区位优势很少，FDI 基本属于资源导向型和市场导向型。其区位优势特征为：自然资产丰富，基础设施不足，国内产业很少，支持部门不发达，未形成产业活动中心。而处于第三阶段和第四阶段的国家的特征是：已向被创造资产区位优势进行过投入，FDI 基本属于市场导向型、战略资产导向型和效率导向型。其区位优势特征则是：基础设施发达，拥有中等质量的被创造资产，自然资产相对来说不具备优势，各种相关投资机会不断增加。处于第四阶段和第五阶段的国家已完全能对

世界经济环境的变化做出调整，其大多是主要跨国公司的母国，拥有技术密集型和被创造资产方面的竞争优势。

因此，如果企业仅有所有权优势和内部化优势，而不具备区位优势，这就意味着缺乏有利的海外投资场所，因而企业只能将有关优势在国内加以利用，而后依靠产品出口来供应当地市场。如果企业只有所有权优势和区位优势，则说明企业拥有的所有权优势难以在内部利用，只能将其转让给外国企业。如果企业具备了内部化优势和区位优势而无所有权优势，则意味着企业缺乏对外直接投资的基本前提，海外扩张无法成功。换句话说，当企业仅具有所有权优势时可采用许可贸易方式；同时具备所有权和内部化优势时，可选择商品出口方式；只有具备所有权优势、内部化优势和区位优势时，才可选择对外直接投资方式。

【思考与练习】

一、单选题

1. 在大多数情况下，企业走出国门的第一步采取的进入方式是(　　)。

A. 直接出口　　B. 间接出口

C. 合同制造　　D. 特许经营

2. 并购和新建是跨国公司对外投资的两种方式，与并购相比，新建这种方式的优点是（　　）。

A. 有利于迅速进入市场　　B. 有利于扩大经营范围

C. 有利于管理　　D. 失败率低

3. 进入国际市场的方式有多种，下列属于合约进入方式的有（　　）。

A. 间接出口　　B. 直接代理商

C. 许可证合同　　D. 独资经营

4. 某生产企业发现出口产品生产、运输成本太高，其关税、配额等贸易限制很严，这种情况下，企业产品要进入国际市场交易采用的方式是（　　）。

A. 利用国外的经销商或代理商

B. 企业设立驻外办事处

C. 建立国外营销子公司

D. 在目标市场就地生产、就地销售

5. 企业开始真正进入国际市场的标志是（　　）。

A. 主动出口　　B. 被动出口

C. 直接出口　　D. 间接出口

6. 对直接出口和间接出口描述错误的是（　　）。

A. 直接出口是指企业绕过国内中间商，直接将国内生产的产品销售给国外的中间商或客户

B. 间接出口是指企业将国内生产的商品卖给本国的中间商，或请本国的出口中间商做企业产品的外销代理，由他们负责向国外市场销售

C. 间接出口是企业真正走向国际市场的标志

D. 直接出口才是企业真正走向国际市场的标志

二、多选题

1. 企业进入国际市场的方式有（　　）。

A. 直接进入方式　　B. 间接进入方式

C. 出口进入方式　　D. 合约进入方式

E. 投资进入方式

2. 影响企业国际市场进入方式选择的外部因素主要有（　　）。

A. 目标国家市场因素　　B. 目标国家环境因素

C. 企业的产品因素　　D. 目标国家生产因素

E. 国内因素

3. 独资企业的建立方式有（　　）。

A. 联合　　B. 新建

C. 并购　　D. 侵占

E. 控制

4. 国际战略联盟的动因是（　　）。

A. 防御　　B. 追赶

C. 维持　　D. 重构

E. 并购

5. 贸易壁垒是企业进入国际市场的主要障碍，一般分为（　　）。

A. 国民待遇　　B. 汇率政策

C. 商品政策　　D. 关税壁垒

E. 非关税壁垒

6. 企业扩张国际市场战略的类型，可以分为（　　）。

A. 地域扩展型　　B. 业务扩展型

C. 职能扩展型　　D. 直接投资型

E. 间接投资型

三、判断题

1. 假定目标市场国家的销售潜力很大，应该采取间接出口进入战略。（　　）

2. 假定目标市场国家的代理商或经销商实力强且容易获得，应该

采取间接出口和直接出口市场进入战略。 ( )

3. 间接出口是指生产企业通过本国中间商向国际市场出口产品，或经销或代理。 ( )

4. 直接出口是指企业绕过国内中间商，直接将国内生产的产品销售给国外的中间商或客户。 ( )

5. 直接出口进入国际市场方式与间接出口进入相比的优点在于投资少、风险小。 ( )

6. 与直接出口进入相比，间接出口进入国际市场的优点在于有较高自主决策性。 ( )

7. 特许经营与许可证贸易是两种不同的进入国际市场方式。 ( )

8. 国际市场的合约进入是指国际营销企业通过与国外企业签订合同来转让技术、服务等无形产品而进入国际市场的方式。 ( )

四、思考题

1. 合约进入方式包括哪些形式，各有何利弊？
2. 影响国际市场进入方式选择的因素有哪些？
3. 比较分析各种国际市场进入方式。

五、案例分析题

当美国百年家电企业美泰传出出售的消息时，竞购者名单中赫然出现海尔的名字，一下子吸引了海内外众多的目光。

海尔的国际化路线是特立独行的。1999 年，海尔在美国的南卡罗来纳州开办了一家家电组装工厂，尽管在美国办厂成本很高，风险很大，盈利预期也不明朗，但海尔还是毅然这样做了。海尔在美国市场的努力得到了部分回报，海尔的小冰箱在美国市场很畅销，其大尺寸的冰箱、窗式空调及便携式风扇在市场也取得了相当不错的成绩，分别达到2%、16%和 8%的市场占有率。一个不争的事实是，虽然海尔品牌在美国打出了一定的知名度，并且取得了一定的市场份额，但是其美国业务至今仍然处于亏损状态。

国内诸多企业非但没有采取海尔的国际化模式，相反却探索出自己的另一条国际化之路——跨国并购。TCL 作为吃螃蟹者，成功合并了法国老牌家电厂商汤姆逊的彩电业务，组建了全球最大的彩电帝国。整合汤姆逊的彩电业务，TCL 总裁李东生喊出了 18 个月内合资公司盈利的目标。而联想也在 2004 年出资 17.5 亿美元成功收购了 IBM 的 PC 业务。这种国际化运作模式比海尔原来的国际化路线来得更有声势，连海尔自己也向这种趋势靠拢。

经过长时间的酝酿和考虑后，海尔终于亮出了自己的初步收购计划。海尔美国公司联手两家美国知名私募基金——贝恩资本（Bain Capital）以及黑石集团（Black Stone Group）以每股16美元的收购价向美国电器业的百年老店美泰公司抛出价值12.8亿美元的“绣球”。

问题：

1. 海尔在收购美泰之前对外直接投资采取的是什么方式？
2. 国内企业纷纷采用并购方式的原因是什么？

第六章 国际营销目标市场战略

【学习目标】

了解国际目标市场评估标准和市场定位的步骤；理解国际市场细分和市场定位的含义；掌握国际市场细分的标准和市场定位策略。

第一节 国际市场细分

一、国际市场细分的含义

市场细分是1956年由美国市场学家温德尔·斯密（Wendell Smith）提出来的一个重要概念。所谓市场细分（Market Segmentation），就是企业根据总体市场的不同消费者明显的需求特征、购买行为和购买习惯，把它们细分为彼此有区别的子市场的市场分类过程。每个子市场由需要与欲望相同的消费者组成，其内部需求特点相类似。企业进行市场细分的目的是为了选择目标市场，然后针对目标市场的需求开展市场营销活动，使企业经营的产品更符合各国不同消费者阶层和集团的需要，从而在细分市场中提高竞争力，增加销售，提高市场占有率。

国际市场细分，是市场细分理论在国际营销领域的运用和深化，即企业按照一定的细分标准，把整个国际市场细分为若干个需求不同的子市场，任何一个子市场的消费者具有相同或相似的需求特征，企业在子市场中选择一个或多个作为国际目标市场。由于国际营销不同于国内营销的特点，国际市场细分需要两个层次的工作：第一层次是企业在进入国际市场之前，首先按照某种标准（如经济、文化、地理位置等）将不同的国家或地区分组，同一组的国家或地区具有基本相同的营销环境。企业结合自身资源和能力特点，选择进入某一个（或某几个）国家或地区。这一层次的市场细分是宏观意义上的市场细分。第二层次是对企业选取的目标国家或地区市场的进一步细分。这是因为，即便是一个国家的市场，消费者的需求也是千差万别的，企业不可能满足该国所有顾客的需求，而只能将其再细分为若干子市场，以满足其中一个或几个子市场的需求。这种含义上的国际市场细分叫作微观细分，也称为一国之内的市场细分。

提　示： 国际市场细分不是开展国际营销的企业对自己的产品进行分类，也不是按企业的性质进行分类，而是按顾客的需要和欲望进行分类。

开展国际市场细分，对企业具有重要意义：

（一）有利于企业分析市场机会，选择市场

市场机会的实质，是市场上顾客尚未满足或没有完全满足的需求和欲望。企业通过市场细分，了解各不同顾客群的需要情况和目前的满足程度，从而发现哪些顾客群没有得到满足或充分满足。满足水平较低的细分市场，就可能存在着最好的市场机会。一个企业要进行国际营销，它首先必须对市场进行细分，以在激烈的市场缝隙中寻找空间，求得企业的生存和发展。

（二）有利于企业规划市场营销策略，提高效益

这是由第一个作用所决定的。因为通过科学的市场细分，选择目标市场，有利于企业有的放矢地采取措施，提高市场营销水平。

（1）企业可以根据目标市场及其需求的变化，及时、正确地调整其产品组合，使产品适销对路。

（2）企业可以相应地安排和决定其价格策略、分销策略和促销策略，使产品迅速送抵目标市场，占领市场和巩固市场。

（3）企业可以好钢用在刀刃上，集中人力、财力、物力，使有限的资源合理地相应用于前景不一的各个分市场，用最小的费用支出取得较大的经济效益。

二、国际市场宏观细分

国际市场宏观细分是指企业根据影响各国市场需求的宏观因素，将国际市场细分为若干个宏观环境相近、市场总体需求相类似的子市场的过程。这个过程就是将国家分组。理解国际市场宏观细分应把握以下两点：一是国际市场的宏观细分是以宏观环境因素为细分变量；二是细分后的不同子市场间在总体需求上存在较大差异，但各子市场内部总体需求相同或相似。国际市场宏观细分的标准（即细分变量）很多，可按地理因素、经济因素、文化因素等变量细分国际市场。

（一）地理细分

使用地理分布标准细分国际市场是宏观细分的一个最常用方法。世界上许多跨国公司

按不同的市场区域开展在全球的经营活动，如西欧、美加、中东、东南亚和非洲等。依据地理位置进行国际市场的宏观细分，好处在于：

(1) 地理位置差异在一定程度上意味着自然条件、社会文化等方面的差异，因而可以形成各自不同需求特点的市场。

(2) 以地理位置为国家分组，有利于企业对不同区域市场进行规划、组织和控制。例如，跨国公司可在巴西或阿根廷设一个地区总部，管理企业在拉美国家的事务。另外，以区域为基准的细分市场，企业对营销人员的交通运输和通信都更容易管理。

(3) 区域经济一体化是当今国际市场格局的基本特征，如欧盟、北美自由贸易区、亚太经合组织、东盟自由贸易区等。一般来说，组成区域经贸集团，成员间通过签订贸易协议，取消或削减成员间的贸易障碍，成员间的贸易壁垒比非成员低。这些区域性集团对企业的国际营销影响很大，有时企业进入某一集团成员国家，就意味着自动敲开了进入同一集团其他成员国家的大门。

提　示：

单纯地理细分有局限性。因为地理位置临近并不保证国家间的市场机会相同。作为北美自贸区一员的墨西哥，与另两个成员美国和加拿大同处美洲大陆，但墨西哥在经济和文化上与美国和加拿大差异迥然。

(二) 经济细分

我们平时所说的发达国家市场和发展中国家市场，这种划分就是以国际的经济发展水平为依据的。以经济因素作为细分变量划分国际市场，可采用各国经济发展阶段、国民生产总值或国内生产总值、人均国民收入、消费模式、人均消费指数等标准。经济状况细分的一个最简单而常用的标准是人均收入。美国营销学教授道格拉斯和格利格用人均 GNP 为标准，将世界 100 多个国家和地区划分为三种类型：人均 GNP 超过 12 000 美元的为高收入国家和地区，大约有 23 个；人均 GNP 在 1 000 ~ 7 500 美元的为中等收入的国家和地区，大约有 50 个；人均 GNP 低于 1 000 美元的为低收入国家和地区，大约有 53 个，即国际市场可细分为三个子市场。

相关链接：

联合利华公司曾以人均 GNP 的高低把国际市场分为四类：第一类人均 GNP 最低，第四类最高，第二、三类居中。第一类国家他们主要销售肥皂，在第四类国家主要销售纤维软化剂，在第二、三类国家主要销售洗衣机用洗衣粉。

（三）文化细分

文化的各项因素，如语言、宗教、价值观念等，对国际营销都有着重要的影响，都可作为细分国际市场的标准。例如，以往美英等国的企业习惯于将国际市场分为“英语区”和“非英语区”，就是一种较简单的文化细分。美国市场营销协会也曾以文化特征为基础，对85个国家进行了比较分析。分析中使用了包括识字率、都市化、种族同质性、宗教同一性、语言一致性等12个社会文化因素，各国间在12个因素中有8项以上相同，就视为同一文化类型。结果显示，英国、法国、意大利、荷兰、德国等属于同一文化类型；而美国、加拿大、澳大利亚、新西兰等属于另一文化类型。文化细分的方法对于服装、食品、艺术等文化性较强的产品选择目标市场是极为合适的，因为文化因素对这些产品的消费行为的影响最大也最直接。

以上所述宏观细分国际市场的标准各有利弊。地理细分利于企业对目标市场的规划、组织和控制，但同一地理位置的不同国家，带给企业的市场机会不一定相同；经济细分把国际市场分成了不同消费水平的子市场，但各子市场的文化差异也会产生不同的消费需求；文化细分考虑了不同文化背景下消费需求的不同，但是同经济细分相比，同一子市场经济发展水平可能存在较大差异，而跟地理细分相比，文化背景相同，目标市场也可能很分散，不便于企业组织销售渠道、货物运输和售后服务。因此，企业进行国际市场宏观细分时，要综合考虑不同细分标准的优劣，在充分评估不同类型国家组的基础上选择适合的目标市场。此外，国际市场的宏观细分并没有绝对标准，企业可结合自身特点，采用合适的标准细分市场。

三、国际市场微观细分

国际市场的微观细分是指在国际市场宏观细分的基础上，企业再按照影响消费需求和购买行为差异的个体因素将市场进一步细化的过程。国际市场的微观细分与国内市场细分基本相同。

（一）消费者市场细分

开展国际营销的企业可选择以下细分变量，将目标市场进一步细分为不同子市场：

1. 地理因素

地理细分就是按照地区、城市、乡村、人口密度、气候、地形地貌等因素，把市场分为不同的地理区域。之所以可以把地理变数作为消费者市场细分的依据，是因为不同地理环境下的消费者对同一产品的需要和偏好不同，对国际营销各种组合措施的反应也可能不同。比如家用电器、服装等产品，城乡消费者的需求就不同，可按此细分市场。

2. 人口因素

人口因素是细分消费者群体的最为流行的依据。企业可按年龄、性别、家庭规模、职业、教育、家庭寿命周期、种族、宗教、社会阶层等变量进行市场细分。比如年龄，处于不同年龄段的消费者在生理、心理、社交、爱好等方面的差异是很明显的，从而企业可按婴儿市场、儿童市场、少年市场、青年市场、中年市场、老年市场的划分，细致入微地了解不同子市场的发展变化，找准自己的目标市场。

提　示： 人口统计变量是细分消费者市场的最常用的因素，其主要原因有二：一是消费者的需求、偏好和购买习惯等经常与人口统计变量有密切的关系；二是同一人口统计变量比其他细分变量更容易衡量。

3. 心理因素

心理因素十分复杂，主要包括购买动机、购买习惯、生活方式、价值取向等。以消费者的购买动机作为变量细分市场是企业常用的方法。购买动机是消费者购买商品的推动力量，因而他们的喜好、厌恶心理因素会增强或削弱他们的购买动机。企业开展目标市场营销，分析细分市场的消费者心理，运用营销组合方案时，突出能满足消费者心理需要的元素，引起他们的共鸣，能达到良好的营销效果。在服装、化妆品、餐饮、娱乐等领域，企业更倾向于以生活方式来细分市场。不同的生活方式会引起不同的需求，生活方式反映着人们的个性主张、兴趣、价值取向等，把这些心理因素相同或相近的消费者作为目标市场，企业的营销活动就更有针对性，经营效果也会更理想。

4. 行为因素

消费者的行为因素分购买时机、追求利益、使用者情况、使用率、品牌忠诚度等。企业可按照消费者行为因素的各种不同变量，划分不同的细分市场，以采取适宜的营销组合策略。如按使用者情况，可将一种产品的消费者分为经常购买者、初次购买者、潜在购买者等不同群体。一般说来，实力雄厚的大企业，市场占有率较高，因而特别注重吸引潜在消费者，使他们成为本企业产品的初次购买者，进而成为经常购买者，以不断扩大市场阵地；而企业资源有限，无力开展大规模的促销活动，通常以吸引、保持住一部分经常购买者为上策。

在服装、化妆品、家用电器等行业，消费者“品牌偏好”这一特征尤为明显。根据对品牌的偏好状况，可将消费者划分为下列几个主要群体：（1）单一品牌忠诚者。这类消费者一贯忠诚于某一种品牌，任何时候、任何场合都购买该品牌的产品。（2）几种品牌忠诚者。这类消费者的购买总是限于很少几种品牌。（3）无品牌爱好者。这类消费者对何种品牌无所谓，购买具有很大的随意性。如果前两类品牌忠诚者占市场比重较大或很大，则其他企业很难进入，即便进入也难以提高市场占有率；如果情况相反，则有利于其他企业进入市场，并逐步扩大市场份额；而对非品牌偏好者，企业宜在促销方面多下功夫，尽力吸引他们以扩大销售。

（二）生产者市场细分

生产者市场细分的基本观点与消费者市场细分相似，消费者市场细分中某些细分变量，如地理因素、行为因素等，对生产者市场也适用。不过，由于生产者市场不同于消费者市场的特性，一般采用用户的地点、行业、规模三个变量作为主要的细分依据。

1. 用户地点

以用户地点（或用户的地理位置）来细分市场，将某个国外市场的用户区分为不同地域的子市场，选择合适的地域用户展开经营活动，是企业选择目标市场可考虑的因素之一。任何一个国家或地区，由于自然资源、气候条件、社会环境、历史继承等方面的原因，以及生产的相关性和连续性的不断加深而要求的生产力合理布局，都会形成若干产业地区，如美国加利福尼亚州北部的硅谷是电子工业基地，德国的重工业集中于鲁尔区，我国丝绸工业区集中在江浙，等等。这就决定了生产者市场比消费者市场更为集中。企业按用户的地理位置来细分市场，选择用户较为集中的地区作为自己的目标市场，不仅联系方便，信息反馈较快，而且可以更有效地规划运输路线，节省运力与运费，同时也更加充分地利用销售力量，降低销售成本。

2. 用户行业

这是生产者市场细分最为通用的变量，因为这种形式的细分使企业最能根据市场条件做出反应。例如，IBM公司原来按用户地理位置细分市场，后来重新整合了营销力量，根据用户所在行业的不同，计划服务于包括通信、金融、保健以及制造业在内的14个细分市场。同一种工业品，不同行业的采购者会就规格、型号、品质、功能、价格等提出不同的要求，企业应分析不同行业用户的不同特点、购买产品的最终用途，从产品、价格、分销到促销，设计出适宜的营销方案。

背景资料：

钢材是工业生产不可或缺的原材料，但是不同行业用户购买钢材有着不同的用途，有的用于生产机器，有的用于造船，有的用于建筑等。不同的用途，决定了工业用户对钢材规格、型号等的不同需求，因而钢材生产企业需了解这些不同需求，选择自己的目标市场，生产出相应的钢材产品，并辅之以其他营销策略，实现经营目标。

3. 用户规模

按用户规模划分市场，可有两层含义：其一，是指用户每次购买的数量，有大量用户、中量用户、少量用户之分；其二，是用户自身的规模，它将影响用户的购买过程、所需的产品类型和数量以及对不同营销组合的反应。大量用户的个数不一定多，但他们的购买量占较大或很大的比重，是企业利润的重要来源，因此，许多企业自然想以大量用户作为自己的目标市场（当然，反其道而行之以取得经营上的成功，也是极有可能的）。企业要深入透彻地了解大、中、少量用户的消费特点和购买行为，对大量用户和小量用户在价格、信用、包装、广告宣传、销售渠道、销售形式等方面应区别对待，有针对性地开展营销活动。而针对用户本身规模特点的营销，则可采取更有针对性的措施。比如，许多企业分别建立联系和接待大顾客与小顾客的制度。例如，美国有一家办公室家具大制造商，就将其顾客分成两类：一类是大顾客，像商用机器公司、标准石油公司等，由全国性客户经理会同现场区域经理负责联系；另一类是小顾客，由外勤销售人员会同特约经销商负责联系。

四、国际市场细分的步骤

美国市场学家麦卡锡提出细分市场的一整套程序，这一程序包括七个步骤。无论是对国内市场细分还是国际市场细分，均有指导意义。这七个步骤分别是：

第一步，选定产品市场范围，即确定进入什么行业，生产什么产品。产品市场范围不是产品本身特性而是以消费者的需求而来确定。麦当劳在准备进入中国市场时大量传播美国文化和生活理念，一开始以美国式产品牛肉汉堡来征服中国人。但经过市场调研，麦当劳发现中国人爱吃鸡，与其他洋快餐相比，鸡肉产品也更符合中国人的口味，更加容易被中国人所接受。正是考虑到了消费者的需求，麦当劳改变了它的产品，推出了鸡肉产品。在全世界从来只卖牛肉产品的麦当劳也开始卖鸡了。产品迎合了中国消费者的需求，也加快了麦当劳在中国市场的发展步伐。

第二步，列举潜在顾客的基本需求。比如，人们对快餐基本需求包括菜色、上菜速度、卫生条件、价格、服务、设施、店铺风格、店铺位置等等。

第三步，了解不同潜在用户的不同要求。对于列举出来的基本需求，不同顾客强调的侧重点可能会存在差异。比如，卫生条件、上菜速度是所有顾客共同强调的，但有的用户可能更关注菜色，另外一类用户则对服务有很高的要求。通过这种差异比较，不同的顾客群体即可初步被识别出来。麦当劳以地理因素这个变量对市场进行了细分，而分析的重点在于各区域的差异。它们通过调查发现美国东西部的人喝的咖啡口味是不一样的，就在东部和西部供应不同口味的咖啡。

第四步，抽掉潜在顾客的共同要求，而以特殊需求作为细分标准。

第五步，根据潜在顾客基本需求上的差异方面，将其划分为不同的群体或子市场，并赋予每一子市场一定的名称。麦当劳依据消费者的不同生活方式，将快餐市场细分休闲型和方便型两个子市场。

第六步，进一步分析每一细分市场需求与购买行为特点，并分析其原因，以便在此基础上决定是否可以对这些细分出来的市场进行合并，或做进一步细分。

第七步，估计每一细分市场的规模，即在调查基础上，估计每一细分市场的顾客数量、购买频率、平均每次的购买数量等，并对细分市场上产品竞争状况及发展趋势做出分析。

提　示：

市场细分不是把市场分得越细越好。科学合理的市场细分不是以细分为目的，而应以发掘市场机会为目的。西方企业曾实行“超细分战略”，许多市场被过分地细分，导致产品价格不断增加，影响产销数量和利润。于是，一种被称为“反细分战略”的细分方式应运而生。反细分战略并不反对市场细分，而是“异中求同”地将许多过于狭小的市场组合起来，以便能以较低的成本和价格去满足这一市场的需求。

第二节 国际营销目标市场选择

进行国际市场细分的目的，是要选择目标市场。国际目标市场是指开展国际营销的企业通过国际市场细分之后，结合自身资源与实力，确定想要进入的那部分国际市场，亦即企业想要为之服务的目标顾客群。企业开展目标市场营销，有两个层次的含义：第一，是在众多的国家或地区中选择某个或某些作为目标市场开展国际营销活动；第二，是在一个国家或地区的众多细分市场中选择某个或某些作为目标市场来开展国际营销活动。

一、国际目标市场的评估标准

国际企业通过一定的细分变量，将国际市场划分成若干个子市场，同一个子市场消费者的需求或欲望相同或相似，不同子市场的消费者其需求或欲望不同。囿于资源和能力等因素的限制，企业不可能满足所有子市场的所有需求，因而需要在细分后的子市场中选取一个或几个子市场展开国际营销，这就需要对拟进入的目标市场进行评估，找出市场机会。一般来说，企业可进入的目标市场应满足如下标准：

（一）有一定的规模和发展潜力

企业进入某一国外市场的目的是获取利润，若市场需求不大，规模小，企业进入后难以获得发展，则不宜轻易进入。考量市场的规模，现有需求容量是一个方面，而潜在需求容量即市场发展潜力也不容忽视。一般来说，多数企业都会考虑选择规模大的市场，都会将规模最大、吸引力最大的市场作为目标市场，但“多数谬误”带来的后果是某（些）类需求因供应者过多而过度竞争，而某（些）类需求又被冷落而得不到满足，浪费社会资源。若某一细分市场虽然目前规模不大，但却有一定的潜在需求可挖，且与企业的资源能力及经营目标相贴合，则仍然是极具吸引力的市场。现在国内很多企业动辄将城市尤其是大中城市作为其首选市场，而对小城镇和农村市场不屑一顾，很可能就步入误区，如果转换一下思维角度，一些目前经营尚不理想的企业说不定会出现“柳暗花明”的局面。

相关链接：

多数谬误是指过多的企业都把同一个细分市场作为自己的目标市场，从而造成某一种产品的供给远远超过市场需求。在这种情况下，这些企业共同经营同一种产品，实际上就是共同争夺同一产品有限的消费者群。结果造成社会劳动和资源的浪费，也不能满足本来有条件满足的其他市场需求，大大提高了企业的机会成本，影响企业的经济效益，严重者，就造成企业的营销失败。

资料来源：百度百科（http：//baike. baidu. com/view/1689904. htm）。

（二）细分市场结构对企业有足够的吸引力

有一定规模和发展前景，有时也未必就是理想的目标市场，因为从经济效益或盈利的角度来看，该市场或许企业难以进入，或许企业无法占有预定的市场份额，因而缺少内在的吸引力。一个细分市场的吸引力可以用波特的五力模型来分析，具体分析方法可参阅第三章行业竞争结构分析相关内容。

（三）符合企业目标和能力

理想的目标市场，还必须结合企业的目标与能力来考虑，某细分市场也许有较大的吸引力，但不符合企业的长远目标，因而只有放弃。因为这部分细分市场本身可能具有吸引力，但是却不能推动整个企业实现自己的目标，甚至分散企业的精力，使之无法完成主要任务。

同时，企业还必须考虑自身是否拥有在该市场获胜所需的技术和资源。无论什么样的细分市场，企业要在其中取得成功，都必须具有某些条件。如果企业在该市场中的某个或某些方面缺乏必要的能力，并且无法获得必要的能力，那就只有放弃这个市场。有了必要的能力，企业还要发展其优势，以压倒竞争对手。如果无法在该市场创造某种形式的相对优势地位，就不应该贸然而入。

二、国际目标市场的选择程序

开展国际营销的企业在进行市场细分之后，可按以下步骤选择目标市场：第一，确定国际目标市场范围。根据企业的规模及国际营销所占的比重确定企业可服务于多少目标市场。第二，确定市场的范围是一个国家，几个国家，还是许多国家。第三、确定进入的国家类型。

三、国际目标市场营销策略

企业开展国际营销可供选择的目标市场策略有三种：无差异性营销策略、差异性营销策略和集中性营销策略。

（一）无差异性营销策略

无差异性营销指企业把整体市场看作一个同质的市场，消费者需求或偏好没有差别，不进行市场细分，用一种产品、一种营销组合策略去满足市场上所有消费者的需求（如图6-1所示）。采用这种战略，企业的产品针对的是消费者的共同需求而不是个别需求。企业依靠大规模分销和大众化的广告，试图在顾客心目中树立起优秀的产品形象。

无差异营销由于大批量生产、运输和销售，降低了平均成本，而采用单一的营销方案也节省了营销费用，因而能大大降低成本和售价。

例如，可口可乐公司曾长期生产销售一种口味、一种瓶装的可口可乐，甚至连广告词都是统一的"请饮可口可乐"，由此占领了世界饮料市场，赚取了巨额利润。

采用这种策略也存在不少缺点：（1）企业产品和营销策略的针对性不强，不易发挥竞争优势，应变能力差，不能充分满足市场各种需求。（2）当同类企业都采用这一策略时市场竞争必然激烈，某些特定市场部分的消费者需求得不到满足，容易使企业失去市场机会，经营风险较大。

这种策略只适用于消费者具有共同需求特征的同质性产品市场，如初级产品、通用器材、标准件等。并且，在产品生命周期的导入期和成长前期，或者在经济发展水平低、居民收入普遍较低、产品供不应求时，也可以采用无差异营销。

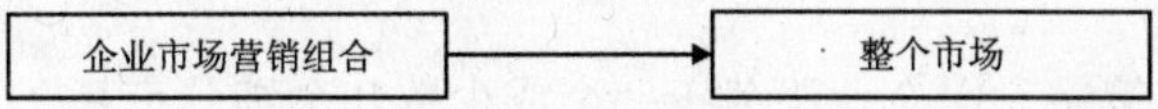

图 6－1 无差异性营销

（二）差异性营销策略

差异性营销是指企业在市场细分的基础上，选择多个或全部细分市场作为目标市场，为每一个子市场提供相应的产品，并针对每个子市场制定营销组合方案（如图 6－2 所示）。这种策略的优点是：一是面向多个细分市场，企业可获较大市场覆盖率；二是针对不同市场提供不同的产品、服务，更好地满足消费者需求，有效提高企业在各个市场的竞争力；三是机动灵活，可以有效地分散经营风险。这种战略也存在一些缺点：一是由于要为市场提供多品种产品，要采取多种营销组合适应不同子市场的需要，企业的制造成本、营销成本和管理成本都会相应增加；二是成本增加也使得产品售价较高，从而可能影响消费者的购买，影响企业效益；三是企业实施差异化营销的程度受企业资源和能力的限制。

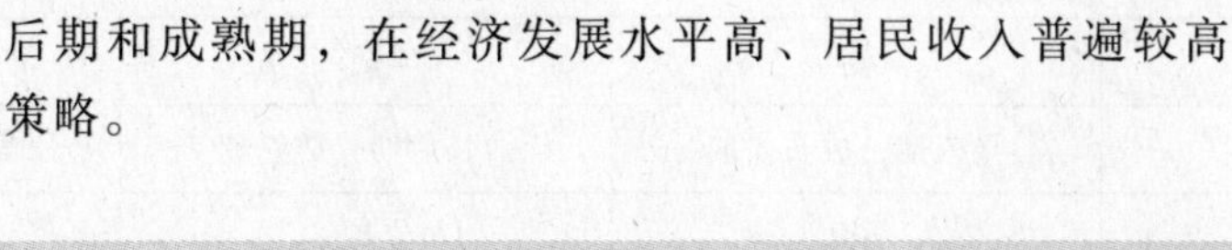

图 6－2　差异性营销

在家电、汽车、服装等高度异质化市场上，差异性营销策略尤为适用。另外，在产品生命周期的成长后期和成熟期，在经济发展水平高、居民收入普遍较高、产品供过于求时，也可采用此策略。

提　示： 选用差异性营销战略要注意以下几点：企业要有较强的实力和较高的管理水平；销售额增幅应远高于成本增幅；品种不能过于繁多，批量尽可能大一些，使每个品种能适应多种顾客的需要。

（三）集中性营销策略

集中性营销也称“密集性营销策略”，是指企业通过市场细分，选择一个（或少数几个）子市场作为企业的目标市场，采取有针对性的营销策略，以争取在市场上取得较大的市场份额（如图6－3）。采用这种营销战略的企业希望谋求较小市场的更大份额而不是大市场的小份额。如再生纸品公司把力量集中在贺卡等卡片市场上。集中性营销是中小型企业与实力雄厚的大企业竞争时取得立足点的最佳选择。

采取这种策略的优点在于营销对象集中，企业能充分发挥优势，降低成本，提高盈利水平。

采用集中性营销策略，因企业服务于一个或少数几个细分市场，一旦目标市场发生突然变化，企业将面临经营风险，甚至会陷于困境。因此，企业在选用这种策略时，要谨慎从事，应留有回旋余地。

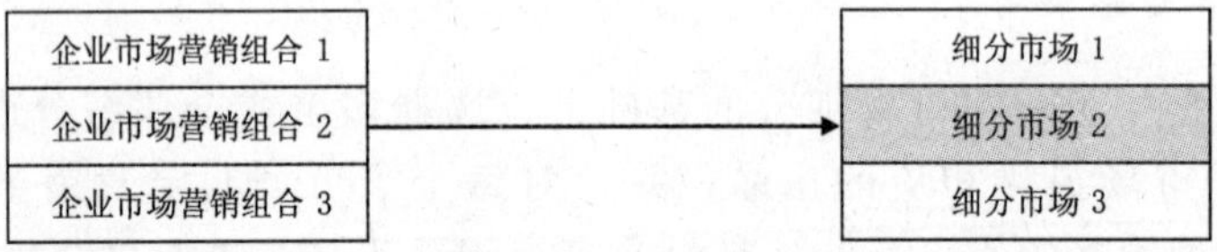

图6－3 集中性营销

> **思考：**无差异性营销和集中性营销，企业都采用一种营销组合服务于一个目标市场，两种策略有什么区别？

无差异性营销、差异性营销和集中性营销三大目标市场营销策略各有利弊，使用范围各有不同（见表6－1）。企业应综合考虑目标市场竞争情况、产品特性以及自身资源和能力状况，选择合适的策略。

表6－1 三种目标市场营销策略的比较

	无差异营销	差异性营销	集中性营销
市场同质性	高	低	低
市场供求态势	卖方市场	买方市场	买方市场
产品同质性	高	低	低
产品生命周期阶段	导入期，成长前期	成长后期，成熟期	导入期，衰退期
企业资源	多	多	少
企业实力	强	强	弱
竞争者数量	少	多	多
竞争者战略类型	—	差异性或无差异性	差异性

资料来源：李世嘉：《国际市场营销理论与实务》，高等教育出版社，2008年版，第181页。

第三节 国际市场定位

选定目标市场之后，企业需要决定怎样占领市场。企业只有给消费者留下鲜明的个性或形象，才能更好地占领目标市场，赢得竞争。企业为了能与竞争对手有所区别，更好地为目标市场服务，需要在目标市场上给本企业产品确定一个适当的市场定位决策。

一、国际市场定位的含义

市场定位的概念，是20世纪70年代，由美国两位资深的广告和营销策划专家阿尔·赖斯和杰克·特鲁塔在《广告攻心战略——品牌定位》一书中提出的。这一概念及其战略思想一经提出，很快就被世界各地的营销学家和管理者接受，成为企业营销战略中的一个重要环节。

所谓国际市场定位，就是根据企业现有产品在国外目标市场上所处的位置，以及消费者或用户对该种产品的某种特征或属性的重视程度，强有力地塑造出本企业产品与众不同的、印象鲜明的个性或形象，并通过一套特定的营销组合把这种形象生动地传递给顾客，影响顾客对该产品的总体感觉。简言之，国际市场定位就是塑造一种产品或品牌在目标市场上的适当位置，这种位置取决于与竞争者的产品相比，消费者或用户怎样认识这种产品。国际市场定位的实质是顾客心理定位，是寻求差异性，塑造本企业产品与竞争者不同的形象，以便在消费者心目中占领特定的位置。因而，企业进行市场定位，不是以本企业为出发点，而是以顾客为出发点和中心，分析顾客的需求和欲望，结合自身的目标与能力，在与顾客、供应商、中间商、投资者等保持良好关系的基础上，通过战略思考进行的动态定位。

企业准确地为自己的产品进行品牌定位，不但使自己的品牌获得市场有利的认知和认同，提升了产品的价值，而且使品牌形象深入人心，持久不忘。比如“开宝马，坐奔驰”，宝马汽车的定位在于让消费者享受“纯粹的驾驶乐趣”，奔驰的定位则突出乘坐的舒适感，是“世界元首使用最多的车”。同为高档车，不同的市场定位，消费者感受到两个品牌鲜明的个性和形象，记忆深刻。国际市场定位是企业通过为自己的产品创立鲜明的特色或个性，从而塑造出独特的市场形象来实现的。产品的特色或个性，有的可以从产品实体上表现出来，如形状、成分、构造、性能等；有的可以从消费者心理上反映出来，如豪华、朴素、时尚、典雅等；有的表现为价格水平；有的表现为质量差异；等等。企业在进行市场定位时，要做好两方面的信息准备：一是要了解竞争对手的产品具有何种特色，以便定位时与之区别开来；二是要研究顾客对该产品的各种属性的重视程度，以选择定位的着眼点。综合分析两方面资料，选定本企业产品的特色和独特形象。至此，就可以塑造出一种消费者或用户将之与别的同类产品联系起来而按一定方式去看待的产品，从而完成产品的市场定位。

国际市场定位的意义，就在于设法建立某种竞争优势，以争取在目标市场上占有更大的市场份额。

二、国际市场定位的策略

一般情况下，国际市场定位的策略有以下几种：

（一）取代竞争者的市场定位策略

这是一种主动竞争的定位策略，将竞争者赶出原有位置，并取而代之。对一些实力强大的大企业，它们为扩大自己的市场范围，提高市场占有率，往往会采用这种策略。企业要使用这种策略，必须比竞争者有明显的优势，拥有比竞争者更多更好的资源，提供比竞争者更好更有特色的产品，并做好大量的推广宣传工作，提高本企业产品的形象和知名度，淡化顾客对竞争者产品的印象和好感。

（二）与竞争者并存和针对式的市场定位策略

企业选择靠近于竞争者或与其重合的市场位置，与其相互并存和对峙着。对一些实力不太强的中小企业来说，大多采用此种策略。采用这种策略对企业的好处有：企业可仿制竞争者的产品，向市场销售自己品牌的产品；企业可以节约大量研究开发费用，降低成本；同时，企业还可以节省产品推销费用，减少风险。企业采用这种策略取得成功的前提是：第一，该市场的需求潜力还很大，能容纳更多的竞争者，还有很大的未被满足的市场，并足以吸纳新进入的产品；第二，企业推出的产品要有自己的特色，能与竞争者产品媲美，这个位置与本企业的声誉和能力相符。

（三）创新式市场定位策略

这种策略是将企业产品的位置定位在目标市场的空白处，抢占或填补市场“空隙”，不与目标市场上的竞争者直接对抗。一旦找到，便牢牢抓住不放，在目标市场的空隙或空白领域开拓新的市场和新的产品，以便更好地发挥企业的竞争优势，获取较好的经济效益。如某商业银行在与大银行竞争时，发现大银行发放贷款程序繁琐，动作迟缓，不能满足企业的急需。于是，将自己的银行定位为“行动迅速的银行”，企业从申请贷款到获得贷款，程序简便，周期很短，深受顾客欢迎，此种定位使银行取得了巨大成功。采用创新式市场定位策略，企业必须明确：创新定位所需的产品在技术上、经济上是否可行，以及有无足够的顾客偏好这一产品。

（四）重新定位

企业产品的市场定位，不是一成不变、一劳永逸的，而是随着市场情况的变化，产品需要重新定位。在发生以下几种情况时，企业必须对产品进行重新定位：

（1）当本企业产品定位附近出现了强大的竞争者，导致本企业的产品销量和市场占有率明显下降时；

（2）消费者的消费观念、消费偏好发生变化，由喜爱本企业产品转向竞争者产品时；

(3) 发现本企业的新产品在目标市场定位不准确时；

(4) 当本企业的产品在目标市场逐步走向衰退期，为了延长产品生命周期时。重新定位，是企业改变市场对其原有的印象，使目标顾客建立新的认识的过程。

三、国际市场定位的方法

国际市场定位的主要任务就是通过集中企业的若干竞争优势，并通过一定方式把这种竞争优势有效地向目标市场显示出来。这可看作一个企业发现其潜在的竞争优势，选择正确的竞争优势，显示其独特竞争优势的过程。

(一) 发现潜在的竞争优势

开展国际市场定位的第一步，就是差异化，即找出自身与竞争者不同的地方。企业应从顾客的角度出发，考察顾客购买本企业产品或服务的整个过程，思考顾客在与自己接触的每一个点上，自己可有哪方面做到与竞争对手不同，企业可以用什么方法使自己与竞争对手不同。一般来说，企业可以从产品、服务、渠道、人员或企业形象来区分自己与竞争对手。

(1) 产品差异。若企业的产品为高度差异性的产品，如汽车、家电、家居等，企业可从产品的质量、性能、外观、价格、耐用性、可靠性、安全性、持久性、易维护性等方面，使自己与竞争对手区别开来，展开营销活动，形成自身独特的优势。20世纪日本汽车进入美国市场时，发现美国生产的汽车以高档豪华型为主，而由于70年代的能源危机，美国消费者开始倾向于耐用、灵活、维修方便的经济型汽车，于是日本汽车公司设计出了轻便、省油、价格便宜的小型汽车推向美国市场，结果大获成功。找出产品与竞争对手的不同点，并传递出自己鲜明的竞争优势，日本汽车击败了美国汽车。当然，市场上也存在着没有多少差别的同质化的产品，如钢铁、食盐等。但即使是这样的产品，企业也可以挖出一些有意义的区别。比如20世纪90年代中期，乐百氏纯净水"27层净化"的简洁的广告语给消费者带来强烈的安全感，留下的是乐百氏高水准可信赖的印象。

(2) 服务差异。差异除了可以在实际产品中寻找以外，企业也可以通过服务的差异来实现。尤其是在难以突出有形产品的差别时，服务的数量和质量常常成为赢得竞争的关键。区分服务水平的因素有送货、安装、咨询、培训、维修等。例如，通用电气公司不仅向医院销售和安装昂贵的x光设备，还将教会医院工作人员如何操作使用；海尔不仅以高质量产品定位，而且还以优质服务定位。

(3) 渠道差异。企业还可以通过比竞争者更广的渠道覆盖面、更专业的技术和性能来赢得竞争优势。卡特皮勒公司在建筑器材行业的成功是基于其优异的渠道，该公司在全世界的经销商都以一流的服务而闻名。戴尔电脑公司也是通过高质量的直接渠道把自己与其他电脑供应商区别开来，赢得竞争优势。

(4) 人员差异。企业通过招聘和培训比竞争对手更好的员工，也能把自己与对手区别开来，赢得竞争优势。例如，新加坡航空公司客机上美丽优雅的服务人员在国际航空业中建立起了良好的声誉；麦当劳快餐店的工作人员的亲切有礼在消费者心目中留下了美好印象；迪士尼公园的工作人员态度乐观友善而得到了广大顾客的好感；IBM公司用户至上的企业文化贯穿于整个售后服务环节中。细致地挑选与消费者直接接触的员工，并给予严格的培训，增加其必备的知识及技术，是建立与竞争对手人员差异很重要的措施。训练有素的员工应能体现出礼貌、可信、可靠、反应敏捷、善于交际等特征。

（5）形象差异。研究消费者的购买行为可以发现，即使企业提供相同的产品和服务，但由于企业或品牌的形象不同，购买者也会做出不同的反应，因为企业或其产品不同的形象带给消费者不同的心理感受。这也是越来越多的企业注重企业形象识别的重要原因。鲜明的企业或品牌形象首先应包括一个或多个易于识别的标识及口号，并通过各种可能的媒体及生产或服务的有形空间来宣传和塑造自己的形象。比如耐克的飞翔的翅膀、大众汽车形似三个“V”寓意“必胜、必胜、必胜”的标志等。但企业及其产品的形象不是一朝一夕就建立起来的，需要经过长期的坚持不懈的营销努力。企业及其品牌形象是企业有意识创造的结果。创造形象的工具有名称、标识、标语、环境、赞助活动等。

背景资料：

CIS 是 Corporate Identity System 的缩写，意思是企业形象识别系统。CIS 的主要含义是：将企业文化与经营理念统一设计，利用整体表达体系（尤其是视觉表达系统），传达给企业内部与公众，使其对企业产生一致的认同感，以形成良好的企业印象，最终促进企业产品和服务的销售。CIS 是由 MI（理念识别 Mind Identity）、BI（行为识别 Behavior Identity）、VI（视觉识别 Visual Identity）三方面组成。在 CIS 的三大构成中，其核心是 MI，它是整个 CIS 的最高决策层，给整个系统奠定了理论基础和行为准则，并通过 BI 与 VI 表达出来。所有的行为活动与视觉设计都是围绕着 MI 这个中心展开的，成功的 BI 与 VI 就是将企业的独特精神准确表达出来。

资料来源：根据百度百科“企业形象识别识别系统”词条解释整理（http://baike.baidu.com/view/261007.htm）。

（二）选择正确的竞争优势

企业经过国际营销调研和分析，或许找出了不止一个自己与竞争对手的差异，然而并非所有的差异都有意义或有价值，有的差异可能与对手的区别不明显，不能为企业树立鲜明的个性，而且每一种差异都有可能在给顾客带来利益的同时增加企业成本，因此，企业必须在若干潜在的竞争优势中做出选择，以此建立市场定位战略。一个般来说，企业可从用以下标准判断差异的价值：

（1）重要性。即该差异能给目标顾客带来高价值的利益。

（2）独特性。即该差异竞争者无法提供，或不能以一种更加与众不同的方法来提供。

（3）感知性。企业可以通过营销活动使该差异能被顾客看到、了解到。

（4）先占性。该差异竞争者不能轻易复制该差异。

（5）可支付性。购买者有能力或愿意支付由于这一差异而增加的成本。

(6) 可赢利性。该差异须能给企业带来利益。

(7) 优越性。该差异优于其他可使顾客获得同样利益的方法。

企业找出差异不易，选择差异也不易。一旦选择失误，以此来定位，企业将蒙受巨大损失。如新加坡的弗斯汀·斯坦福宾馆宣传称自己的旅馆是世界上最高的旅馆，但这种差异对许多旅行者而言毫不重要，反而使其他特点无法表现出来。因此，选择可用来为产品或服务定位的竞争优势非常困难，但是这些选择对企业的成功来说是至关重要的。

在实施国际市场定位战略时，选择竞争优势，企业要避免三类的错误：

(1) 市场定位过低。购买者对企业或产品只有一个模糊的概念，对企业或产品的特殊之处不知道、不清楚。购买者的这一反应，意味着企业没有真正进行定位。如太太口服液的全面定位就是一种过低定位。

(2) 市场定位过高。这是相对上述情况而言的，主要是指企业传递给购买者的定位概念过于狭窄。企业在传递自身独特竞争优势时，传达的内容狭窄，使得消费者对企业的了解限于片面，不利于企业或产品形象的塑造。如海尔原先的定位，就很难让人想到该企业还涉足生物制药、化工材料、网络工程等行业。

(3) 市场定位混乱。是指企业向市场传递的定位信息混乱，在长期的信息传递过程中，企业没有形成一个统一的个性识别，购买者对企业或产品缺乏一致的认识。这种错误发生的原因主要是企业对自身的相对竞争优势缺乏全面了解。

(三) 传达选定的竞争优势

市场定位选择好了，还需要实现它。因而企业要采取切实可行的步骤把理想的市场定位传达给目标市场的顾客，而且企业的市场营销组合必须服务于这一定位战略。开展国际营销的企业通过对国外目标市场调研，找出自身的竞争优势还不够，必须要采取行动将这一优势传递出去，树立起自己鲜明的个性特征。假设企业决定选择为市场提供更高品质的产品和更优质的服务作为定位，企业首先要将这一定位传达出去，然后围绕这一中心设计由产品、价格、渠道、促销组成的营销组合，使消费者一方面通过企业宣传，了解企业的竞争优势所在，另一方面，通过了解企业产品及服务，感受企业的鲜明特征，企业也因此强化企业及产品的形象。

总之，在确定产品的市场定位时，首先，要调查了解目标顾客的需求和爱好，研究目标顾客对于产品的实物属性和心理方面的要求和重视程度；其次，研究竞争者产品的属性和特色，以及市场满足程度。在此分析研究的基础上，企业可根据产品属性、用途、质量、顾客心里满足程度、产品在市场上的满足程度等因素，做出产品的市场定位决策，对本企业产品进行市场定位。

【思考与练习】

一、单选题

1. 按消费者所在国籍对市场进行细分属于（　　）。

A. 地理细分　　B. 人口细分
C. 心理细分　　D. 行为细分
2. 下面不属于生产者市场细分标准的是（　　）。
A. 生活格调　　B. 顾客能力
C. 地理位置　　D. 公司规模
3. 在20世纪60年代前，美国可口可乐公司一直以单一的品种、标准的瓶装和统一的广告宣传内容，长期占据世界非酒类饮料市场。这是一种（　　）。
A. 无差异性营销战略　　B. 差异性营销战略
C. 集中性市场战略　　D. 全面市场营销战略
4. 在选择目标市场的策略中，不追求在整体市场上占据最大市场份额的策略为（　　）。
A. 无差异性营销策略　　B. 差异性营销策略
C. 集中性营销策略　　D. 分散性营销策略
5. 市场细分的根本依据是（　　）。
A. 消费需求的共同性　　B. 消费需求的差异性
C. 产品的共同性　　D. 产品的差异性

二、多选题

1. 下面有关差异性营销战略的论述正确的有（　　）。
A. 差异性市场营销战略是根据企业的资源及营销实力，分别为各个细分市场制定不同的市场营销组合
B. 其优点是有针对性地满足各种特征的顾客群，提高产品的竞争能力
C. 企业在市场营销中有时需要"反细分"或"扩大顾客的基数"，作为对差异性营销战略的补充和完善
D. 这种战略会由于产品品种、销售渠道、广告宣传的扩大化与多样化，致使市场营销费用大幅度增加
E. 无差异性营销战略的优势基本上是差异性市场战略的劣势
2. 下列因素中，可作为生产者市场细分依据的有（　　）。
A. 地理因素　　B. 居民收入水平
C. 购买数量　　D. 最终用户
E. 个人因素
3. 消费者市场的细分变量主要有（　　）。
A. 地理变量　　B. 心理变量
C. 人口变量　　D. 消费变量
E. 行为变量
4. 在选择目标市场战略时，需考虑的主要因素有（　　）。

A. 企业的资源特点　　B. 产品特点
C. 营销环境　　D. 市场特点
E. 竞争者策略

5. 企业在市场定位过程中（　　）。

A. 要了解竞争产品的市场定位
B. 要避开竞争者的市场定位
C. 要充分强调本企业产品的质量优势
D. 要研究目标顾客对该产品各种属性的重视程度
E. 要选定本企业产品的特色和独特形象

三、判断题

1. 产品差异化营销以市场需求为导向。（　　）

2. 不进行市场细分，企业选择市场就可能是盲目的；不认真鉴别各个细分市场的特点，就不能有针对性地开展市场营销活动。（　　）

3. 某轴承厂生产几乎所有规格的滚珠轴承，该厂采用的是无差异营销战略。（　　）

4. 如何选择目标市场，应根据企业的实际而定，如果企业的实力雄厚，可以采用集中性市场战略。（　　）

5. 市场细分的目的就是为了更好地选择目标市场和进行市场定位。（　　）

四、思考题

1. 简述目标市场的概念及其与市场细分的关系。

2. 简述目标市场战略的类型。企业依据哪些条件选择目标市场战略？

3. 企业应如何进行市场定位？

五、案例分析题

1992年7月，可口可乐公司宣布：该公司在全美国范围内的小型办公场所已安装了35 000个“休息伴”（可口可乐小型售饮料机），这种“休息伴”的安装标志着可口可乐公司实现了多年的梦想：办公室的工作人员足不出户就可以享用可口可乐饮料。梦想的实现是由于可口可乐公司成功地开发了这种新型可乐分售机，该机的开发经历了20多年的研制，并在30多个国家进行推广试用，耗资巨大，被产业观察家称为软饮料史上史无前例的一项开发。这种新型的“休息伴”除了对可口可乐公司年80亿销售额的潜在影响外，它显然还会给整个产业界带来某些变化。1986年，每位美国国民软饮料的年消费量约为45加仑，已经超过了他们的饮水量。然而，在过去的10年里，主要的饮料市场可供进一步开发的细分市场已所剩无几，新型的替代产品发展迅速，市场上充满了新的商标和商标系列。零售商常常利用找给公司的零头更换货架上的商品。结果，软饮料商们发现他们主要产品的市场份额在日益缩减，而其销售成本却在急剧上升。可口可乐的“休息伴”标志着市场细分的新趋势和大规模的未开垦的办公市场争夺战的开始。由于咖啡饮用量的减少和人们逐渐喜欢上碳酸软饮料，办公市场对饮料公司来说变得越来越重要了。工作场地将是可乐销售的未开垦的巨大市场。调查结果也表明主妇们更喜欢购买“休息伴”机售的小容量饮料。另外，可口可乐公司还特邀德国波契—西门子公司加盟制造机售喷射系统装置，同时为“休息伴”申请了专利。研制出的“休息伴”更便捷更人性化。

问题：

1. 什么是市场细分?

2. 从市场细分的角度分析可口可乐公司是怎样发现新的市场机会的。

第七章 国际市场产品策略

【学习目标】

了解国际市场产品分类、国际品牌策略、国际包装策略，并能运用品牌和包装相关策略提高产品的吸引力和竞争力；理解国际产品的标准化策略与差异化策略；掌握产品概念、整体产品概念及其对营销活动的影响。

第一节 产品及整体产品概念

一、产品概念

市场营销学中的产品概念同样适用于国际市场，即产品是指能够提供给市场以满足需要和欲望的有形物品和无形服务。产品可以是一个实体或一项创意、服务以及它们任意的组合体，它可能是有形的，也可能是无形的，其核心是消费者在交换过程中获得的利益，这种利益既可以是功能用途、社会用途，也可以是心理用途。

二、整体产品概念

（一）整体产品概念的内涵

国际营销学的整体产品概念，是广义的产品概念，除了指具有特定物质形态和用途的物体之外，也包括了一切能满足购买者某种需求和利益的非物质形态的服务。整体产品概念是以顾客需求为核心的现代市场营销观念，整合了产品实体性和实质性，将产品的基本利益与非物质形态的效用有机结合起来。

1. 三层次论

（1）核心产品。核心产品是指消费者购买某种产品时所追求的利益，是产品能够提供给消费者的基本效用和利益。因此核心产品是整体产品概念中最基本、最主要的部分，能够引发并决定消费者的购买行为。

（2）形式产品。产品的具体形式，是核心产品层次的物质载体，是向市场提供的实体和服务的形象。形式产品是核心产品借以实现的形式，产品的基本效用必须通过某些具体的形式才得以实现。形式产品是顾客能够触觉、感觉、嗅觉的产品外在形式，顾客对产品的首要印象一般来源于形式产品，如家用电器的款式、构造、品牌等均属于形式产品层。形式产品包含一系列影响顾客购买决策的要素，主要包括：质量、体积、式样、规格、造型、标准、计量、品牌、包装等。

（3）附加产品。附加产品是顾客购买形式产品时所获得的全部附加服务和利益，包括产品说明、保证、安装、维修、送货、技术培训、售后服务等等。在越来越激烈的竞争中，企业的优势已经不仅仅体现在生产的产品上，而是主要集中于产品的附加层次，例如，软件公司为用户提供的后期的培训、沟通、免费升级、维护服务等成为一个主要的竞争手段；宾馆在房间中提供鲜花、供应免费早点等能够增加消费者的满意程度。

2. 五层次论

为了更好地理解产品的内涵和外延，营销学界将整体产品概念从三个层次发展为五个层次，更全面和准确地描述整体产品概念。五层次论在核心产品、形式产品、附加产品基础上，增加了期望产品和潜在产品。

期望产品是指购买者在购买该产品时期望得到的与产品密切相关的一整套属性和条件。例如，洗衣机的购买者希望产品能够节能，更加省时、省力、省水、省电；宾馆的客人期望得到清洁的床位、洗浴香波、浴巾等。

潜在产品是指现有产品包括所有附加产品在内的，可能发展成为未来最终产品的潜在状态的产品，即现有产品可能的演变趋势和发展前景。例如，纳米洗衣机成为未来可能的发展趋势；旅馆业也出现了一些全套家庭服务式旅馆，有整套的房间、厨房、书房等，并配备专门的管家，也成为潜在的发展方向。

（二）整体产品概念对企业营销意义

1. 整体产品概念是企业贯彻市场营销观念的基础

它以消费者基本利益为核心，指导整个市场营销管理活动，是企业贯彻市场营销观念的基础。企业市场营销管理的根本目的就是要保证消费者的基本利益。消费者追求的基本利益大致包括功能和非功能两方面的要求。消费者对前者的要求是出于实际使用的需要，而对后者的要求则往往是出于社会心理动机。而且，这两方面的需要又往往交织在一起，并且非功能需求所占的比重越来越大。而整体产品概念，正是明确地向产品的生产经营者指出，要竭尽全力地通过有形产品和附加产品去满足核心产品所包含的一切功能和非功能的要求，充分满足消费者的需求。可以断言，不懂得整体产品概念的企业不可能真正贯彻市场营销观念。

2. 整体产品概念能够确立产品的市场地位

营销人员要把对消费者提供的各种服务看作是产品实体的统一体。由于科学技术在今天的社会中能以更快的速度扩散，也由于消费者对切身利益关切度的提高，使得营销者的产品以独特形式出现越来越困难，消费者也就越来越以营销者产品的整体效果来确认哪个厂家、哪种品牌的产品是自己喜爱和满意的。对于营销者来说，产品越能以一种消费者易觉察的形式来体现消费者购物选择时所关心的因素，越能获得好的产品形象，进而确立有利的市场地位。

3. 整体产品概念能够体现产品差异

产品差异构成企业特色的主体，企业要在激烈的市场竞争中取胜，就必须致力于创造自身产品的特色。不同产品项目之间的差异是非常明显的。这种差异或表现在功能上，如鸣笛水壶与一般水壶之别；或表现在设计风格、品牌、包装的独到之处，甚至表现在与之相联系的文化因素上，如各种服装的差异；或表现在产品的附加利益上，如各种不同的服务，可使产品各具特色。总之，在整体产品概念的三个层次上，企业都可以形成自己的特色，而与竞争产品区别开来。而随着现代市场经济的发展和市场竞争的加剧，企业所提供的附加利益在市场竞争中也显得越来越重要。国内外许多企业的成功，在很大程度上应归功于他们更好地认识了服务。

案例：

整体产品概念的应用

某餐饮店为了有序接待顾客，生意兴隆时只得让顾客排队。接待台向顾客发放等待号码和卡片，领位员把顾客领到门厅等候区，这里有椅子，有免费的食品；主管向顾客一再道歉，并告知还要等多久。黑板上标明已叫过的号码；店内有供取阅的报刊，有免费擦鞋、美甲服务；儿童乐园里，服务员带孩子唱歌跳舞。当前面还有2~3桌时，服务员拿来菜单开始让顾客点菜，上桌时填上桌号即可等菜上桌。席间，等待时的服务员来桌前对顾客等待表示歉意，并询问对菜品和服务的意见，派发联系卡，提醒下次可提前预订。

第二节 国际市场产品设计策略

一、国际产品的标准化策略

（一）产品标准化的含义

国际产品的标准化策略是指企业向全世界不同国家或地区的所有市场都提供相同的产品。实施产品标准化策略的前提是市场全球化。自20世纪60年代以来，社会、经济和技术的发展使得世界各个国家和地区之间的交往日益频繁，相互之间的依赖性日益增强，各国消费者在受教育程度、收入水平、生活方式及休闲追求等方面的相似性，使他们正在逐渐形成某种共同的消费需求及价值取向。一份研究报告对来自世界不同国家的27家著名的全球性跨国公司（如可口可乐、雀巢咖啡、索尼等公司）进行调查后发现，60%以上的营销计划是“高度标准化”的。相似的需求已构成了一个统一的世界市场，企业通过生产全球标准化产品而获取了规模经济效益。

（二）产品标准化策略的意义

在经济全球化步伐日益加快的今天，企业实行产品标准化策略，对企业夺取全球竞争优势无疑具有重要意义，主要优势体现在以下几个方面：

1. 产品标准化策略可使企业实现规模经济

产品的标准化使得企业不需要针对不同的市场研究设计不同的产品，从而大幅度降低产品研究开发、设计生产的费用。标准化产品在不同的国家所使用的销售方法、文字资料、包装、广告及售后服务等各个环节也可以基本保持一致，从而降低市场经营费用。实行大批量生产，可以降低原材料、机械设备和其他生产成本，获得异常可观的规模经济效益。

2. 在全球范围内销售标准化产品有利于树立产品在世界上的统一形象

相同的产品、相同的标识、相同的服务，保证了全球范围内产品和技术的标准化，树立全球一致的共同印象，使得国际消费者无论在哪个国家都能享受到相同的产品和服务，有助于消费者对企业产品识别，促进整体销售量的增加，提高企业在国际消费者中的知名度，强化企业的声誉，从而使企业在全球享有较高的知名度。

背景资料：

20世纪80年代，3M公司对其生产的所有磁性视听产品改用全球统一的商标和包装，并通过全球广告活动，向世界各国传递了独特的、一贯的3M产品形象，不仅显著增加了销售，提高了市场份额，降低了营销成本，还大大加速了全球范围内的产品上市。

资料来源：李世嘉编著：《国际市场营销理论与实务》，高等教育出版社，2008年版，第282页。

3. 产品标准化还可使企业对全球营销进行有效的控制

国际市场营销的地理范围较国内营销扩大了，如果产品种类较多，则每个产品所能获得的营销资源相对较少，难以进行有效控制。产品标准化一方面降低了营销管理的难度，另一方面集中了营销资源，企业可以在数量较少的产品上投入相对丰裕的资源，对营销活动的控制力更强。

4. 延长产品生命周期

产品生命周期是普遍存在的现象，但具体产品的生命周期在各外国市场有所不同。当某种产品在发达国家已进入衰退期时，在其他发展中国家却可能刚刚进入导入期或成长期，这样企业就可以将原有产品不加改变地销售到这些市场，从而延长这种产品的生命周期。

尽管产品标准化策略对从事国际营销的企业有很多优势，但缺陷也非常明显，即难以满足不同市场消费者不同的需求，而且增加了企业管理的难度。

二、国际产品差异化策略

（一）产品差异化策略的含义

国际产品差异化策略是指企业向世界范围内不同国家和地区的市场提供不同的产品，以适应不同国家或地区市场的特殊需求，满足不同国家或地区的消费者由于所处不同的地理、经济、政治、文化及法律等环境（尤其是文化环境）的差异而形成的对产品的千差万别的个性需求。国际产品的差异化又称为定制化，指的是产品因地制宜，向不同国家和地区的市场提供不同或改变过的、略有不同的产品，以迎合当地市场的特殊需要。国际产品的差异化策略的关键在于调查研究不同国家和地区的市场在经济、文化、地理等方面的差别，从而提供能迎合当地消费者口味的产品。

（二）产品差异化策略的意义

1. 满足消费者的不同需求

产品差异化策略能够更好地满足消费者的个性需求。企业根据不同目标市场营销环境的特殊性和需求特点，生产和销售的产品能够满足和适应各国消费者的不同需求特点。例如，消费者对食品有不同的口味要求，美国埃贝尔公司推出适合不同地区风味的汤料，取得了成功。

2. 满足不同收入水平的消费者需要

由于各国市场人均收入水平差距较大，企业可据此推出不同档次、质量和价格的产品，使产品能符合不同收入水平的消费者需要。例如，美国通用汽车公司在为富裕国家生产豪华汽车的同时，专门针对一些贫穷国家生产一些价格低廉的汽车。

3. 符合进口国政府的规定和要求

随着工业化的发展，各国为了规范行业发展，都为产业和产品制订了具体标准，且因国而异。例如，食品行业是受到严格管制的行业，各国对罐装蔬菜和水果的水分含量，对加工食品中防腐剂的种类和含量等，都有不同的要求。企业在产品外销时，对产品做一些适应性改变以符合当地政府的规定和要求，有利于出口。

实施产品差异化策略，能够迎合客户的差异化需求，获得更多的市场份额，但产品差异化必然增加公司的生产运营成本，加大企业管理难度。企业为了开拓具有明显产品差异偏好的地区市场，有时候需要进行改革，通过满足不同市场需求的方法增加市场份额。

三、影响产品设计策略选择的因素

（一）消费者需求

从全球消费者角度来看，需求可以分为两大类。一类是全球消费者共同的与国别无关的共性需求。根据马斯诺需求层次理论，人类总体需求是类似的，因此可以说需求总体来说是共性的。随着全球化的发展，人们的偏好主流逐渐趋同，例如对新生事物、高端产品等具有相同偏好。另一类是与各国环境相关的个性需求。由于不同消费者所处地理位置、经济发展状况、文化背景有所不同，消费者具体的需求也是千差万别。任何一种产品都包括这两种需求，营销人员需要分析这两种需求的大小。如果某种产品的共性需求大于个性需求，可以采用标准化策略；如果个性需求大于共性需求，则应选择差异化策略。

（二）产品性质

在研发、生产、营销方面易于形成规模经济的产品，如技术标准化的产品、研究开发成本高度密集型产品可以采用产品标准化策略，在全球范围内进行统一推广。一般来说，工业品比消费品更适于标准化策略；消费品中耐用品比非耐用品更适于标准化；带有某种象征意义的产品，如母国具有独特优势的传统产品、特色产品，更适于标准化。

（三）市场环境

如果各国市场发展水平、购买力不同，产品在国际市场上的销售条件、使用条件、生命周期存在差异，就需要采用差异化策略，以适应当地具体情况。如果国际市场竞争不激烈或企业有绝对优势，如独特的专有技术，其他公司无法效仿，可以考虑产品标准化策略。此外，企业还要考虑东道国的技术标准、政策法规，包括贸易保护政策、包装要求、税收政策、卫生标准等要求，在政府要求差异大的目标市场采用产品差异化策略。

（四）成本与收益

企业采取标准化还是差异化策略，要考虑成本与收益的关系。从规模经济角度看，采用标准化策略，可使成本达到最低。但由于各个市场所面临的营销环境不同，各个市场消费者对产品的要求不同，采用标准化策略必然影响产品的销售量；而采用差异化策略，则要追加成本，但可能增加销售量。因此，企业要正确分析自身的实力以及投入产出比，综合各方面情况做出判断，选择最佳方案。

产品标准化策略和产业化策略各有利弊，企业需要对两种策略做出权衡，根据市场的实际情况和企业的目标进行选择。随着经济的发展和人们生活水平的提高，消费者需求的个性化日益凸现，企业往往将产品差异化和产品标准策略综合运用。产品的核心部分往往是标准化的，采用统一标准的零部件和半成品，以减少产品成本和实现规模化生产。许多产品的差异化、多样化主要是体现在外形上，如产品的形式、包装、品牌等方面，根据国外市场的特点和政府要求做出必要的修改。企业的产品策略通常是产品标准化与产品差异化的组合，企业需要根据具体情况来决定标准化合差异化所占的比例。

提　示： 宝洁公司的产品调整。在全球很多地方都可以见到“汰渍”洗衣粉，但洗衣粉对于水质是相当敏感的。因此，宝洁公司在开发该产品时，要根据水的硬度、温度、机洗、手洗的方式等进行调整。

第三节

国际营销产品的品牌与包装策略

一、国际市场产品品牌策略

（一）品牌

1. 品牌的概念

美国营销协会将品牌定义为一个名称、术语、符号或图案设计，或者是它们的不同组合，用以识别某个产品或服务，使之与竞争对手的产品和服务相区别。品牌由品牌名称和品牌标志两个部分组成。品牌名称是指品牌中可以用语言称呼表达的部分，是企业给自己的商品或服务起的一个名称，使自己生产或出售的商品或服务易于识别，并与竞争者生产或销售的商品或服务区别开来。品牌标志是品牌中可以识别但不能直接用语言表达的部分，常常用一些图形、符号、色彩等特殊的设计表示。例如，可口可乐以红色作为品牌的部分标志，而百事可乐则以蓝色作为品牌的部分标志。

全球品牌是指在全球范围内使用某个名称、术语、符号、设计，或以上组合，旨在标识某企业的商品或服务，使其与竞争对手区别开来。

名牌在现代指有较高的知名度、美誉度、市场覆盖率、市场占有率和较高的质量、效益、价值的注册商标。按等级从低到高分为知名商标、著名商标、驰名商标。

相关链接：

品牌资产及品牌价值

品牌资产是联结品牌、品名和符号的一种资产和负债的集合，可能增加或减少该产品或服务对公司和顾客的价值。首先品牌资产来源于顾客的认可，没有顾客认可的品牌就是一种没有任何价值的品牌；其次品牌资产必须在市场中有一定的影响力和品牌强度，能成功抵御其他竞争品牌的入侵；最后品牌资产能够给公司带来财务上的收入，即形成一定的品牌价值。

英国著名品牌顾问公司 Interbrand 将品牌强度与品牌未来收益联系起来进行品牌资产评估。该公司是品牌价值评估的先驱，每年都会公布全球品牌 100 强名单。2011 年全球品牌 100 强中美国品牌占据了半壁江山，品牌价值前十的企业均来自美国，其他地区排名最高的日本丰田公司，也仅居第 11 名。中国唯一上榜的企业，来自台湾地区的宏达电子（HTC），勉强进入百强，排在第 98 名。2012 年可口可乐、苹果、IBM、谷歌、微软、通用电气、麦当劳、因特尔、三星、丰田排名前十，没有中国企业进入全球品牌 100 强。

资料来源：根据 Interbrand 发布的品牌价值排行榜整理。

2. 品牌与产品

（1）产品是具体的，品牌是抽象的。产品是工厂生产出来的东西，是可以感觉到的物理属性的组合，具有某种特定的功能以满足消费者的使用需求，如汽车可以代步，食物可以果腹，衣服可以御寒保暖，音乐能够愉悦性情等。消费者可以通过触摸、感觉、耳闻、目睹、鼻嗅来感觉产品，产品也可以被竞争者模仿。

但是，品牌是抽象的，是消费者对产品一切感受的总和。它贯注了消费者的情绪、认知、态度及行为。品牌代表产品是否有个性、是否足以信赖、是否产生满意度与价值感、是否代表某种特殊意义或情感寄托、是否生活中不可缺少。例如，一块普通的手表只要几十元，而一块劳力士表却可以高达几万元、十几万元。这10倍乃至上百倍的价格差异不仅仅是产品间的差距，还包含消费者对品牌的认知。

（2）产品是品牌的载体。任何一个品牌都有它的产品，但并不是任何产品都有品牌。消费者感兴趣的是品牌所代表的价值、文化和个性。一个好产品不一定有一个好品牌，但一个好品牌背后一定有一个好产品的支撑。成功的品牌能为顾客提供其认为值得购买的功能和附加价值，企业的市场领导地位及高额利润自然会随之而来。产品是品牌的基础，品牌以产品为载体，品牌是产品与消费者之间的纽带。

（3）产品有生命周期，成功的品牌可以经久不衰。大部分产品投放市场，都要经过一个被消费者接受、大量销售到不再被消费者接受而后退出市场的过程。但是，成功的品牌却可以永不衰老。例如，第一台奔驰车在市场上早已不见踪影，取而代之的是豪华、气派、安全性更高的奔驰车。产品已经经过了数次的更新换代，但是品牌依旧。

3. 品牌与商标

商标是一个具有法律意义的名词，是产品品牌和品牌标志在政府有关部门登记注册之后，获得专用权而受到法律保护的品牌或品牌的一部分，通常被称之为注册商标。注册商标拥有商标的专用权、转让权、使用许可权、续展权和请求法律保护权。商标注册后具有独占性，不得擅自更改，在一定时期、一定地域范围内受法律保护。

商标权属于知识产权，未经注册人许可，他人不得使用和仿效。一种商品已经使用了某一商标，其他人在同类商品上便不得使用与此相同或相似的商标。在世界范围内，不同国家的商标法不同，商标使用权的确认原则亦不同，归纳起来主要有如下几种。

（1）注册优先原则。该原则认为商标的注册是取得商标所有权的必要法律程序，注册人的权利可以压倒其他任何人的权利。因此，首先注册的人，享有商标的使用权。中国、日本、德国，法国、埃及、墨西哥和东欧国家均采用这种原则。

（2）使用优先原则。该原则认为办理商标注册手续，只具有声明的性质，而不能确定商标权的归属。商标的首先使用人具有商标的使用权，即使商标的首先使用人没有办理注册手续，法律亦给予承认和保护。美国、加拿大、澳大利亚、英国等国采用这种原则。

企业在国际商标注册时要注意以下问题：第一，熟悉拟申请注册国家的商标法律规定及商标使用权的确认原则；第二，尽快注册，防止其他厂商抢先注册和假冒；第三，遵循注册国的法律要求，办理必要的法律手续，缴纳注册费用；第四，商标获准注册后，还要注意商标注册的有效期等商标的使用问题。

（二）品牌的类型

（1）人名品牌。人名品牌大多是以创始人的名字命名的品牌，如丰田、本田、张裕、李宁等。

（2）地名品牌。地名品牌大多是以原产地或名胜地地名命名的品牌，如青岛啤酒、鄂尔多斯、桑塔纳、富士。

（3）动、植物名称品牌。是指以动物或植物名命名的品牌，如小天鹅、大白兔、熊猫、牡丹、骆驼。

（4）企业名称品牌。是指与产品生产商的企业名称或经销商的企业名称相一致的品牌，如 Coca－Cola、SONY、PHILIPS、IBM、P&G、海尔等。

（三）品牌的含义

菲利普·科特勒认为，一个整体的品牌至少有以下 6 个方面的含义：

（1）属性。品牌首先带给人们某些特定的属性。例如，奔驰汽车的属性为昂贵、耐用、德国技术、快速。

（2）利益。品牌反映消费者的利益。消费者购买的是产品所带来的利益，需要把属性转化为功能型或情感型利益。如奔驰车带给使用者的利益包括耐用性，使用者几年内不需要购买新车；昂贵，该车使使用者感到自己很重要和令人羡慕；制造精良，万一出交通事故，会受到安全保护。

（3）价值。品牌也反映了该制造商的价值观。如海尔品牌的价值观是“真诚到永远”。

（4）文化。品牌体现一定的文化内涵。

（5）个性。品牌的差异性和排他性代表了某一个消费群体的个性。

（6）使用者。品牌是使用者身份的体现。产品的价值、文化、个性均可体现在产品的使用者身上。

（四）品牌的作用

1. 树立和强化企业形象

国际市场上各企业的产品种类繁多、良莠不齐。企业可以借助品牌作为辨识标记，将自己的产品与竞争对手的产品区别开来，有助于树立企业产品独特的形象，传达和维护企业和产品的良好声誉。

2. 建立忠诚的顾客群

品牌有利于消费者识别各种商品，便于有效地选择和购买商品，品牌还可以保护消费者权益，便于产品质量监督和追查生产者责任。

3. 有助于企业促销宣传

优秀的品牌代表高质量的产品和高水平的服务，是企业信誉的保证。企业和产品一旦在顾客心中建立了良好的形象和声誉，品牌就成为有效的广告宣传工具，刺激消费者的购买欲望，诱导他们争相购买该品牌的产品。

4. 法律保护

品牌经过注册后成为商标，受法律的保护，享有专有权，具有排他性，有助于企业防止其他企业再注册或仿冒企业产品品牌，便于打击假冒伪劣商品，保护企业合法权益。

（五）品牌设计原则

国际品牌要向消费者传达品牌所包含的属性、利益、价值、文化、个性和用户，企业建设国际品牌需要遵循如下原则：

1. 合法性

品牌设计应重视母国和目标市场国的《商标法》等法律法规的约束与限制，符合国际和东道国政府的法律规定，并根据国际商标法和目标国商标法向当地专利和商标管理部门申请注册，取得合法使用的权力，保护企业权益。

2. 适应性

由于世界各国消费者在历史文化传统、语言文字、风俗习惯、价值观念及审美情趣等方面存在差异，所以，进入国际市场的品牌，在品牌的设计上要符合各国消费者的传统文化和风俗习惯，使品牌能够超越空间限制，避免文化差异造成误解，影响营销计划的实施。

3. 独特性

品牌的主要目的是区别同类商品，如果品牌名称或品牌标志与竞争对手的同类商标近似或雷同，就失去了品牌的特性，也就失去了品牌的显著性特点的意义。只有独特新颖的品牌才能表达企业或产品的独特个性，消费者通过它能识别出企业的品质、风格和经营理念。因此，品牌设计不能与他人雷同，而要富有个性，使公众看后能留卜斗目一新的感觉。

4. 提示性

优秀的品牌能向顾客传达产品的功能、特点，表现其市场定位，给人积极、正确的联想。品牌设计应力求构思新颖，造型美观，既要有鲜明的特点，与竞争对手品牌有明显的区别，又能够该充分体现品牌标示下产品的优点和特性，暗示产品的优良属性、利益或效用，帮助消费者了解产品，形成购买欲望。

5. 简明性

产品品牌应简单明确，易于读取和理解，方便消费者记忆和识别，便于企业宣传。品牌设计要简洁醒目，清晰可辨，使品牌能在一瞬间吸引消费者的注意，易于认识，易于理解和记忆。冗长、复杂的品牌令消费者难以理解，呆板、缺乏特色感的符号、颜色、图案令消费者难以记忆。

6. 稳定性

品牌要想被消费者熟知和信任，就必须长期使用，长期宣传，才能在消费者的心目中扎下根。因此产品品牌不能频繁改动，应具有稳定性，便于消费者形成记忆，建立顾客忠诚性，也有利于品牌进一步延伸。同时品牌设计要适应时代潮流，符合消费者的审美标准与心理需要，适应市场环境变化和人们生活节奏变化的需要，才能发挥其应有的作用。

相关链接：

品牌与包装中的文化差异

不同文化的禁忌千差万别，同样的数字、动物、图案在不同的文化中代表不同的意义，常常给品牌设计和包装造成障碍。不同国家对数字的喜好不同。中国人喜欢6和8，因为6代表“顺”，8代表“发达”。韩国人喜欢3，符合“天、地、人”的原理。泰国人喜欢9，不喜欢6，因为9与泰语中“进步”同音，6与泰语中“不好”同音。日本人忌讳4和9，因为日语中4和“死”同音，9与“苦”字同音。美国、德国、比利时、意大利、英国、俄罗斯、加拿大等西方国家受基督教文化的影响，普遍忌讳13。品牌中要避免出现这些数字，也不能将这些数量的产品为一个包装。某些动物也被赋予了不同的文化含义。中国人把龙视为中华民族的象征，称呼自己为龙的子孙，但在西方人的观念中，龙被视为邪恶的象征。印度人喜欢牛，视牛为神明。西方人喜欢猫，但却讨厌黑猫，因为黑猫常常出现在巫婆的故事里。此外，英国人不喜欢大象、孔雀，法国人不喜欢仙鹤，美国人不喜欢蝙蝠，阿拉伯人不喜欢熊猫，印度尼西亚人不喜欢老鼠和乌龟。图案与颜色的喜好也不同。阿拉伯国家禁用六角星图案；英国忌用人像图案；沙特阿拉伯禁用酒瓶、教堂、十字架图案；德国禁用类似纳粹符号；利比亚禁用猪、女性人体的图案；法国人忌核桃，禁用黑桃图案；大多数国家视三角形为警告标志，忌用三角形做产品商标或图案。爱尔兰人喜欢绿色，忌用红白蓝色组合。柬埔寨人喜欢红色和蓝色，红色象征吉祥和喜庆，蓝色象征光明和自由。西方人不喜欢黑色，东方人不喜欢白色，巴西不喜欢紫色，因为这些颜色与死亡葬礼有关。

（六）国际品牌策略

品牌与商标是企业宝贵的无形资产，优质的品牌形象代表产品的来源、质量、信誉和服务，有助于吸引国际消费者，扩大国际市场占有率，在竞争中能发挥重要的作用。

1. 有品牌与无品牌

使用品牌有助于产品的宣传，方便消费者识别企业的产品，帮助企业树立良好形象，但也会给企业增加相应的成本费用。无品牌策略是指企业对自身生产的产品不使用任何品牌名称。无品牌策略的主要优势是可以减少经营管理费用，劣势是因为不为消费者所知，产品推广时阻力较大，渠道成本可能较高。

国际市场产品是否使用品牌应根据产品的性质和消费者购买习惯等因素来决定。无品牌策略主要用于一些原材料产品，如农产品、矿产品等初级产品或是盐、糖等生产技术简单的产品。消费者在选购这类产品时，通常重质量轻品牌，不关注经营者或品牌。近几年，随着国际市场竞争不断加剧，一些企业为了树立形象，吸引消费者，促进产品销售，对一些传统上无须使用品牌的产品也开始使用品牌，注重产品包装。虽然企业的成本增加了，但确实取得了较好的促销效果。

2. 制造商品牌与中间商品牌

企业对于进入国际市场的产品，可以采用自己的品牌，也可采用中间商的品牌。企业采用制造商品牌的好处是可以建立企业的国际形象，提高企业知名度，建立消费者的忠诚。大多数从事国际市场营销的企业，如通用电气、菲利浦、惠普等，都选择使用制造商品牌。许多知名度不高，实力不雄厚的企业，为了使产品能顺利迅速进入国际市场，倾向于使用中间商品牌。很多批发商、零售商都有自己的品牌，如美国著名的西尔斯（Sears）百货公司、英国的乐购（Tesco）超市出售的商品中，有很多是使用该商场的品牌。借助中间商的品牌影响力，制造商生产的产品可以迅速打开销路，但却不利于企业在国际市场的进一步发展。企业在选择品牌时，应衡量制造商和中间商品牌的声誉、费用、企业未来发展以及企业进入国际市场的方式等因素。

3. 统一品牌与个别品牌

统一品牌是指企业生产的各种产品都采用同一品牌。采用此策略的企业通常具有较强的竞争实力，产品具有较高的质量，品牌在国际市场有一定的知名度和美誉度，而且该品牌符合目标国的法规和风俗习惯。如日本的东芝、中国的海尔、韩国的三星，企业的全部产品都使用统一品牌。统一品牌策略有助于树立统一形象，利用已经推广的品牌扩大企业影响力，带动新产品在国际市场的销售，同时还节约品牌设计和广告促销的费用。统一品牌策略的劣势是如果企业原有品牌知名度较低或美誉度较差，则不利于新产品推广。对于产品线较宽，产品种类较多的企业而言，不利于企业在专业领域形成专业优势，而且如果其中一种产品市场开拓失败，易对统一品牌形成负面影响，从而伤及其他产品线。

个别品牌是指企业根据不同产品的性质和特点分别采用不同的品牌，进行单独命名和推广的策略。宝洁公司就是典型的个别策略，其所有行业的所有产品均为单独命名，洗发液品牌有“海飞丝”、“飘柔”、“潘婷”、“沙宣”等；洗衣粉品牌有“汰渍”、“碧浪”等。个别品牌的优势明显，第一，有助于消费者从品牌区分产品的档次、质量和价格差异，满足不同消费者的个性需求；第二，在企业原品牌认知度不高或美誉度不佳的情况下，新的品牌可以给消费者一个全新的感受；第三，当某一领域细分市场过多，而企业的原有品牌“内涵”不宜做无限制延伸时，利用新品牌可以占有较多的细分市场；第四，即使单个品牌市场失败，亦不会对其他品牌造成影响。个别品牌的劣势也很明显，第一，市场开拓成本较高，对每一品牌都必须分别做广告，促销费用过大；第二，每一种产品采用一个品牌，增加企业管理难度，也不便于消费者记忆，不利于在消费者心目中形成统一的品牌形象。在行业内细分市场多，利润丰厚，企业原品牌定位及属性不宜延伸的情况下，企业可以选择实施个别品牌策略。

统一品牌策略和个别品牌策略的优势都很明显，如何将二者的长处相结合是国际营销人员思考的问题。随着国际市场的变化及企业国际营销经验的增加，很多企业开始采用分类统一品牌策略和副品牌策略。

分类统一品牌策略是指企业把经营的产品按类别、属性分为几个大的类别，然后分别冠以几个统一的品牌。该策略适应于企业经营的产品类别差异较大或是行业差别较大，原有品牌定位及属性与新产品不符等情况。分类统一品牌策略的优势是避免了产品线过宽，使用统一品牌而带来的品牌属性及概念的模糊，且避免了个别品牌策略带来的品牌过多，营销及传播费用无法整合的缺点。分类统一品牌策略无明显的劣势，但是相对统一品牌策略而言，如果目标市场利润低，企业营销成本会稍高一些。因此，企业必须根据自身的规模、实力、产品情况以及已有的国际形象等谨慎选择。

所谓副品牌策略，是指企业为新开发的产品重新树立品牌，但由于新产品和原产品在同一产品线，且原有品牌认知度较高，因此，将新品牌作为原品牌下属的一个副品牌来投放市场，和原品牌同时输出。如海尔冰箱品牌为海尔王子系列，“太空金王子”、“快乐王子”、“钻石王子”、“彩晶王子”等为副品牌，海尔洗衣机为神童系列，采用“大神童”、“小神童”、“小小神童”等副品牌。该策略优势是结合了统一品牌策略和个别品牌策略的长处，但该策略也有劣势：第一，副品牌一般和主品牌同时出现，因此品牌名称可能较长，不便记忆，而且企业的广告重点多在主品牌上，导致消费者只记住了主品牌，对副品牌的认知度不高；第二，副品牌多为阶段推广的产品，生命周期较短，一旦该产品系列被淘汰，副品牌也跟着消亡；第三，如果副品牌过于成功，一旦突然由盛及衰，必将殃及主品牌。因此，企业实施副品牌策略时，应是主品牌认知度较高，且副品牌隶属于主品牌在市场上进行推广。

4. 国际品牌与本土化品牌

对于在不同国家销售的同一产品，企业往往面临两难选择，是采取单一的国际品牌，还是在不同国家或地区分别采用不同的本土化品牌。单一的国际品牌的优势主要是：第一，创造并管理一个品牌比为各国市场创造不同品牌更加容易；第二，在所有国家使用单一品牌有利于企业产品信息传递，增强促销效果，实现促销规模效益；第三，采用单一品牌便于跨国的消费者识别企业品牌，提高知名度。但是采用单一品牌也会遇到阻力，无法兼顾各国消费者的差异性，而且有可能由于忽视各国的风俗习惯、宗教信仰、禁忌等，与当地文化形成冲突，影响企业营销活动，甚至损害企业形象。

同一产品在不同的国家或地区采用不同的品牌，可以迎合目标市场的风俗习惯和消费偏好，能融入本地文化，所以易于为当地消费者接受，获得当地消费者认可。但本土化品牌策略相当于放弃原品牌，重塑一个新品牌，品牌设计、广告宣传和促销等费用大大增加，而且促销效果和品牌知名度会受到地域限制，因此，要慎用本土化品牌策略，除非面临较大的文化差异等不可抗拒因素，最好的办法还是“国际化品牌，本土化沟通”。

5. 贴牌策略

所谓贴牌策略，是指某企业生产的产品冠之以其他企业的产品品牌。贴牌策略本质上是一种资源整合，优势互补。如体育用品业第一品牌耐克，所有产品均为贴牌产品，由专业厂家生产，统一冠之以“耐克”之名，耐克公司只负责营销。贴牌策略的最大优势是贴牌企业（采购方）省去了生产、制造和技术研发的成本。被贴牌企业（被采购方）则省去了营销、传播、运输、仓储成本。贴牌策略的劣势是贴牌的双方一般是竞争对手，如果同一产品在同一渠道出现，双方不可避免会产生竞争。

6. 联合品牌策略

联合品牌策略一般是指两个不同企业之间由于战略重组、并购、控股，新品牌的市场认知度较差，旧品牌虽有一定的认知度，但品牌趋于老化，或双方品牌都有一定影响力，如索尼—爱立信、一汽大众等出于品牌战略的考虑采用联合品牌策略。联合品牌策略的优势是既可保留原有品牌的较高市场认知度，又可避免新品牌鲜为人知的现实，同时在一定程度上减少了重新塑造品牌带来的资源投入和风险。联合品牌策略的劣势是品牌名称过长，需要对品牌个性及品牌战略重新定位。对于被购并的品牌只是临时性借用，最终将过渡到购并方为主导的新品牌。

二、国际市场产品包装策略

随着科学技术的不断创新，包装材料的不断更新，包装方法和技术越来越引起企业和消费者的重视。有些营销人员把包装（Packing）称为继产品（Product）、定价（Pricing）、分销（Place）、促销（Promotion）之后的第5个P，可见其重要性。产品包装既是产品的卖点，也是市场的亮点，新颖独特的包装往往最容易打动消费者的心。因此，企业不仅要生产合乎标准和品质上乘的产品，而且要有端庄美观的商标和包装，才能使其产品更具吸引力和竞争力，使其品牌更加深入人心。

（一）包装的含义

包装是指设计并生产容器或包装物，并将产品盛装或包扎起来的一系列活动。包装是商品实体的重要组成部分，通常是指产品的容器或包装物及其设计装潢。包装在整体产品中占有重要位置，是整体产品的一部分。包装包括三个层次：内包装，是指最接近产品的直接容器和包扎物，是紧贴产品的容器或包装物；中包装，指保护内包装的材料，能美化商品，提高商品售价，起到有效的促销作用；外包装，又称运输包装，用于商品储存、辨认和运输时所必需的单件运输包装或集合运输包装，方便储运和装卸。

（二）包装的功能

（1）保护功能。包装应该保证产品的安全和清洁卫生，使其在储存、运输和销售过程中不致散失、损坏和变质，这是包装最基本的作用。

（2）美化功能。美观大方的包装造型、生动形象的图案和新颖别致的装潢可以衬托产品形象，提高产品的附加价值。

（3）促销功能。包装是“无声的推销员”，消费者通过包装可以了解产品，引起消费兴趣，激发购买欲望，有利于扩大产品销售。

（三）产品包装设计的基本要求

1. 准确传递商品信息

各国对产品包装上的标识内容都有明确的规定，如生产日期、重量、保质期等，企业应按照规定如实注明。此外，包装上的文字、图案、颜色等应与产品特色和风格一致，突出产品的特点、风格和功能，显示产品的品质和内涵，把产品的信息及时、准确地传递给消费者，迅速得到消费者认同，缩短消费者购买决策的时间。产品包装应主题明确，如实说明产品信息，不能有夸大产品性能、质量的虚假信息。

2. 包装应与商品价格相适应

包装物的价值应与产品价值匹配，包装的成本和费用要与产品的价值或质量水平相适应。只有与产品价值相匹配的包装才能恰如其分地烘托产品的内在质量，体现产品的文化品位。包装物价值超过产品价值会使消费者感觉金玉其外，败絮其中，引起消费者反感；包装物价值低于产品价值会影响消费者对产品的认识和判断，影响产品销售。

3. 考虑国际目标市场的需求

进入国际市场的产品包装要考虑各个国家的不同条件，根据不同的气候状况、储运条件、消费偏好、销售条件、审美观、收入水平等具体情况，因地制宜地设计产品包装。此外，产品还要符合各国对包装材料、包装质量、包装规格、环保要求等规定。例如，有些国家要求标签必须用 2 种或 2 种以上的文字印刷，而另外一些国家则禁止使用外国文字。

（四）产品包装策略

1. 类似包装策略

企业对其生产的产品采用相同的包装材料和造型图案、近似的色彩进行包装。类似包装策略便于消费者识别产品，扩大企业影响，消除用户对新产品的不信任感，使产品尽快打开销路，具有促销作用，而且能够节约包装的设计、制作费用，减少风险，扩大销售。但该策略只适用于质量相同的产品，品种差异大，质量和档次相差过于悬殊的产品不宜使用，否则会增加低档产品的包装费用，或使优质产品遭受不利的影响。

2. 配套包装策略

按照各国的消费习惯，将有关联的产品包装在一起成套供应，不仅便于消费者购买和使用，而且可以扩大产品的销售。同时，还可以将新产品加入配套产品中，使消费者不知不觉地接受和习惯新产品，有利于新产品的上市，缩短新产品普及所需的时间。

3. 再使用包装策略

包装内的产品使用完后，包装物还有其他用途，如各种形状的包装物可以用于装饰或收纳。再使用包装策略的优点是包装物的精美能够引起消费者好感，激起消费者购买欲望，而且包装物再利用有助于企业宣传。但是要避免舍本求末，包装物成本加大引起产品价格过高，反而会影响产品销售。

4. 等级包装

将产品分为若干等级，对高档优质的产品采用优良包装，一般产品采用普通包装，使包装价值与产品质量相符，便于消费者根据自身购买力和具体需求选择购买。

5. 附赠包装策略

包装与促销相结合，将奖券或赠品装在包装物内，或包装本身可换取礼品。该策略能够吸引消费者，促进消费者做出购买决定，还可以刺激消费者重复购买。

6. 改变包装策略

改变和放弃原有包装，改用新包装。由于包装技术、包装材料的不断更新，消费者的偏好不断变化，采用新包装可以更好地满足消费者的需求。但是，企业在改变包装时，要做好宣传工作，消除消费者的各种误解。

相关链接：

绿色包装5E

绿色包装强调一是要符合人的生理、心理（ergonomics package）；二是要减少废物排放（emission low）；三是环境友好（environment friendly）；四是要能节约能源（energy saving）；五是要服务方便（easy to service）。

（五）影响产品包装的因素

1. 产品的特点

根据产品的不同性质和特点，合理地选用包装材料和包装技术，确保产品不损坏、不变质、不变形等，尽量使用符合环保标准的包装材料。

2. 运输条件

各国的地理条件不同，有的是山区，有的是平原，有的地区炎热、潮湿，有的地区寒冷、干燥。产品包装必须要适合当地的运输条件和运输距离。在发达国家，运输条件好，高速公路平坦，产品损坏率很低；而在发展中国家运输，产品包装必须要考虑特殊的运输条件，否则损坏率会很高。

3. 销售条件

包装的选择应充分考虑产品的销售条件，例如对容易变质的食品，就应采用真空包装或冷藏包装等形式，以满足食品保质期所要求的包装条件。

4. 政府规定

各国政府对进口产品特别是食品和药品的标签内容都有具体要求，一般要标明产地、重量、成分、生产者名称、生产日期、保质期，以及有关添加剂、化学成分或脂肪含量等特殊说明。近年来，环境保护日益受到各国的重视，引起“绿色”竞争。有些已经通过立法，要求产品包装除质量、安全符合规定外，还必须重视环保问题，妥善处理包装废弃物。因此，出口产品的包装还要注意各国的环保要求。

5. 目标市场的文化习俗及消费习惯

出口产品的包装要注意各国市场的禁忌。在包装上印制不当的文字或图案，会导致销售失败。此外，产品包装要符合目标市场的计量标准等消费习惯，有些国家采用公制的计量标准，因此，采用非公制计量标准的国家将产品出口到这些国家必须调整其包装。

【思考与练习】

一、单选题

1. 品牌中可以用语言称呼的部分叫（　　）。

A. 品牌标志　　B. 品牌价值

C. 品牌名称　　D. 品牌延伸

2. 产品的功能和效用属于整体产品概念中的（　　）。

A. 产品附加利益层　　B. 产品核心层
C. 产品有形特征层　　D. 产品无形特征层

3. 容易出现“一损俱损”状况的一般是在商标决策中的（　　）。
A. 分散商标决策　　B. 统一商标决策
C. 制造商标决策　　D. 中间商标决策

4. “包装是无声的推销员”说明了包装的（　　）。
A. 保护商品功能　　B. 促进销售功能
C. 便于管理功能　　D. 增加价值功能

二、多选题

1. 统一品牌策略有助于企业（　　）。
A. 树立统一形象　　B. 扩大企业影响力
C. 带动新产品的销售　　D. 节约费用
E. 满足不同消费者的个性需求

2. 国际产品的包装策略有（　　）。
A. 类似包装策略　　B. 配套包装策略
C. 再使用包装策略　　D. 等级包装策略
E. 附赠包装策略

3. 下列产品中适合采用无品牌策略的是（　　）。
A. 洗发水　　B. 奶酪
C. 木材　　D. 硼砂
E. 手机

4. 服务的特征包括（　　）。
A. 无形性　　B. 不可分割性
C. 易变性　　D. 附加性
E. 易消失性

三、判断题

1. 新产品开发对实力较弱的小企业没有意义，只有大企业适合开发新产品。（　　）

2. 产品整体概念对于部分产品是必要的，但对于部分产品没有必要，特别是一般消费品。（　　）

3. 国际市场营销中的产品指的是能够满足购买者某种需求和利益的一切有形和无形的东西。（　　）

4. 新产品开发成功的关键是重视技术更新。（　　）

5. 品牌趋于全球一致必将激化全球范围产品的品牌竞争。（　　）

四、思考题

1. 国际产品标准化决策与差异化决策的依据是什么？
2. 国际产品品牌决策的主要内容是什么？

五、案例分析题

1. 某制药公司出口中药药剂，对北美和西欧市场的包装设计简洁明快，使用更多的专业化名词；而对亚洲和南美市场的包装设计则色彩艳丽，配以图案。请问该公司的包装策略是否恰当？为什么？

2. 某品牌长期以来一直以中档产品形象深入人心，而且知名度很高。现企业欲拓展经营业务，经过营销调研发现与该产品同类的高档产品市场有较高的增长率，而在低档产品市场也存在极富吸引力的市场空隙。企业决定利用这两个机会，对该产品线实施向上、向下双向延伸。但在品牌决策上出现了分歧，一种观点认为应延用中档产品品牌，实施统一品牌决策；另一种观点主张不同品质和档次的产品应使用不同的品牌。

问题：

1. 哪种策略比较可行？
2. 对选择的策略做利弊分析。

第八章 国际市场价格策略

【学习目标】

了解国际市场产品价格的构成要素和价格发展趋势；熟悉影响企业定价的政府、经济、竞争等因素；掌握国际市场营销定价的基本方法和基本定价策略；培养运用定价策略的能力。

营销学大师菲利普·科特勒有过这样一句经典话语："没有降价 2 分钱不能抵消的品牌忠诚度。"只要降价 2 分钱，你就可以将原属竞争对手看似忠诚的顾客给争取过来。当前，由于产品的同质化程度越来越高，消费者在购买商品时将越来越多地将目光转向价格。

价格策略是国际市场营销诸多策略中最活跃的因素，带有强烈的竞争性和多因素的综合性。企业的国际营销活动开展得怎么样，很大程度上要看产品价格定得是否合理。

国际市场价格，又称"国际贸易市场价格"，是商品国际市场价值或国际生产价格的货币表现。国际市场上产品的价格一般由产品的生产成本、流通成本、税金和利润几部分构成。

第一节 影响国际市场产品定价的主要因素

与国内产品定价不同，国际产品的定价较为复杂，定价时要考虑的制约和影响因素远比国内产品多。价格既是产品在海外市场竞争能力的体现，又是为企业创造利润的重要因素。产品价格制定得是否合理，往往会影响到企业的生存与发展；而定价问题的敏感性则会反映在低价可能引起的反倾销诉讼等一系列法律问题上。在国际市场营销中，企业为产品定价时，主要考虑以下几个方面的因素：

一、政府因素

开展国际市场营销的企业必须了解东道国政府的有关政策、法律法规，这是为国际市场产品定价时不容忽视的重要因素。

各国政府对市场价格的干预一般通过颁布价格管制法律法规或其他行政命令等形式进行。东道国政府会对进口商品制定最低和最高限价，推行反不正当竞争、反倾销等有关法律，并对关系国计民生的商品加以补贴，这类措施将约束、影响企业的定价。

相关链接：

各国政府有许多与国际营销的产品定价相关的法律规定，《反托拉斯法》是其中主要法律之一。美国《反托拉斯法》明确规定：任何限制与外国的贸易或商业活动的合并，以托拉斯或其他形式进行的合并或者共谋均为非法；对与外国的贸易或商业活动的任何部分实行垄断或企图实行垄断，为了实行垄断而与其他一些人合并或者共谋均为违法。欧盟的《反托拉斯法》视价格歧视、供应限制和全行业共谋提价为非法行径。

资料来源：蔡新春，何永祺，《国际市场营销学（第二版）》，暨南大学出版社，2004 年版，第 206 页。

二、经济因素

经济因素主要考虑目标市场国和国际的经济形势，目标市场经济发展阶段，经济结构类型，目标市场国经济发展规模、速度、水平，经济制度、体制，参加国际经济组织、国际经济活动的状况，汇率，物价水平、通货膨胀率，税收和关税，等等。这些具体因素，企业在为产品定价时都要有所考虑。而一个国家或地区的经济发展状态和人民生活水平可用人均 GDP 统计指标加以反映。比如，目标市场国人均 GDP 较高，意味着消费者对产品的价格不那么敏感，企业可为自己的产品适当定高价。一国的关税水平高，则意味着较高的贸易壁垒，企业产品的出口价格则要相应低价，以抵消过高关税而形成的较高零售价所削弱的产品竞争力。

三、国际市场价格协定

国际市场价格协定是指某项商品的生产国（出口国）与消费国（进口国）就该项商品的价格、购销等问题，经过协商达成的政府间的多边贸易协定。协定的主要对象是发展中国家的初级产品。由于这些产品受世界经济动荡不定、市场行情变化异常的影响，价格经常波动。发展中国家为保障其利益，希望通过协定维持合理的价格；而作为主要消费国的工业发达国家，希望通过协定保证价格不致涨得太高，并能保证供应。已订立的价格协定包括国际咖啡协定、国际可可协定、国际糖协定等。企业确定产品价格时就必须关注有关价格协定，以使自己的营销活动符合相关规定。

四、市场竞争

国际竞争是影响产品价格的直接因素。一般来说，以追求利润最大化为目标的企业，成本是产品价格的下限，产品市场需求状况决定产品价格的上限，而实际上将产品的价格定多高，取决于竞争对手同种产品的价格水平。面对两家企业的相同或相类似产品，作为消费者，价格往往是决定其选择的重要甚至唯一的因素。消费者并不总能确定两家企业的同类产品的质量有何不同，或者确定一家企业的服务是否较另一家企业更为有效，但价格差别却是能一眼就看出来的。

五、消费者因素

消费者的收入水平、消费习惯、生活方式、受教育程度等也是企业为产品定价要考虑的因素。收入水平高的消费者可能对产品价格不敏感，而低收入者很看重产品价格；节俭和铺张浪费的人购买行为截然不同。当年日本彩电进入中国时，日本企业取消了彩电的"丽音"功能，降低了价格，迎合了中国消费者的消费习惯和消费能力，顺利赢得中国市场。

六、企业因素

（一）定价目标

定价目标是企业通过为产品定价而追求的主要目标。不同的定价目标指导着企业产品不同的价格水平。从事国际市场营销的企业，首先必须明确定价的目标，然后才能制定出恰当的产品价格。

1. 利润目标

对利润的追逐，是市场经济中企业的最重要目标之一。没有利润，企业也就失去了持续发展的动力。利润最大化不等于企业要为产品定高价。企业追求利润最大化实际上是追求两个方面的效果：第一，是总利润的最大化。即从长远角度来看，企业会权衡短期利益和长期利润最大化之间的关系，调整短期行动方案，以实现长期利益的最大化。若短期定价过高，虽然带来暂时的可观的利润，但也可能由于竞争者的蜂拥而至或者顾客难以接受高价等因素而丧失市场优势，从而可能失去长期发展机会。第二，是整体利润最大化。整体利润的最大化意味着企业会面临取舍的选择，通过局部利润的牺牲获得企业整体最大化的利润。比如，企业为进入一个新市场，可能为产品定较低的价格以站稳脚跟，这样初进新市场业务时可能面临着亏损，但由于拥有了新市场，将来可为企业带来更多更丰厚的利润。而生产具有互补性的产品的企业，有可能为相对耐用的产品定低价，甚至会低于成本价，而为其购买频率更高的产品定高价，以实现整体利润的最大化。

相关链接：

吉列剃须刀在进入市场面对激烈的市场竞争时，就是按照整体利润最大化的原则，以不足生产成本1/5的价格出售剃须刀架，而把成本不足1美分的剃须刀片买到5美分。以刀片的赢利弥补刀架的亏损，既打击了竞争对手，又实现了企业的利润目标。

资料来源：马三生：《国际市场营销》，北京邮电大学出版社，2011年版，第134页。

2. 市场份额目标

企业的市场份额目标是考察企业的市场占有率，分为保持现有份额和扩大市场份额两种情况。企业的市场占有率是决定企业盈利情况的最重要因素。一般而言，较大的市场份额意味着企业良好的经营状况和强大的产品市场竞争能力。随着市场份额的扩大，企业产品知名度的提高，利润也就会随之增长。对于出口商而言，扩大销量，就可以扩大产品在国际上的市场份额。诚然，要实现市场份额目标，努力改善产品质量和研发适销的新产品是根本，但恰当的产品定价和销售渠道也不可或缺。至于企业选择保持市场份额还是扩大市场份额，要看企业的资源状况及商品在市场上所处的生命周期阶段。对处于成长期的产品，企业往往以扩大市场份额为定价目标；对处于成熟期的产品，企业往往以保持市场份额为定价目标。

提　示： 一味地扩大产品销量并非一定会带来高额利润，因为销售量达到一定程度之后，其生产与销售成本也会随之提高，所以企业需要找出产品销售额与最大销售利润之间的一个平衡点，并以此来考虑定价。

3. 市场价格目标

不少企业在国际市场营销活动中都以稳定价格作为定价目标。这是因为，产品的市场价格若频繁波动，需求经常变化，企业就很难确定生产量，也会引起管理上的混乱。因此，通常的做法是由其中一些实力强大的行业之中的领导者制定“领袖价格”来限制价格竞争，其他企业的价格则与之保持一定的比例关系，从而防止因打价格战而两败俱伤。领导企业在制定这种类型的价格时，需要考虑多方因素，以避免引起政府干预和消费者不满。一旦将价格定于合理化水平之后，一般不会随意提高或降低价格，这样可以保证整个行业的产品价格水平的相对稳定。

4. 竞争优势目标

要想在残酷的国际市场竞争中生存和发展下去，企业必须要保持或者扩大自己的产品优势，而为自己的产品制定一个恰当的价格，是达到这一目标的有效途径。所以在制定价格之前，企业要认真分析、研究和权衡自己及竞争对手的产品特点、市场地位等。即便是为了取得竞争优势，企业也大多不希望出现价格竞争，稳定发展是上策。但有时为了抢占市场，夺取份额，有些企业会不顾成本，采用降价的险招，却往往得不偿失，使自己陷入价格战的窘境中。

提　示： 在国际市场上已经存在占据绝对优势的领导者的情况下，新进入的企业其产品定价可以有三种：若其产品制造或者销售成本低，则定价可低于领导者的价格；若其产品具有某些明显差异化特色，定价可高于领导者的价格；若其产品品质及生产成本与领导者的均相似，则定价可雷同于领导者的价格。

（二）企业成本

企业成本是决定产品市场价格的基本要素和依据之一。无论是国内产品还是国际产品，企业定价时都要考虑生产成本（即产品制造成本），而作为国际产品，企业定价时还要考虑其他的出口成本因素，如关税、国际运输、保险、分销成本、融资成本以及汇率变动而产生的风险成本等。

正是由于国际产品包含着多类出口成本因素，使得出口产品价格比国内价格要高出很多。

（三）产品生命周期

产品生命周期即产品市场生命周期，是指产品从进入市场开始到被市场淘汰停止生产所经历的时间。这段时间一般可分为导入期、成长期、成熟期和衰退期四个阶段。产品处于生命周期的不同阶段，企业应当采取不同的定价策略。当产品处于导入期时，定价的主要目标不是盈利，而是补偿成本费用，有时企业甚至不得不亏本定价。产品处于成长期，定价的主要目标是提高市场占有率和实现预期利润，在此阶段顾客对产品已经熟悉，大量的新顾客开始购买，市场逐步扩大，产品销售额可能迅速增长，成本也由于规模效益等原因大幅度下降，利润随之迅速增长。丰厚的利润吸引竞争者的涌入，同类产品市场供给量增加。经过成长期以后，市场需求趋向饱和，潜在的顾客已经很少。产品进入成熟期时，企业利润增长达到最高点，此时的定价目标就是维持现有销售量和利润。当企业销售额转到下降的时候，产品就进入了衰退期，竞争更加激烈，此时促销费用增加，企业利润大幅下降，而且随着科学技术的发展，新产品或新的代用品出现，使顾客的消费习惯发生改变，从而转向其他产品。在这一阶段，企业要么放弃该产品转向其他产品，要么重新提升该产品价值。

第二节 国际市场定价方法

开展国际市场营销的企业主要以三大类方法为自己的产品定价，即成本导向定价法、需求导向定价法和竞争导向定价法。企业在综合分析影响产品定价的各种因素，确定企业定价目标后，在成本、需求、竞争三方面因素之间寻求一个平衡点，为产品制定出合适的价格。

一、成本导向定价法

产品成本是理论上的价格底限。成本是企业生产经营过程中所发生的实际耗费，客观上要求通过商品的销售而得到补偿，企业产品的售价不低于成本时，企业才有利可图，其生产经营活动才有持续的动力。成本导向定价法是以产品单位成本为基本依据，再加上预期利润来确定价格的定价方法，是中外企业最常用、最基本的定价方法。成本导向定价法在具体运用中，又衍生出了成本加成定价法、目标收益定价法、边际成本定价法、盈亏平衡定价法等几种具体的定价方法。

（一）成本加成定价法

成本加成定价法又称成本基数法。在这种定价方法下，把所有为生产某种产品而发生的耗费均计入成本的范围，计算单位产品的变动成本，合理分摊相应的固定成本，再按一定的目标利润率来决定价格。即：

单位产品价格 = 单位产品总成本 ×（1 + 目标利润率）

【例 8－1】某家电企业生产并出口电冰箱。已知该企业电冰箱单位变动成本为 1 000 元/台，年固定成本 600 万元。预计年产量 4 000 台，确定目标利润率为 20%。该企业如何定价？

解：单价 =（6 000 000/4 000 + 1 000）×（1 + 20%）= 3 000（元/台）

采用成本加成定价法，一个关键问题是确定合理的目标利润率，而目标利润率的确定，需考虑多种因素，如市场环境、行业特点等。某一行业的某一产品在特定市场以相同的价格出售时，成本低的企业能够获得较高的利润率，并且出现价格竞争时会有更大的回旋空间。

采用成本加成，企业只要考虑总成本以及目标利润即可定价，因而简化了定价工作，便于企业开展经济核算。另外，若某个行业的所有企业都使用这种定价方法，价格就会趋于相似，因而价格竞争就会减到最少。并且，在成本加成的基础上制定出来的价格对买方和卖方来说都比较公平，卖方能得到正常的利润，买方也不会觉得受到了额外的剥削。在租赁业、建筑业、服务业、科研项目投资以及批发零售企业中此法应用较为广泛。其他很多企业也多把按此法制定的价格作为参考价格。

但是，成本加成定价法缺乏灵活性和适应性，忽视市场需求，不考虑竞争状况，并且，因成本中可能包含不合理的费用，成本过高会导致定价过高，不利于企业改进管理、降低成本、增强竞争力。

为了克服成本加成定价法的不足之处，企业可按产品的需求价格弹性的大小来确定成本加成比例。由于成本加成比例和价格的确定恰当与否依赖于需求价格弹性估计的准确程度，这就迫使企业必须密切注视市场，只有通过对市场进行大量的调查，详细的分析，才能估计出较准确的需求价格弹性，从而制定出更合理的产品价格。

（二）目标收益定价法

目标收益定价法又称投资收益率定价法，是根据企业的投资总额、预期销量和投资回收期等因素来确定价格。

【例 8－2】承例 8－1，建设家电厂的总投资额为 800 万元，投资回收期为 5 年，预期年销量 4 000 台。则采用目标收益定价法确定价格的基本步骤为：

（1）确定目标收益率：

目标收益率 = 1/投资回收期 × 100% = 1/5 × 100% = 20%

(2) 确定单位产品目标利润额：

单位产品目标利润额 = 总投资额 × 目标收益率 ÷ 预期销量

= 8 000 000 × 20% ÷ 4 000 = 400 (元)

(3) 计算单位产品价格：

单位产品价格 = 企业固定成本 ÷ 预期销量 + 单位变动成本 + 单位产品目标利润额

= 6 000 000 ÷ 4 000 + 1 000 + 400 = 2 900 (元)

目标收益定价法先确定产品销量，再计算产品价格，把销量看成是价格的决定因素，在实际上很难行得通。它同成本加成定价法一样，都是从保证生产者的利益出发制定价格，很少考虑到市场竞争和需求的实际情况，因而对于那些需求的价格弹性较大的产品，此种方法并不适用。不过，对于需求比较稳定的大型制造业的产成品，供不应求且价格弹性小的商品，市场占有率高、具有垄断性的商品，以及大型的公用事业、劳务工程和服务项目等，在科学预测价格、销量、成本和利润四要素的基础上，目标收益法仍不失为一种有效的定价方法。

(三) 边际成本定价法

边际成本是指每增加或减少单位产品所引起的总成本的变化量。由于边际成本与变动成本比较接近，而变动成本的计算更容易一些，所以在定价实务中多用变动成本代替边际成本。

以变动成本作为定价的出发点，有三种情况：

(1) 单价 > 单位变动成本，可有如下可能：①价格补偿了全部固定成本外还有盈余，使得企业盈利；②价格只是补偿了全部固定成本，则企业消除了亏损；③价格只是补偿了一部分固定成本，则企业能减少亏损。

(2) 单价 = 单位变动成本，此时企业仍亏损，但因价格较低，对企业占领或保住市场有利。

(3) 单价 < 单位变动成本，则企业会增加亏损，对企业不利。

由以上分析可知，只要企业的定价不低于单位变动成本，企业都可以接受，即以单位产品变动成本作为定价依据和可接受价格的最低界限 (Price Floor)。这种定价法改变了售价低于总成本便拒绝交易的传统做法，在竞争激烈的市场条件下具有极大的定价灵活性，在有效地应对竞争、开拓新市场、调节需求的季节差异、形成最优产品组合等方面可以发挥巨大的作用。但是，过低的成本有可能被指控为从事不正当竞争，并招致竞争者的报复，若被进口国发起“反倾销”调查，并最终被征收“反倾销税”，则售价会畸形上升，从而适得其反。

案例：

低廉的飞机票价

面对高铁的竞争，民航开始出现超低价机票的情况。热点航线的票价有时比火车票还便宜，其中北京至上海普通的单程机票最低价格为 260 元，北京至广州最低 430 元。而北京至上海 T103 次的硬卧下铺价格为

327元，北京至广州的T29次硬卧下铺价格为458元。如果不考虑每一航班飞行的固定成本（如燃油、机组人员工资、机场服务费等），只考虑其变动成本，它只包括为每位乘客提供服务的直接成本，实际上它不会超过50元。显然，只要机票价格高于这一变动成本，超出部分就能够对航班飞行的高昂固定成本做出贡献。

资料来源：豆丁网（http://www.docin.com/p-189499444.html）。

（四）盈亏平衡定价法

盈亏平衡定价法是成本加成定价法的特例，即目标利润为零。求得目标利润为零时的保本价格，此时企业达到盈亏平衡、收支相抵。既定的销量就称为盈亏平衡点，这种制定价格的方法就称为盈亏平衡定价法。

保本价格 =（固定成本 + 变动成本 × 盈亏平衡点销量）÷ 盈亏平衡点销量

盈亏平衡点销量 = 固定成本 ÷（保本价格 − 单位变动成本）

科学地预测销量和已知固定成本、变动成本是盈亏平衡定价的前提。

以盈亏平衡点确定价格只能使企业的生产耗费得以补偿，而不能得到收益。因此，在实际中以保本作为价格的最低限度，只要实际销量大于盈亏平衡点销量，企业即可盈利。此法一般在国际市场环境不景气或企业经营困难时采用，因为保本经营的损失总比停产小，企业可保本经营度过困难时期，寻求机会东山再起。

二、需求导向定价法

这是以消费者需求为主要定价因素的方法。企业在定价时，不仅要考虑成本，还根据市场的需求强度和消费者对产品评价的不同来确定产品的基本价格，顺应了现代市场营销观念的发展。同一产品在需求量不同的时间或地点，价格可有明显差异。当市场需求强度大时，可以适当提高价格；而在市场需求强度小时，则可适当降价。该定价方法的好处在于综合考虑了成本、产品的寿命周期、市场购买能力、消费者心理等因素。具体地说，需求导向定价法主要有以下几种：

（一）差别定价法

企业依据顾客对产品需求的差异性来确定产品的价格即为差别定价法。一般来说，企业可因顾客需求的差异、产品功能的差异、销售地区和时间的差异进行差别定价。

1. 顾客差别定价法

顾客因职业、阶层、收入及年龄的不同，对产品的需求也会有所不同，企业可因此制定不同价格。当顾客需求量大且迫切时，可采用高价格；反之，则可以降低价格。对于有着多年贸易往来的老客户，企业在其需求量大且稳定时可以给予一定优惠。

2. 功能差异定价法

功能差异定价法是指同类产品具有满足不同消费者不同需求的功能，企业可依据这些功能来相应制定不同的价格。

3. 地点、场所差别定价法

地点、场所差别定价法是指企业对同一产品销售地点和场所的不同而制定不同的价格。同种饮料，在高档休闲娱乐场所的价格要比在超市高很多，在交通便利的大都市的价格要比在交通不便利的小镇低很多。同种商品卖给不同的国家和地区，也可以有不同的价格。

4. 时间、季节差别定价法

同一产品由于时间、季节不同使得需求程度产生差异，企业可因此来制定相应的价格。比如，飞机票在“十一”黄金周前会以原价销售甚者会有小幅涨价，而到了10月3日之后客户一般就可以买到三至五折的机票。在一天当中的清晨和夜晚飞往同一目的地的机票也会比在中午和下午出发的机票的价格便宜20%左右。

（二）认知价值定价法

认知价值定价法又称理解价值定价法，是企业以顾客对于商品的价值观念或理解感受为依据的定价方法。企业在采用这种定价法时需要考虑顾客对产品的价值判断，以及他们心中的价值标准。这样把产品价格定在一个限度内，只要顾客认为该产品物有所值，就会去购买。例如，一杯咖啡在街头小店也许只要5元，但放到了一些五星级酒店就要50—80元，显然后面的这个价格也在那些光顾五星级酒店的顾客心理承受范围之内。所以企业在定价时可以有针对性地运用市场营销组合中的非价值因素去影响顾客，如产品形象和销售促进等，诱导他们形成一定的价值观。

案例：

成立于1925年的美国卡特皮勒公司（CAT），为其建筑设备的定价就运用了认知价值定价法：一台拖拉机的价格可能被定为24 000美元，虽然同类竞争者的拖拉机价格会是20 000美元，但是卡特皮勒公司得到的销售额却比竞争者高。对于为何定高价，公司的解释是：20 000美元是拖拉机的价格，仅仅相当于竞争者的价格；3 000美元的加价是因为它具有优良的耐用性；2 000美元的加价是因为它具有优良的可靠性；2 000美元的加价是因为它可提供优质的服务；1 000美元的加价是为零配件提供长期担保。这样，28 000美元就是它所应收的总价格，减去4 000美元的折扣将得到24 000美元的最终价格。潜在消费者虽然要多付出4 000美元来购买卡特皮勒公司的拖拉机，却享受了4 000美元的折扣！而另一个心理暗示是，该种拖拉机在寿命期内的操作成本将会是较小的。

认知定价法的关键是企业要对顾客认知的相对价值有正确的估计和决断。若企业定价低于顾客认知价值，就有可能得到较高的市场占有率。因此，企业要进行营销调研，从而找到准确的顾客认知价值。

（三）倒推定价法

倒推定价法又称反向定价法。一般而言，正向定价沿着“生产者→中间商→消费者”

的顺序逐层加价，直至最终确定市场售价；倒推定价从消费者出发，顺着“消费者→中间商→生产者”的路径，先大致估算出国外客户对产品的需求价格，然后扣除各种中间环节，比如关税、运费、分销渠道费用等，最后得出产品的离岸价格（即 FOB 价格）。企业假设企业预计产品在国际市场上顾客可以接受的价格是 100 美元，则可以此推出离岸价格，如表 8－1 所示。

表 8－1　　倒推定价法示例

销售各环节	金额（美元）	销售各环节	金额（美元）
国外市场零售价	30.00	进口商购进价	12.24
零售商加成 40%	－12.00	关税 10%	－1.22
批发商购进价	18.00	CIF 价格（到岸价）	11.02
批发商加成 20%	－3.60	海运费及海运保险费	－1.50
进口商售价	14.40	FOB 价格（离岸价）	9.52
进口商加成 15%	－2.16		

注：表中仅列举销售部分环节，而销售环节及各环节加价因国际或地区不同而异。

资料来源：孙忠群：《国际营销精要》，中国经济出版社，2007 年版，第 229 页。

运用倒推方式算出产品的离岸价格后，企业要将其与国内市场售价相比较，对出口机会进行评估。若离岸价格高于国内的售价，则出口对企业有利；若低于国内售价，企业要做详细分析再决定是否出口。具体可采取如下方案：

（1）若国内市场有较好的销售机会，则可以放弃产品出口。

（2）若除供应国内需求之外，企业还有剩余生产能力，则可以按边际成本定价法为出口产品定价（但要注意防范国外“反倾销”）。

（3）企业可设法缩短分销渠道，减少中间商提成，降低营销费用。

（4）企业可加强成本管理，节能降耗，对出口产品生产进行改进，降低生产成本。

（5）企业可以改变产品进入国际市场的方式，如可将国内生产、国外销售改为对外直接投资，就地生产和销售，以减少运费及关税等费用开支。

倒推定价法不依据产品成本来计算价格，所以就算产品成本一致，只要需求弹性不一样，就可以制定不同的价格。这种定价法的关键在于测算国外市场零售价。企业要充分考虑国外市场各种非价格因素对消费者心理价位的影响，估算出普遍认同、接受的价格。此法对市场需求的适应性很强，既能确保企业在国际市场上的竞争力，又可防止产品价格过低遭遇反倾销起诉。

（四）比较定价法

比较定价法是指根据对产品在国际市场上的需求弹性的研究与市场调查来制定价格的方法。在决定对产品采取低价薄利多销，还是采取高价高利少销的策略时，企业可以通过对价格需求弹性的研究与市场调查来决定。对于富有需求弹性的产品，可降低价格；而对于缺乏需求弹性的产品，则应提高价格。通过市场调查，分别按高价、低价出售，然后计算其销售量和利润，比较其利润大小，从而判断哪种价格对企业有利。由于比较定价法在国际市场营销中具有较高的实用性，因此深受现代企业欢迎。

三、竞争导向定价法

面对竞争激烈的国际市场，企业通过研究竞争对手的生产条件、服务状况、价格水平等因素，依据自身的竞争实力，参考成本和供求状况来确定商品价格。企业可采取或主动或被动地开展竞争、应付竞争、避免竞争等多种策略，将自己的产品定价高于、等于或低于竞争产品的价格。

（一）随行就市定价法

采用随行就市定价时，企业以“价格接受者”的姿态出现，将本企业某产品价格保持在市场平均价格水平上，利用这样的价格来获得平均报酬。这样做，企业可避免激烈的竞争，风险较小。企业无需全面了解消费者对不同价差的反应，也不会引起价格波动，就能维持在市场中的一席之地。随行就市定价法适用于近似完全市场竞争领域中的企业，以及成本、需求难以估算的产品与企业。

（二）产品差别定价法

同种同质的产品，企业可通过不同的营销努力，在消费者心目中树立起不同的产品形象，进而根据自身特点，选取低于或高于竞争者的价格作为本企业产品价格，这就是产品差别定价法。由此可见，差别定价法是一种进攻性的定价方法。产品差别定价的成功实现，受一些条件的制约：首先，要求企业必须具备一定的实力，在某一行业或某一区域市场占有较大的市场份额，消费者能够将企业产品与企业本身联系起来。其次，在质量大体相同的条件下实行差别定价是有限的，尤其对于定位为“质优价高”形象的企业来说，必须支付较高的广告、包装和售后服务方面的费用。因此，从长远来看，企业只有通过提高产品质量才能真正赢得消费者的信任，在竞争中立于不败之地。

（三）密封投标定价法

在国内外，许多大宗商品、原材料、成套设备和建筑工程项目的买卖和承包等项目，往往通过招投标方式进行。一般来说，招标方只有一个，处于相对垄断地位，而投标方有多个，处于相互竞争地位。标的物的价格由参与投标的各个企业在相互独立的条件下来确定。在买方招标的所有投标者中，报价最低的投标者通常中标，它的报价就是承包价格。这种竞争性的定价方法，就称为密封投标定价法。

在招标投标方式下，投标价格往往决定企业中标与否。企业要综合考虑各方面因素，选择合适的投标方案，切不可为了增大中标机会而报极低价格。企业可采取以下步骤确定投标方案：首先，根据自身的成本确定几个备选的投标价格方案，并依据成本利润率计算出企业可能盈利的各个方案下的价格水平。其次，分析竞争对手的实力和可能报价，确定本企业各个备选方案的中标机会。竞争对手的实力可从产销量、市场占有率、信誉、声望、质量、服务水平等角度进行分析，其可能报价则在分析历史资料的基础上得出。再次，根据每个方案可能的盈利水平和中标机会，计算每个方案的期望利润。最后，根据企业的投标目的来选择投标方案。

第三节 国际营销的定价策略

一、世界范围内的标准定价

世界范围内的标准定价（standard worldwide price）是指国际企业为自己的产品定价时，不考虑不同市场的差异，为销售在所有市场的产品定同一个价格。这种定价策略，是以成本为导向，往往以平均的单位固定成本、变动成本和出口相关成本为基础定价。这种定价策略的好处在于：企业能稳定地获得预期利润，无需考虑不同市场需求和竞争态势，因而节约了市场调研成本开支。所有市场统一价格，不存在价格歧视，利于消费者接受，且平行进口无从产生，企业也节约了控制价格的成本。但这种定价也存在着缺陷：有时定价水平与目标市场严重脱节而不合实际，会使企业目标难以实现，并且不同国家或地区的市场存在千差万别，标准定价难以普遍适用。

相关链接：

平行进口是指统一生产企业的同一产品通过两条通道进入某一国市场：一条是正规的分销渠道，另一条是非正规的分销渠道。当同一产品在不同国家的市场上售价存在的差异能给倒卖者带来利润时，就可能产生平行进口。平行进口会带来目标国市场的价格竞争，损害正规分销渠道成员的利益，而顾客无意中购买了非正规渠道商品而享受不到售后服务时，也会使出口商形象受损。所以，国际营销企业必须建立强有力的监控系统，打击平行贸易，由此就要支付更多的成本开支。

资料来源：（美）菲利普·R. 凯特奥拉，约翰·L. 格雷厄姆，周祖成等译：《国际市场营销学》，机械工业出版社，2003 年版，第 372 页。

二、国际市场双重定价

国际市场双重定价（dual pricing）指的是国内价和出口价采取不同的定价。因为产品出口要相应增加额外的出口费用，如运费、国外营销成本、关税等，所以产品出口价格会随之上升。为出口产品定价时，企业可有两种方式定价：一种是出口产品同国内产品一样，分摊制造过程中产生的实际成本，在此之上再加上出口费用，核算得到出口价格。以此方式，企业能确保出口的利润，但是也可能因为价格过高而影响竞争力。因而企业还要采用较为灵活的策略适当调整价格，如根据客户、订货批量或竞争的程度给予折扣或根据汇率的波动调整定价等。另一种方式是出口产品定价不考虑固定成本、研发成本、国内间接成本和营销成本，只考虑生产和销售的直接成本，这样，企业可以为产品定很低的价格以提高竞争力。但这样做，产品可能会被认定为倾销而被加征反倾销关税。表 8－2 说明了标准定价与双重定价不同方式下最终售价的形成。

表 8－2　国际市场的标准定价与双重定价示例

生产成本	标准定价	出口定价 1	出口定价 2
原材料	2.00	2.00	2.00
固定成本	1.00	1.00	0.00
国外额外成本	0.00	0.10	0.10
生产的间接成本	0.50	0.50	0.00
生产成本加总	3.50	3.60	2.10
国内营销成本	1.50	0.00	0.00
管理成本	0.75	0.75	0.00
国外营销成本	0.00	1.00	1.00
其他国外成本	0.00	1.25	1.25
加总	5.75	6.60	4.35
边际利润（25%）	1.44	1.65	1.09
销售定价	7.19	8.28	5.44

资料来源：（美）迈克尔·津科特等：《国际市场营销学》，电子工业出版社，2004 年版，第 211 页。

三、国际市场差别定价

差别定价也叫价格歧视，是企业根据同一类产品在不同情形下的不同需求差异而制定不同的价格。产品在不同市场的价差往往是与成本无关或不成比例的。差别定价基本原则是对需求价格弹性小的适当定高价，对需求价格弹性大的适当定低价。在国际市场营销中，采用差别定价策略要比统一价更有利，既能为企业增收，又能减少需求波动，还能增强竞争力。

差别定价法在满足以下条件时可用：

（1）市场可细分，且各细分市场需求程度不同；

（2）买者无法“低进高出”、跨市倒卖；

（3）在企业的高价市场竞争者没有可能以低价竞销；

（4）细分、控制市场的成本费用不超过因差别定价而带来的额外收入；

（5）价格歧视不会引起顾客反感；

（6）采取的价格歧视形式不能违法。

1. 顾客差别定价策略

消费者的需求偏好千差万别，对同一产品的需求程度也不可能完全一致，甚至其对该产品及该行业的了解程度也不会相同。企业可根据这些差别给产品实施不同定价。一般地，对于行业和产品理解程度高，或者需求弹性高的顾客，应制定较低的价格；反之，则可定较高的价格。

2. 时间差别定价策略

不同时间和季节，甚至不同日期、时刻，消费者对商品需求也有所不同，国外客户对交货期的需要紧迫程度的差别也各有不同。企业因之制定差别价格，可以起到调节需求、均衡营销的作用。比如，淡季定低价，旺季定高价；加急交货的加价，交货期宽松的给予优惠价等。

3. 渠道和地域差别定价策略

渠道和地域差别定价策略是国际企业为在不同地区销售的产品制定不同的价格，以确保各地市场占有率不断增长。企业可对同一产品在同一地区的不同渠道出售而采取不同的定价策略，比如可口可乐公司针对可口可乐在高价餐厅、快餐店或者自动售货机出售制定不同的价格。企业也可为同一产品在不同的国家或者同一国家的不同地区销售制定不同价格。很多国际品牌的化妆品价格在中国和日本就不一样，在中国的香港和内地也有一些区别，就是地域差别定价的体现。

4. 折扣和折让差别定价策略

企业对原价做一定幅度的向下调整叫作价格折扣和折让策略。在西方国家市场上，经常有打 7 折、6 折的大拍卖，而商人往往这么做：首先定出打折扣销售的期限，比如两周，最初的 1 天是 9 折销售，第 2 天是 8 折销售，第 3、4 天是 7 折销售，第 5、6 天是 6 折销售，最后 1 天 1 折销售。这一做法准确地把握了消费者心理：谁都希望在 2 折、1 折的时候去买自己想买的商品，但好货不大可能留到最后一天。因此，一般的顾客都在第 1、2 天先去看一看有没有自己所需要的商品，但并不匆忙买下。到了打 7 折的时候，就开始坐不住了，怕自己要买的东西被他人捷足先登，所以在打 7 折时顾客就开始购买，往往打 6 折时就认为不能再等下去了。而到打 3 折的时候，剩下来的商品都是那些实在卖不出去的了。

折扣和折让差别定价又可有以下方式：

（1）现金折扣策略。也叫付款期限折扣，是指企业为了改善企业现金流通，加强应收账款的催收和减少呆账的发生，根据不同购货者付款方式和付款时间的提前情况，按原价格给予一定折扣。这是一种国际上十分流行的定价策略。

（2）数量折扣策略。数量折扣策略是指企业根据用户购买量的多少给予不同用户相应的价格折扣，以刺激用户尽量多购本企业的产品。采用数量折扣策略，企业应事先对以下两点做出准确判断：一是折扣能在多大程度上激励用户从本企业购买而不再寻找其他卖主；二是产品销量有多大才会抵消由于大批量销售折扣产品而使销售收入降低给企业带来的损失。

（3）功能折扣策略。企业根据不同渠道的中间商或同一渠道不同环节的中间商在销售渠道中所发挥功能、作用的不同，而给予不同的折扣，以充分调动中间商的积极性，取得渠道最佳使用效益营销目标。

（4）折让。即“以旧换新”。在国际市场营销活动中，企业利用人们“旧的不去，新的不来”的心理，为消费者的旧货提供一个较为体面、令人满意的出路，对耐用消费品旧货折价回收，抵偿同时换购的新品的部分价款。这么做，企业也树立起处处为用户着想的形象，营销效果比单纯新产品降价促销还要好。

四、国际市场转移定价

国际转移定价又称“划拨价格”，是指跨国公司的母公司与其子公司之间，或各国子公司之间转移产品和劳务时所采用的定价方法。国际转移定价与市场价格不同，一般不受市场供求关系影响，由企业高层管理人员根据企业经营目标和政策来制定，是国际企业用来实现转移资金、降低税负、调节利润水平等全球战略的重要工具。

跨国公司一般采用以下四种方法进行转移定价：以市价为基础的定价方法、以成本为基础的定价方法、交易自主定价法和双重定价法。

1. 以市价为基础的定价方法

该方法是把外部市场价格作为企业内部价格基础的一种方法，它是跨国公司确定国际转移定价使用最多的方法。采用这种方法时，产品最后的内部售出价格要从市价中间抽取一个固定比率的折让，以给购买单位留下获利的余地。

2. 以成本为基础的定价方法

即以供货企业的实际成本为基础，加上一个固定比率的毛利来确定转移价格。这种方法的好处是定价简单，可以通过间接费用的分摊，加强国外子公司的竞争能力，调节利润和减少税负，从而达到企业的整体经营目标。

但是，使用以成本为基础的定价方法也有缺陷：一方面，产品拨出企业无论成本高低都可以实现一定利润，会使产品拨出企业不努力降低产品成本，不利于这些企业改善经营管理和提高经济效益；另一方面，这会使产品拨入单位难以控制其成本，从而难以对其经营成果进行客观评价。

3. 交易自主定价法

即每个利润中心都被认为是一个独立经营的企业或单位，它们之间的交易按外部市场交易一样处理，自主定价。这种定价方法有利于企业的分权化经营，使各子公司经理人员的权责相对称；也利于企业的管理层对各子公司进行业绩考评和奖惩。交易自主定价法的缺点是不利于实现企业全球战略目标和整体利益最大化。

4. 双重定价法

即跨国公司内部交易采用两种定价方式：对生产利润中心采取以完全成本法为基础的定价方法，对销售利润中心则采取以市场价格为基础的定价方法。双重定价法不会产生完全成本定价方法下销售利润中心既作为成本中心，又作为利润中心的矛盾，也不存在以市价为基础的定价方法下购买利润中心不愿意内购的问题。

但此种方法有两个缺点：首先，由于在计算整个企业的利润时各子公司之间重复计算的利润都会被注销，该方法可能出现的结果是各子公司的利润之和超过整个企业的利润之和，有时甚至出现买方子公司和卖方子公司都有利润而整个企业却是亏损的现象；其次，双重定价法以优厚的条件刺激卖方子公司进行大量的内部销售（尤其是在经济不景气、外部销售比较困难时），同时买方子公司也能够以成本价格获得产品，因此该方法降低了买卖子公司在外部市场进行交易的兴趣，从而降低了整个集团的获利能力。

第四节 国际市场定价应注意的几个问题

一、价格升级

在国际贸易中，人们往往会发现一个现象：在本国相当便宜的商品到了其他国家却贵得惊人。国内外价格的巨大差异，人们首先就想到其间的丰厚利润，这也似乎使一些企业看到了商机——把产品卖到国外去。一旦企业真这么做了，马上就会发现，从出口国到进口国长长的流通渠道中，从装运、保险、包装到关税征收，再加上较长的分销渠道，每个环节，都使商品价格上一个台阶，最终商品将以一个高昂的价格到达消费者手中。国际营销中，把同一产品的价格在出口国与进口国的不适当的差异称作价格升级（price escalation）。在这一差价中，生产企业获利只是一小部分，绝大部分的是由进出口引起的，它们的共同作用把最终价格抬到相当高的水平。表 8－3 以一个假设但又十分贴合现实的例子说明了价格升级。

表 8－3 价格升级的原因与结果

	国内示例	国外例 1	国外例 2	国外例 3
		假设国外批发商以相同渠道直接进口	通过进口商，同样的毛利和渠道	同例 2，但加上 10% 的累积周转税
生产者出厂价	5.00	5.00	5.00	5.00
加：				
海洋运费	—	1.03	1.03	1.03
海运保险费	—	0.67	0.67	0.67
CIF 价	—	6.10	6.10	6.10
关税（CIF 价的 20%）	—	1.22	1.22	1.22
进口商买进价	—	—	7.32	7.32
进口商转手给批发商时所获毛利（成本的 20%）	—	—	1.83	1.83 +0.73 周转税
批发商买进价	5.00	7.32	9.15	9.88
批发商毛利（进价的 33.3%）	1.67	2.44	3.05	3.29 +0.99 周转税
零售商买进价	6.67	9.76	12.2	14.16
零售商毛利（进价的 50%）	3.34	4.88	6.10	7.08 +1.42 周转税

续表

	国内示例	国外例1	国外例2	国外例3
		假设国外批发商以相同渠道直接进口	通过进口商，同样的毛利和渠道	同例2，但加上10%的累积周转税
零售价	10.01	14.64	18.30	22.66

注：假设以CIF价格进口；假设国内运费均由中间商承担，并包含于其毛利中；运费、保险费、关税及中间商毛利各国均不相同，为便于比较，仅列出少数几种可能的变化。

资料来源：（美）菲利普·R. 凯特奥拉等：《国际市场营销学》，机械工业出版社，2003年版，第560页。

从表8－3的分析中可以看出，即使是在例1渠道和税费较少的情形下，产品在国外市场的零售价也要高出许多。即便出口商希望能以10块钱的价格在国外销售，也力不从心。产品出厂价至少降至原来的2/3，才有可能使产品的国内外零售价基本相当。价格升级现象广泛存在于国际贸易中，在美国卖40美元的男士衬衣在委内瑞拉卖80美元，美国35美元的烤面包机在法国售价80美元。高昂的国外售价，产品被局限于富裕的、对价格不敏感的细分市场，销量有限。而价格升级一旦形成，构成产品价格的各因素会形成一个助推合力，把最终售价推到更高水平。比如，卖给中间商的价格高，产品周转率低，中间商势必要求更高的毛利以弥补更多的费用开支，这又使价格进一步上升。

出口企业若想在国际市场赢得竞争，必须充分重视价格升级现象，采取各种措施，尽可能降低国外市场的最终价格。

（一）降低生产成本

这是解决价格升级的根本途径。企业通过加强成本管理、技术革新、节能降耗，降低了生产成本，由此降低了出厂价。或者通过对外直接投资，把生产过程放到成本低廉的国家或地区。此外，减少成本昂贵的功能特性或降低产品质量也是可考虑的方法之一。在发达国家市场中所需的某些品质与额外的功能在发展中国家就可能是非必需的，如洗衣机的自动漂白功能、变温装置等，美国的消费者有此需要，而在其他许多国家就可能显得多余。当年日本生产的彩电顺利赢得了中国市场，日本企业省掉了价格2 000元左右的“丽音”功能的做法功不可没。降低产品生产成本不但可降低出厂价，也降低了完税价格，从而降低了关税，可见它具有双重利益。

（二）降低关税

关税是价格升级链条中的主要一环，如能降低关税，自然可降低价格升级的幅度。在国际营销中，可采用许多办法来人为地降低关税：

（1）产品重新分类。不同类别产品的税率不同，而在进口清关时，有时产品可以被合法地归类到税率差别很大的不同类别上。营销企业采取各种途径，争取把自己的产品归入低税率的类别上，有助于降低价格升级幅度。比如，美国海关在对日本产卡车的驾驶室和底盘进行分类时，把它从“部件”类归到“装配车辆类”，其进口税率就相应地从4%提高到25%，而企业可争取对自己有利的分类。

(2) 修改产品。即按较低税率的标准来适当修改产品。

(3) 改变产品形式或重新包装。一般零部件、半成品的进口税比成品要低，一台装配好的机器，关税可能要20%，而以零部件进口可能只有12%。为此，出口企业可以出口零部件、半成品，在进口国再组装或深加工。有时候，同一种产品，包装容量大小不同，进口税率也存在差别。美国对龙舌兰酒进口税率规定：不超过1加仑的小包装进口税为每加仑2.27美元。而超过1加仑则仅为1.25美元。企业以大包装进口，再重新包装，每加仑只要花费不到1.02美元，两者之和，仍低于小包装的进口税。

（三）缩短分销渠道

缩短分销渠道可以减少交易次数，从而减少一部分中间费用。但是，有时渠道虽然缩短了，成本却未必会降低，因为许多营销的职能无法取消，仍然会有成本支出。在按照交易次数征收交易税的国家，可以采用这种办法来少缴税。

（四）利用自由贸易区降低价格升级幅度

一些国家为了促进对外贸易的发展，建立了一些经济特区，诸如自由贸易区、保税区等。一般，进入自由贸易区的外国货物暂不要缴纳关税，只有销往内地市场时才要缴纳关税。进口货物可在自由贸易区储存或简单加工。若国际企业把零部件、半成品运至自由贸易区，可有多种方法降低成本。比如，零部件、半成品的关税比成品低，因而关税降低；若进口国劳动力成本低，则降低了加工组装成本，使得最终产品价格降低；加工组装时使用了进口国的包装或零件等，也会进一步降低关税。

二、管制定价

管制定价（administered pricing）是指为了减少或消除价格竞争，通过某种方式为整个市场制定统一的价格。这种价格或者通过企业与竞争者联合制定，或者通过一国的中央政府或地方政府以行政法令限定，或者通过政府间的国际性协议来制定。各种管制定价协议的合法性因国、因时而异。一个国家可能允许在海外市场实行限定价格的行为，而在国内则不允许。

从管制定价的制定者来划分，管制定价可有两种类型：其一，是企业间通过达成协议限定市场价格；其二，政府实施干预，限定价格。

企业间通过协议限定价格的做法中，卡特尔（Cartel）是其中一个主要的形式。卡特尔是生产同类产品的不同公司为了控制其产品的销售市场而进行的合作。卡特尔组织可以采用正式协议的形式来确定价格、规定成员企业的产量和销售量、划分市场范围，甚至可以对利润实行再分配。在有些情形中，卡特尔组织本身接管了全部销售职能，销售各成员企业生产的产品，并负责分配利润。一般来说，企业间通过达成某种协议，限定市场价格是不允许的（至少在国内市场是如此），它往往会形成垄断，破坏自由公平的市场竞争。

背景资料：

石油输出国组织（OPEC，欧佩克）

石油输出国组织（OPEC），简称欧佩克，成立于1960年9月，是正式的国际组织。现有11个成员国。其宗旨是协调和统一成员国的石油政策，维护各自的和共同的利益。OPEC也许是最著名的国际卡特尔。它通过控制原油产量的百分比控制原油价格。20世纪70年代初，欧佩克成员国只是提供原油产量的67%给工业国家，原油价格上升了4倍。原油价格从每桶10至12美元突然攀升至每桶50美元左右，是造成世界经济严重衰退的重要原因之一。

资料来源：根据百度百科“石油输出国组织”词条解释整理。

管制定价的另一种情形是政府定价。开展国际营销的企业，往往会遇到许多种类的政府定价。东道国政府为了控制价格，会采用规定毛利、限定最高和最低售价、限制价格变化、参与市场竞争、给予补贴，以及购买垄断和销售垄断等各种手段。政府还可能允许甚至鼓励公司串通起来操纵价格。一般而言，政府出面干预，限定价格，往往是出于保护公众利益，减少“破坏性竞争”的考虑。至于竞争究竟在什么时候才变得具有破坏性，很大程度上取决于有关的国家。除了东道国政府单方面限制价格以外，国际市场上还存在政府间通过协议限价的情况。某些基本商品的生产国和消费国政府通过签订协议对国际价格施加越来越大的影响，如国际咖啡协定、国际可可协定、国际食糖协定等，小麦的国际价格长久以来基本上是由有关国家政府通过谈判决定的。

当然，尽管受到来自行业、政府和国际价格协定的压力，大多数营销者对大多数产品和市场的定价决策仍然拥有相当大的自主权。

三、倾销定价

一般来说，从事国际营销的企业，会为自己的产品在不同的市场上制定不同的有竞争力的价格。有时，企业可能采用边际成本定价法，使价格更具竞争力。虽然这种定价政策的市场和经济逻辑是不容置疑的，但是，这一做法常常被看作是倾销，并受到严厉的处罚。

根据WTO《反倾销协议》的定义，倾销是指一种产品的出口价格，低于在正常贸易过程中出口国供其国内消费的同类产品的可比价格，即以低于正常价值的价格进入另一国市场。若进口国认定这种做法有损于进口国经济活动，会征收反倾销税，以抵消其不公平贸易行为。当进口国发起反倾销调查时，要证明如下事实：（1）产品以低于正常价值的价格进行销售；（2）对国内工业品造成“实质性损害”；（3）损害当地企业生产“类似产品”的主要原因是倾销，而不是其他因素。

开展国际营销的企业可采取适当方法规避进口国的反倾销：（1）采用“螺丝刀工厂”的做法。即出口零部件、半成品，在进口国装配。比如，欧盟对中国自行车征收30%的反补贴税，结果促使进口商以散件的方式进口，车身从中国台湾进口，车轮从中国大陆进口，然后在欧洲装配，散件的税收之和不到整车的30%。（2）适当调整产品，使其归入关税低的类别。为了规避对中国一次性充气打火机征收的16.9%的反补贴税，制造商在打火机上增加了一个无用的阀门，使其被列入“非一次性”产品类别，从而免交税收。有时规避行为会被进口国看穿，例如，欧盟指控一家日本企业对用于装配的进口部件的定价低于成本，对该企业在欧盟国家出售的每一台电子打印机征收27~58美元的反倾销税。

四、企业价格定位与价格谈判

在人们的一般观念里，市场上的产品高价格对应着高质量，因为生产高质量的产品会消耗更多的成本，因此它们的价格更高。有研究表明，价格与质量的关系因产品不同而异，标准化的产品并不意味着高价高质量，而非名牌产品也不会给消费者形成低价低质量的印象。

对于开展国际营销的企业，为自己的产品进行价格定位，还要考虑更多的因素。由于价格升级现象的存在，进口产品的惊人高价并不总是意味着产品的高品质。有时候，消费者购买进口高价产品是处于炫耀的心理，或因为进口产品象征着某种“地位”。

对于开展国际贸易的企业来说，一般都要经过价格谈判的过程才最终达成合同价格。在国际贸易中，价格始终是进出口方都最为关心的合同条款。作为出口商，应该把它作为整个程序的一部分而加以准备，并避免在谈判早期做出价格让步。进口商可能最初拒绝出口商的报价，希望能占上风或迫使对方让步。这些让步包括折扣、改善产品、更有利的销售和支付条件以及其他要求。出口商应该对此有所准备，掌握目标市场和消费者的相关信息及准备好回应的对策。例如，如果进口商表示能获得更好的价格，出口商就应该详细询问，并让买方相信与自己的一揽子交易是最合算的。进口商很少会爽快地接受初始报价，出口商也应该知道报价会有所调整；另外，报价要适应竞争的需要。

在实际的谈判中，定价应当在主要的条件达成一致后再确定。由于质量和送货的可靠性等都是选择供应商的条件，因此出口商可以强调这两个条件以缓解对价格的敏感性。

【思考与练习】

一、单选题

1. 根据竞争产品平均价格来确定企业的产品价格属于（　　）。

A. 标准化定价法　　B. 随行就市定价法

C. 心理定价法　　D. 成本加成定价法

2. 企业给销往各地市场的产品都制定统一的出厂价格，这是（　　）。

A. 标准化定价法　　B. 多样化定价法

C. 主动竞争定价法　　D. 地心定价法

3. 买方引导卖方通过竞标的方式来确定商品价格，这种定价法叫作（　　）。

A. 主动竞争定价法　　B. 地心定价法
C. 随行就市法　　D. 密封投标竞价法

4. 在商品价格构成要素中，最基本、最主要的因素是（　　）。
A. 价值　　B. 成本
C. 利润　　D. 边际效用

二、多选题

1. 影响国际营销定价的因素包括（　　）。
A. 生产技术　　B. 营销目标
C. 竞争情况　　D. 供求状况
E. 政府的限制

2. 国际营销中的成本包括（　　）。
A. 生产费用　　B. 储运费用
C. 关税及其他税赋　　D. 中间商毛利
E. 融资与风险成本

3. 在国际市场营销中企业通常采用的定价方法主要有（　　）。
A. 成本导向定价　　B. 行为导向定价
C. 需求导向定价　　D. 心理导向定价
E. 竞争导向定价

4. 企业的定价目标的基本类型有（　　）。
A. 利润目标　　B. 市场目标
C. 竞争目标　　D. 发展目标

三、判断题

1. 价格升级是指从事国际市场营销的企业为其在国际市场销售的产品制定高于国内的价格。（　　）

2. 国际市场上产品的价格一般由生产成本、流通成本、税金和利润几部分构成。（　　）

3. 在影响国际营销企业产品定价诸要素中，产品成本是直接要素。（　　）

4. 企业若要实现利润最大化，就需为产品定高价。（　　）

四、思考题

1. 什么是竞争导向定价法？

2. 某企业生产出口产品，年固定成本 2 000 000 元，每件产品的变动成本为 10 元，投资收益率为 20%。若国际市场订货量是 50 000 件，该产品出厂价格应为多少？

五、案例分析题

休布雷公司的妙招

透明酒瓶、红标签，这就是大家最熟悉的史密诺夫（Smirnoff）酒，一种每年在全世界120个国家销量可达1.5亿瓶的伏特加酒。

史密诺夫酒的生产商是休布雷公司，一家来自美国的生产和经营伏特加酒的专业公司。休布雷的史密诺夫酒，其市场占有率曾高达23%。

关于伏特加市场占有率之争，曾发生过一件有趣的故事。20世纪60年代，另一家公司推出一种新型伏特加酒，其质量可与休布雷公司的史密诺夫酒比肩，价格却比史密诺夫低1美元。面临对手的价格竞争，休布雷公司可有三种对策供其选择：（1）降价1美元以保住市场占有率；（2）维持原价，通过增加广告费用和推销支出与竞争对手相对抗；（3）维持原价，听任其市场占有率降低。依照上述惯常做法，不论休布雷公司采取其中哪种策略，它都似乎输定了。然而，休布雷的市场营销人员经过深思熟虑之后，却采用了第四种策略——将史密诺夫酒的价格再提高1美元，同时推出一种与竞争对手新伏特加酒一样的瑞色加酒和另一种价格低一些的波波酒。

实际上，无论是史密诺夫、瑞色加还是波波酒，其品质和成本几乎相同。但实施这一策略却使休布雷扭转了不利局面：一方面提高了史密诺夫酒的地位，使竞争对手的新产品沦为一种普通的品牌；另一方面不影响该公司的销售收入，而且由于销量大增，使得利润大增。

跳出惯常思维，另辟蹊径，使出妙招，休布雷公司的第四种定价及产品策略给它带来出乎意料的成功。

资料来源：程云喜：休布雷巧定酒价，《销售与市场》（管理版），1995（1）。

问题：

运用有关理论，试分析休布雷公司定价策略取得成功的原因。

第九章 国际市场营销渠道

【学习目标】

了解分销渠道的含义、分销渠道的结构和职能；掌握分销渠道的类型、影响分销渠道选择的因素、国际分销渠道成员类型，能够选择适合企业的国际市场营销渠道策略；知晓中间商的选择与激励方法，并进行有效的管理。

第一节 国际市场分销渠道概述

一、分销渠道的结构和职能

（一）国际分销渠道的含义

国际分销渠道也称为国际销售渠道或营销渠道，是指产品或服务从生产者流向最终顾客所依赖的一整套相互依存的组织。国际分销渠道既可以是生产者经过国际中间商向国外消费者转移产品或服务所经过的通道，也可以是指生产商不经过国际中间商直接将产品或服务转移到国外消费者的通道。

国际分销渠道是商品所有权转移的必经通道，是独立于生产和消费之外的流通环节，是联结生产和消费之间的“桥梁”和“纽带”。其具有两大特点。第一，国际分销渠道是一个完整的跨国流通过程，即每一销售渠道的起点是一个国家的生产者，终点是另一国的最终消费者或用户。从起点和终点看，商品所有权的转移发生在不同的国家。第二，在市场营销活动中，国际分销渠道包括出口企业内部的销售组织机构、各种类型的国际中间商，直到国外最终消费者或用户在内的链条般的结构。国际分销渠道的中心任务，是将出口商品通过最有效率、最省费用的渠道，及时地将产品送到国外消费者或用户手中。

国际分销渠道与国内分销渠道存在一些差异。第一，生产者与消费者之间有国别、民族、文化的差异，从而使二者之间的信息沟通存在着语言、文化的障碍。第二，从生产到消费的空间距离较远，时间间隔较长，增加了经营的难度与复杂性，增大了经营的风险性。第三，国际分销渠道中具有国与国之间的渠道环节和国际中间商，而这些在国内分销渠道中一般是没有的。第四，需要考虑不同国家分销渠道的特点，根据具体情况来确定国际分销渠道的策略。

（二）分销渠道的结构

国际分销渠道主要由生产者、中间商和最终顾客组成，其中从事批发及零售业务的中间商构成了分销渠道的主体，生产者和最终顾客分别居于分销渠道的起点和终点。中间商可以被区分为许多不同的类型，根据中间商执行的功能划分可以分为经销中间商、代理中间商和营销辅助机构。经销中间商是先向供应商买断商品的所有权，然后进行转售，以赚取价格差，一般有较大的营销自主权；代理中间商则一般未取得商品的所有权，而是在销售中起媒介作用，接受委托人的委托寻找顾客，销售所代理的商品，以赚取佣金；营销辅助结构是那些不参与商品交换，但对商品交换的实现提供支持的各种机构，如管理顾问公司、商业银行、运输公司、仓储公司、保险公司等。

当企业采取不同的分销策略进入国际市场时，产品或服务从生产者经过不同的中间商向消费者转移，从而形成不同类型的分销结构。对于出口企业而言，利用国际分销渠道的目的是将产品从生产国转移到销售国市场，参与销售国市场竞争，实现产品销售，获取利益。产品从生产国到销售国最终消费者手中这一分销过程，需要经过三个环节：首先是生产国国内的分销渠道，其次是生产国进入销售国的分销渠道，第三是销售国国内的分销渠道。

根据分销环节发生的国界，国际分销渠道可以分为出口国与进口国两大部分。当企业选择国外中间商进入国外市场时，称为间接分销渠道；当企业经过国内中间商，或是直接与国外消费者联系，或是设立自己的海外分销机构实现产品销售时，称为直接分销渠道。

（三）分销渠道的职能

营销渠道连接着制造商和最终消费者，在产品的转移中，分销机构执行着一系列重要的功能。

1. 信息收集

中间商，尤其是零售商，拥有庞大的零售网络，更加贴近市场，与消费者有着密切接触。其可以方便地收集有关潜在的顾客、竞争对手和其他参加者等方面的信息，可以把消费者的需求、对上市产品的不满和改进意见及时传达给生产者。生产者可以根据分销渠道提供的信息，研究顾客需求的变化，进行市场预测，并及时做出反馈，调节产品的数量、质量、品种等方面，更好地满足消费者需求，增加企业利润。

2. 促销

中间商比较熟悉产品的工艺、技术性能和功能特点，了解消费者的实际需要，可以发布产品信息，为企业的产品寻找潜在顾客，富有成效地向消费者宣传、推广和促进产品销售，扩大企业产品的市场容量。

3. 提供资金

生产者如果对所有产品都采取零售方式，势必降低资金回笼速度，影响企业的再投资、再生产。中间商大批购买生产企业的产品，从财务上可以看作是向生产企业提供生产资金。中间商有选择、有重点地向生产企业和消费者提供资金，能够加快企业资金循环速度，促进商品流通，降低企业融资成本，有效和稳妥地促进社会的生产和消费。

4. 提供服务

随着消费理念的变化和市场竞争的加剧，顾客已经不满足于购买产品，还要求生产者提供相应的产品售后服务，特别是技术含量较高的产品。生产者通过培训中间商，可以由中间商负责向顾客提供相应的服务和指导，减轻生产者的负担，也可以扩大服务的范围。

5. 实物分销

中间商通过采购、运输、储存和销售承担着产品从生产者向最终顾客转移过程中必不可少的功能。中间商负责产品销售，使生产者能够集中力量进行生产，有利于提高产品质量，降低流通成本，加快流通速度。

6. 满足消费者要求

中间商能够及时提供满足购买者需求的产品，帮助消费者选择适合的产品，在价格和其他条件上达成一致。例如有些商品生产和消费有季节性，这就需要分销渠道中的中间商在商品流通中发挥“蓄水池”的作用，把在某一季节生产却又常年消费的商品，在生产季节里集中收购并细水长流地供应给消费者。对常年生产季节消费的商品，平时陆续收购、储存，在消费季节集中供应，从而保证消费寻求的满足。

二、分销渠道的类型

（一）长渠道和短渠道

长渠道和短渠道是根据分销渠道的长度进行划分的，渠道的长度指的是产品从生产者到达最终顾客过程中经过的中间商数目或渠道层级。企业在国际市场营销中同国外消费者直接进行交易的机会很少，产品往往要经过出口中间商、进口中间商、批发商和各种类型的零售商等若干中间商才能最后到达消费者手中。国外市场的分销渠道根据中间环节的多少，通常可分为以下四种：

零级渠道：生产者→最终消费者；

一级渠道：生产者→零售商→最终消费者；

二级渠道：生产者→批发商→零售商→最终消费者；

三级渠道：生产者→代理商→批发商→零售商→最终消费者。

相关链接：

处方药的分销渠道结构示例

零级渠道：药厂通过会议营销、专家门诊等直接向患者售药；

一级渠道：药厂→医院或药店→患者；

二级渠道：药厂→中华区域经销商→医院或药店→患者；

三级渠道：药厂→中华区域经销商→进口经销商→进口国医院或药店→患者。

一般来讲，零级渠道和一级渠道属于短渠道，二级和三级以及更多层次的渠道属于长渠道。从企业方面来讲，长渠道虽说可以在一定程度上减缓企业经营成本，但是若干中间商的介入势必会造成利润的剥离，减少企业产品的单位利润，或者会提高企业产品的销售价格，影响产品的销售。

（二）宽渠道和窄渠道

根据分销渠道的宽度进行划分可以分为宽渠道和窄渠道，渠道的宽度是指一个渠道的每个层次中，使用同种类型中间商的数目。宽渠道是指产品从生产领域向消费领域转移过程中使用较多同类型的经销商。如果某种产品的生产企业通过许多零售商将某种产品推销到世界广大地区和广大消费者和用户手中，这种产品的销售渠道就属于宽渠道，如纺织品、日用品等。宽渠道的优点是利于满足顾客需求，增加销售量，且能有效促进中间商竞争，提高销售效率。与此相比，在产品转移领域中使用较少同类型中间商是窄渠道，如果某种产品的生产企业是通过较少的进口中间商推销产品，或是在某一个地区只授权议价中间商经营其产品，这种销售渠道为窄渠道，如专用机床、医疗设备等。窄渠道的优点是有助于维持中间商与企业的关系，方便企业控制分销渠道，但是由于其较窄的市场分销面，会造成产品覆盖不足，影响产品销售量。

（三）直接渠道和间接渠道

直接渠道是产品从生产者流向最后消费者或者用户的过程不经过任何中间商，是最短的销售渠道。比如，定做产品、上门销售、邮购销售和工厂自销等，都是由生产者直接把产品卖给消费者。国际市场直接分销渠道是指由生产者将其产品直接销售给国外消费者或用户。在国际市场上，直接分销有以下几种方式和途径：

（1）生产企业直接接受国外用户订货，按购货合同或协议书销售；

（2）生产企业派推销员到国际市场做个别访问，上门推销，这种方式既可以推销产品，又可以解答用户的疑问，提供咨询服务，开展市场调研；

（3）生产企业在本国开设出口部，或在国外设立分支机构，现货销售，或接受国外客户的订货；

（4）生产企业参加国内外商品博览会、展销会、交易会、订货会等，在会议期间直接与国外客户签订合同；

(5) 采取邮购方式，直接将产品销售给国外最终用户或消费者；

(6) 生产企业通过电视、电话、计算机网络、电报、传真等，将产品直接销售给最终用户或消费者。

间接渠道是指产品从生产者经过中间商到达最后消费者或者用户的过程。国际市场间接渠道是指产品经由国外中间商销售给国际市场最终用户或消费者的一种分销形式，如以出口方式进入国际市场时，较典型的间接分销渠道是制造商→出口中间商→进口中间商→经销商→最终消费者。在西方国家，大多数消费品从生产者流向最后消费者的流通过程中都要经过若干中间商转手，也就是说，间接分销渠道是消费品销售的主要类型。此外，有些工业品（如单价较低的次要设备、零件、原材料等），也要通过若干中间商转卖给工业用户。

（四）单渠道和多渠道

单渠道是指生产者只通过一个渠道向某个国家或地区的消费者销售产品。多渠道是指生产者通过多条渠道来销售其产品，多渠道销售比单渠道销售更能实现更深的市场渗透。多渠道有两种形式：

(1) 互补型，即生产企业通过若干不同渠道将同一产品送到不同市场，不同渠道之间互不影响，共同构成产品的流通网络，促进总销售量增加。

(2) 竞争型，即生产企业通过多渠道将其产品送到同种顾客手中，不同渠道之间相互竞争，促进分销效率提高。

三、分销渠道选择的影响因素和评价标准

（一）分销渠道选择的影响因素

各国的环境千差万别，其分销模式也存在差异。国际营销渠道的选择必须充分考虑所在国家的商业制度、市场潜力、人口和收入分布、购买习惯、商品偏好、商品库存、供货来源等因素。企业在选择国际分销渠道时，必须要分析东道国的分销模式，考虑影响企业选择国际分销渠道选择的6C因素，即成本（cost）、资本（capital）、控制（control）、覆盖（coverage）、特征（character）和连续性（continuity）。

1. 成本

成本是产品出厂价与最终顾客支付价之间的差价，包括开发分销渠道的投资成本和维持渠道畅通的持续成本，是任何企业都不可避免的。维持成本主要包括维持企业自身销售队伍的直接开支，中间商取得的利润、报酬或佣金，物流中发生的运输、仓储、装卸费用，各种单据和文书的费用，提供给中间商的信用、广告、促销等方面的维持费用，以及业务洽谈、通信等费用。营销决策者必须在成本与效益间做出权衡和选择，确保增加的效益能够补偿增加的成本，以最小的成本达到预期的销售目标。企业可以通过缩短渠道、提高分销效率来降低成本，或者通过延长渠道来降低费用。

2. 资本

资本是建立分销渠道所需要的财务能力。企业的财务能力对选择渠道类型有重要影

响，决定了分销渠道选择的类型及渠道成员的关系。企业资金充足，财力雄厚时，可以选择自建渠道，使用自己的销售队伍，通常需要大量的投资。如果使用中间商，虽可减少现金投资，但有时需要向中间商提供财务上的支持，如提供寄售所需的启动货物、贷款、店面布置等。

3. 控制

控制是指企业对分销渠道的控制力，渠道选择会直接影响企业对国际市场营销的控制程度。企业参与分销活动越多，对渠道的控制力越大。企业自己投资建立国际分销渠道，最有利于渠道的控制，能够对渠道施加最大的控制，但相应增加了分销渠道成本。如果使用中间商，企业对渠道的控制相对减弱，而且会受到中间商接受控制的意愿和程度的影响。企业需要根据自身对渠道控制程度的要求选择中间商。一般来说，分销渠道越长、越宽，企业对价格、促销、顾客服务等的控制力越弱；分销渠道越短、越窄，企业对渠道的控制力越强。

渠道控制与产品性质有一定的关系。对于工业品来说，由于使用它的客户相对比较少，分销渠道较短，中间商较依赖制造商对产品的服务，所以制造商对分销渠道进行控制的能力较强。而就消费品来说，由于消费者人数多，市场分散，分销渠道也较长、较宽，制造商对分销渠道的控制能力较弱。

4. 覆盖

覆盖是指企业通过分销渠道所能达到或影响的市场范围。分销渠道的覆盖面可以通过地理区域或细分市场数量来衡量。市场覆盖面并非越广越好，而是取决于渠道的市场覆盖面是否合理、有效，能否给企业带来好的效益。企业在考虑分销覆盖面时要注意销售额、市场占有率、市场渗透率三个因素，即渠道所覆盖的市场能否获得最大销售额，能否确保合理的市场占有率，能否取得满意的市场渗透率。此外，企业要因地制宜，根据目标国中间商的具体情况选择分销渠道。

5. 特征

在分销渠道的选择设计时，必须考虑企业自身特征、产品特征以及目标国的市场特征、环境特征等因素。

(1) 企业特征。企业特征涉及企业的规模、财务状况、产品组合、营销政策等。一般来说，企业的规模越大，越容易取得中间商的合作，因此，可选择的渠道方案也越多；如果企业的财务状况好、资金实力强，可自设销售机构，少用中间商，反之应借助中间商进入国际市场；企业的产品组合种类多、差异大，一般要使用较多的中间商，如果产品组合中产品线少而深，则使用独家分销比较适宜。企业的营销政策也对分销渠道的选择产生影响，如果企业奉行的是快速交货的客户政策，就需要选择尽可能短的分销渠道。

(2) 产品特征。产品的特征如标准化程度、价格、体积、服务要求等对渠道的设计和选择具有重要影响。比如，对鲜活、易腐产品等，应尽量使用较短的分销渠道；单位价值较低的产品、标准化的产品，分销渠道可相应长一些；新上市的、技术性强的，需要提供较多客户服务的产品，如汽车、机电产品等，宜采用较短的渠道；价格高、体积大、运输困难的产品，需要选择短的渠道。

(3) 市场特征。各国的市场各有其自身的特征，主要包括市场特征、顾客特征、竞争特征、中间商特征等等。市场集中程度，即顾客在地理上的集中或分散程度，直接影响企业的分销渠道选择。如果市场集中，可采用短渠道或直销渠道。反之，则采用间接或长渠道。如果顾客多、市场容量大且分布地区广，可采用较长的渠道。

顾客特征对分销渠道的设计有重要影响。因为各国顾客的收入、购买习惯及购买频率等千差万别，因此要求采取不同的分销渠道。从顾客的购买习惯和购买频率来看，日用品一般是就近购买，可采用较广泛的分销渠道。对于特殊品，顾客一般是向专业商店购买，则不宜采用广泛的分销渠道。如果市场中顾客购买某种商品的次数频繁，但每次购买数量不多，宜采用中间商。如果顾客一次购买批量大，可采用直接渠道。

分销渠道的竞争状况是渠道决策需考虑的另一重要因素。国际市场营销者对付竞争者的分销一般采取两种策略：一是采取直接竞争方式，建立能与竞争对手相抗衡的分销渠道体系。二是采取与竞争对手不同的分销方式，以获得竞争优势。

(4) 环境特性。就法律环境而言，东道国的法律和政府规定可能限制某些分销渠道。比如，美国的《克莱顿法案》禁止某些实质上减少竞争或造成垄断的渠道安排；一些发展中国家则规定某些进出口业务必须由特许的企业经办；有些国家或地区规定要对代理商征收代销税。就经济环境而言，当一国经济衰退时，一般可能采用短渠道，以低价格将产品尽快销售给最终消费者。

6. 连续性

一个企业国际市场分销渠道的建立往往需要付出巨大的成本和营销努力，而保持渠道的连续性更是企业重要的外部资源和建立国际市场优势的基础。分销渠道的连续性会受到三个方面的冲击：一是中间商的终止。某些中间商机构的领导人及原业务人员的更迭导致经营范围变更，企业因经营不善而倒闭等甚至会引起渠道中断。二是激烈的市场竞争。当竞争激烈及商品销路不佳，或者利润较低时，原来的渠道成员可能会退出。三是随着现代技术尤其是信息技术的不断变革，以及营销上的不断创新，一些新的分销渠道模式可能会出现，而传统的模式因此而失去其竞争力。

因此，企业必须维护分销渠道的连续性。一是要慎重地选择中间商，并采取有效的措施提供支持和服务，同时在用户或消费者中树立品牌信誉，培养中间商的忠诚度；二是对已加入本企业分销系统的中间商，只要他们愿意继续经营本企业的产品，而且符合本企业要求，则不宜轻易更换，应努力与之建立良好的长期关系；三是对那些可能不再经营本企业产品的中间商，企业应预先做出估计，提前安排好潜在的接替者，以保持分销渠道的连续性；四是时刻关注竞争者渠道策略、现代技术以及消费者购买习惯与购买模式的变化，以保证分销渠道的不断优化。

(二) 分销渠道选择的评价标准

通常情况下，可供企业选择的分销渠道不止一种，许多企业经常遇到的一个问题是应该使用企业内部的推销人员还是使用中间商。企业必须评估所有的分销渠道，考虑盈利性、控制力及适应性等方面的问题，选择最符合企业目标的分销渠道。

1. 盈利性

销售量和成本是盈利性的两个重要指标。企业需要考虑使用哪一种销售方式的销售量最大，同时要兼顾减少销售成本。

（1）销售量。很多企业认为，与中间商相比，使用内部销售人员能够实现更大的销售量。因为企业内部销售人员只销售本企业产品，了解企业级产品情况，并受过良好的销售训练；内部销售人员对销售工作更有热情、富于进取精神，因为销售额的多少直接关系到他们在公司的发展；顾客更愿意与企业直接打交道，可以更多地了解产品相关信息，而且可以享受较低的报价。

中间商也具有其独特的优势。第一，在人员数量上，专业中间商数量远远大于企业内部的销售人员，更容易扩大销售量。第二，在高佣金或高利润的激励下，中间商也会积极推销产品。第三，中间商具有更多的分销经验，在客户来源和渠道方面比企业更加专业。第四，中间商通常经营多家企业的产品，可以为顾客提供更多的产品种类和服务。

（2）成本。成本分析要考虑各个销售方式所需花费的成本。一般而言，企业组建自己的销售团队所花费的固定成本要高于利用中间商所花费的固定成本，但是中间商的佣金要高于企业内部销售人员，其成本增长更快。

2. 控制力

企业利用内部销售人员比利用中间商更易于控制，企业内部人员比中间商更熟悉企业产品的技术细节，可以有效地运用企业的产品优势。而中间商是独立的经营企业，如果企业不能对其进行有效控制，就会失去对产品价格、销售额、促销的控制力，无法实现企业的销售目标。

3. 适应性

渠道的选择不仅要考虑成本与收益以及企业对渠道的控制力，还要适合特定的地区、环境和时间，并及时改变渠道以适应不断变化的形势。否则企业就会在销售中处于被动地位，增大销售成本，失去市场占有率，从而影响企业的生产决策和经营目标。所以，在渠道盈利性和控制力方面都有优势的情况下，企业还要考虑，能否获得最大的控制力，以适应不断变化的营销战略。

第二节 国际营销渠道成员

一般而言，企业在开始经营之初，因资本有限，只得采用现有中间商。企业一旦经营成功，会将业务扩展到其他新的市场，不仅会利用现有的中间商，而且会在不同地区使用各种不同的分销渠道。中间商是指介于生产者与最终顾客之间，参与商品交易业务，促使买卖行为发生和实现，具有法人资格的经济组织和个人。中间商连接着生产者和消费者，它的基本功能有两个：第一，调节生产者和消费者之间在产品数量上的差异；第二，调整生产和消费之间在花色品种和等级方面的差异。按照中间商在流通环节过程中所起的作用可以分为批发商和零售商；按照中间商是否拥有产品所有权可以分为经销商和代理商；按照中间商在国际市场中从事进出口业务的性质可以分为出口中间商和进口中间商。

一、出口中间商

出口中间商与企业同处在一个国家，由于社会文化背景相同，彼此容易沟通和信任。特别是企业规模较小或者进入国际市场的初期，企业国际市场营销经验不足或者没有实力直接进入国际市场时，通过本国中间商进入国际市场是一条费用省、风险小、操作简便的有效途径。选择国内中间商进入国际市场的缺点是远离目标市场，与目标顾客的联系接触是间接的，企业对市场的控制程度很低，或根本无法控制。这不利于企业在市场建立起自己的声誉，并以此作为扩大市场的基础，不利于出口规模的扩大和长远的发展。中间商为尽快获得利润，也不会花很大力气去挖掘市场潜力。但直至目前，通过本国中间商进入国际市场仍然是一条主要的国际市场分销渠道。

根据出口中间商是否拥有商品所有权可将其分为两类：出口商和出口代理商。凡对出口商品拥有所有权的，称为出口商；凡接受委托，以委托人身份买卖货物而非拥有商品所有权的，称为出口代理商。

（一）出口商

出口商直接从制造商手中购买商品，然后以较高的价格在国外销售，以赚取价格中间差，自我承担风险。出口商的基本职能与经营国内业务的批发商类似，所不同的只是其客户是国外买主。出口商一般都具有制造商所不具有的某方面的优势。其或是与国外中间商有着长期的合作关系；或是国际市场信息灵通，驾驭国际市场的能力强。大多数出口商在一定范围内具有专业化，并能给制造商提供一定的国外市场的信息。某些大出口商还能给国外买主提供融资服务及对目标国市场进行促销宣传。由于出口商拥有商品所有权，具有营销自主权，其对制造商的忠实程度较低。因此，制造商对其难以实行控制。

出口商经营出口业务通常有两种方式：一种是“先买后卖”，即先在国内市场采购商品，然后再出售给国外买主。这种方式签订销售合同后能迅速地交货，因此能建立和维护企业良好的信誉。但占压资金大，承担较大的风险；另一种出口形式是“先卖后买”，即出口商先接受国际买主的订单，然后根据订单向国内企业收购。这种方式占压资金的时间短，风险较小，但可能会因不备货、组织货源不及时发生违约现象。常见的出口商有以下几种类型：

1. 出口行

有的国家称之为“国际贸易公司”，日本、韩国称之为“综合商社”，我国一般称之为“对外贸易公司”或“进出口公司”。出口行的主要业务是出口，有时也兼营进口业务，其实质是在国外市场上从事经营活动的国内批发商。他们一般在国外有自己的销售人员和代理商，并往往设有分公司，其收入来自于出口商品的买卖差价。他们比较熟悉国际市场及精通国际商务。因此，初次进入国际市场的企业采用此形式较理想。

综合商社是一种典型的出口行形式，是日本、韩国经营进出口业务的重要企业。它的业务范围广、规模大，包括商业、工业、进出口贸易、金融、技术援助及商业服务等，并获得政府及金融界的有力支持，在国内控制着各种分销渠道，具有垄断力量。它们的分支机构遍布全球，既从事各种商业活动，又拥有各种制造工厂并控制原料的供应来源。日本的九大综合商社（三菱、三井、伊藤忠、丸红、住友、日商岩井、东洋棉花、兼江松商和日棉实业）通过国际投资建立了跨国性的贸易分支机构，是日本的一条主要间接出口渠道。它们的营业额约占日本商品生产总量的25%，占出口量的50%左右。

国际贸易公司在欧洲国家具有重要作用。它起源于殖民主义时代，享有在世界某些地区的独有贸易权，它们至今在东南亚和非洲的贸易中仍发挥着重要作用。比如，联合非洲公司（UAC）是总部设在英国伦敦的一家历史悠久的国际贸易公司，在非洲大陆设有300多家分支机构。对英国的制造商来说，联合非洲公司是进入非洲市场的一条主要间接出口渠道。

我国的进出口公司或对外贸易公司在过去很长时间内是生产企业出口商品的唯一渠道。改革开放以后，虽然其他的出口渠道逐渐出现和发展，但进出口公司或外贸公司仍然是我国出口最重要的渠道，而且以买断出口为主。

2. 采购/订货行

采购/订货行代表国外买主，主要根据收到的订单向国内生产企业进行购买，或者向国外买主指定的生产企业订货。其拥有商品所有权，但自己并不保有存货，在收购数量达到订单数量后，就直接运交国外买主。由于这种形式无需大量储备货物，所以其风险低、资金周转快、成本低。

（二）出口代理商

出口代理商并不拥有货物所有权，不以自己的名义向国外买主出口商品，而是接受国内卖主的委托，按照委托协议向国外客商销售商品、收取佣金，风险由委托人承担。在国际市场上，出口代理商常见的类型有：

1. 综合出口经理商

如果企业海外销售额占企业总销售额的比重不大，或者企业不愿设立外销部门处理国外市场业务时，选择综合出口经理商是一种理想的渠道。综合出口经理商为出口企业提供全面的出口管理服务，如海外广告、接洽客户、拟定销售计划、提供商业情报等。其以生产企业的名义从事业务活动，甚至使用生产企业的信笺，实际上起到生产企业出口部的作用。其一般负责资金融通和单证的处理，有时还要承担信用风险。综合经理商一般同时接受几个委托人的委托业务，获得的报酬形式主要是收取销售佣金，此外每年还收取一定的服务费用。

2. 制造商出口代理商

这是一种专业化程度较高的出口代理商，又称为制造商出口代表。其也相当于执行着生产企业的出口部的职能。制造商出口代理商接受生产企业的委托，为其代理出口业务，以佣金形式获得报酬。制造商出口代理商是以自己的名义而非制造商的名义做买卖，所提供的服务一般要少于综合代理商，通常不负责出口资金、信贷风险、运输、出口单证等方面的业务。同时由于制造商出口代理商同时接受许多生产企业的委托，其销售费用可以在不同厂家的产品上分摊，因此收取的佣金率也较低，制造商对其有较大的控制权。比如，在美国，凡数量大、已打开销路的产品，其只收取销售额的2%作为佣金。

3. 出口经营公司

出口经营公司行使类似制造商出口部的功能，其提供服务的范围很广，包括寻找客户、促销、市场调研、货物运输等。其还可以为制造商讨债和寻求担保业务。不过，其最主要的职能是和国外的客户保持接触，并进行信贷磋商。选择出口经营公司渠道的优点是厂商可以以最小的投资将产品投放到国际市场，并可借此检验产品在国外市场的可接受程度，而制造商本身却无需介入。其缺点是这种分销渠道极不稳固，出口经营公司为了自己的利益不会为销售产品做长期努力，一旦产品在短期内难以盈利或是销量下降，将很可能被出口经营公司所抛弃。

4. 出口经纪人

这种代理商只负责给买卖双方牵线搭桥，既不拥有商品所有权，也不实际持有商品和代办货物运输工作，在双方达成交易后收取佣金。佣金率一般不超过2%。出口经纪人与买卖双方一般没有长期、固定的关系，出口经纪人一般专营一种或几种产品，多数经纪人经营的对象是笨重货物或季节性产品，如机械、矿产、大宗农产品等。

二、进口中间商

企业可通过建立自己的海外分销机构或者通过选择国外中间商进行分销。国外中间商与产品消费者处于同一国家，熟悉市场环境和顾客的消费行为，可以更方便地解决语言、运输、财务、促销等方面的问题。其可以掌握国外市场第一手的信息，积累国际市场营销经验，加强对分销活动的控制力，扩大企业在国际市场上的影响力。因此，为进一步扩大出口规模和企业长远发展，制造商越来越多地选择国外中间商。与国内中间商相比，它们也可根据其是否拥有商品的所有权分为进口经销商和进口代理商。凡是对商品拥有所有权的，称为进口经销商；凡接受委托，不拥有商品所有权，以佣金形式获取报酬的，称为进口代理商。

（一）进口经销商

进口经销商的主要类型有进口商、经销商、批发商和零售商等。

1. 进口商

又称进口行。凡从国外进口商品，然后再转售给国内批发商、零售商和消费者的，都可以称为进口商。进口商熟悉所经营的产品和目标国市场，并掌握专门的商品挑选、分级、包装等技术和销售技巧。进口商一般没有商品独家经营权。

2. 经销商

这是一种与出口国的供应商建立长期合作关系，并享有一定价格优惠和货源保证的从事进口业务的企业。其从国外购买商品，再转售给批发商、零售商等中间商，或直接出售给最终消费者。经销商是在特定的地区或市场上，在购买及转售产品方面获得独家权或优先权的进口商，通过经销合同与出口国生产企业、出口商建立经常性的合作关系，并拥有独家销售特权。出口企业可以同经销商建立密切的伙伴关系，对价格、促销、存货、服务等进行适当的控制。还有一类经销商，专门从事工业品或耐用消费品的独家经销，所经营的商品主要来自单独的供应商或出口企业。

3. 批发商

进口国国内的批发商是专门或主要从事批发活动的中间商，是在进口国国内销售进口产品的重要渠道成员。批发商经营的商品主要由本国进口商或其他中间商供应，也有一些大批发商直接从国外购进商品，主要批发给小批发商和零售商。批发商的种类很多，可以分为商人批发商、代理商和经纪人等。国际市场中的批发模式也多种多样，反映了各自所处的文化、经济和社会背景。例如，伊拉克和土耳其的批发商平均只有不到两个雇员的规模，乌干达的平均雇员数达 18 人，属于发达国家的比利时却只有 3 人。一般来说，在国际市场营销中应尽量选择较大的批发商，因为批发业主要是从规模经济中获取收益的，与小型的批发商打交道对生产企业来说意味着受到的服务少而负担重。当企业不得不与小型批发商打交道时，营销人员必须对以下的问题做好准备：（1）批发商不能向下游渠道成员提供融资支持，而且常常要求生产企业向其提供融资服务；（2）小型批发商要求的花色品种较少，从而可能迫使生产企业去掉产品线中的某些品目，或者寻找其他批发商经销这些产品；（3）小型批发商覆盖的地理区域小；（4）小型批发商的服务效率低，服务范围有限。

4. 零售商

零售是将商品或服务出售给最终消费者的一种商业活动。零售商处于分销系统的终端，从进口商、进口代理商、批发商、国外出口商等处购买商品，然后卖给本国的最终消费者，与消费者的联系最为密切。零售商分为多种业态，新型的零售机构层出不穷。通常把零售商划分成下述五大类：（1）按经销商品类型划分，有专卖店、百货商店、超级市场、方便商店、超级商店和巨型超级商店、服务性商业；（2）按相对价格的重要性划分，有折扣商店、仓储商店、商品目录陈列室；（3）按营业场所划分，有邮购和电话订货零售、自动售货、采购服务、上门推销；（4）按所有权拥有方式划分，有公司连锁、自愿连锁和零售商合作商店、消费者合作社、特约代营组织、商业联合企业；（5）按商店组合类型划分，有区域购物中心、街区购物中心、邻里购物中心。

世界各国零售组织的差异十分显著。在发达国家，零售业态结构比较合理，专卖店、超级市场、购物中心和方便店比较齐全，零售业集中化程度较高。在发展中国家，零售商的规模较小，业态相对单一，新兴的业态发展迟缓并且很不成熟，传统的零售组织（如杂货店、百货店等）在零售业中仍居主导地位。即使在发达国家中，零售组织也有着十分显著的差异。在希腊，大型商场中杂货店的比例约占 1.5%，在意大利和摩洛哥等国家，零售业主要由经营范围狭窄的专业店构成。日本的零售业是建立在大量分布广泛的小零售店基础上的。家庭经营的民间小商店具有顽强的生命力，“夫妻店”约占全部商店总数的 80%。

（二）进口代理商

进口代理商是接受出口国卖主的委托，代办进口，收取佣金的贸易服务企业。其一般不承担信用、汇兑和市场风险，不拥有进口商品的所有权。进口代理商主要有以下几种类型：

1. 经纪人

经纪人是对提供低价代理服务的各种中间商的统称，主要经营大宗商品和粮食制品的交易。在大多数国家，经纪人为数不多。但由于其主要经营大宗商品，再加上在某些国家，经纪人组建了联营公司，熟悉当地市场，往往与客户建立良好持久的关系，因而常常是初级产品市场上最重要的中间商。

2. 融资经纪商

这是近年来迅速发展的一种代理中间商。这种代理中间商除具有一般经纪商的全部职能外，还可以为销售、制造商生产的各个阶段提供融资，为买主或卖主分担风险。

3. 制造商代理人

制造商代理人是指凡接受出口国制造商的委托，签订代理合同，为制造商推销产品收取佣金的进口国的中间商。制造商代理人有很多不同的名称，如销售代理人、国外常驻销售代理人、独家代理人、佣金代理人、订购代理人等。制造商代理人可以对一个城市、一个地区、一个国家或是相邻几个国家出口企业的产品负责。其不承担信用、汇兑和市场风险，也不负责安排运输、装卸，不实际占有货物。其履行销售代理人的责任，为委托人提供市场信息及出口企业开拓市场提供服务。当出口企业无力向进口国派驻自己的销售机构，但希望对出口业务予以控制时，利用适当的制造商代理人是一种明智的选择。

4. 经营代理商

经营代理商在亚洲及非洲国家较为普遍，在某些地区也称作买办。其根据同产品制造国的供应商签订的独家代理合同，在某一国境内开展业务。有时也对业务进行投资，其报酬通常是所用成本加母公司利润的一定百分比。

在设计分销渠道时，生产者必须在理想渠道和可行渠道之间进行选择。商品出口量较大的企业往往选择建立自己的直接分折渠道，采用自己设立自营出口机构来经营进出口业务，如由企业的出口部门、出口子公司来专门负责整个企业的外销业务。

对于出口量大或致力于大批量出口的企业来说，除了在国内设立出口机构，还可以选择在国外建立自己的分支机构，直接向海外客户推销产品，还承担本企业产品的国际市场调研、仓储、促销、产品展示、顾客服务等职能。企业在海外设立的分支机构主要有国外销售办事处和国外销售公司。出口企业在东道国设立销售办事处使产品直接进入当地批发市场或零售市场，向东道国政府缴纳增值税但不具备独立的法人资格。不少国家从法律上对此类办事处的经营活动进行限制。国外销售分公司的规模比国外销售办事处大，且具有独立的法人资格，在法律和纳税方面不受母公司的制约，较容易得到东道国政府的支持。建立海外分支机构可使单位销售成本少于选择国内外中间商的销售成本，在销售方面可集中全部精力致力于开拓产品销售市场，而且制造商对市场的控制程度更强。但这往往需要较多的启动资金，并需要持续的直接费用，是规模较小公司所无法承担的。

相关链接：

国际主要零售业态类型

（1）专用品商店经营的商品种类少，但花色、款式齐全，如服装店、家具店、花店、书店。

（2）百货商店在一个建筑物内，集中了若干专业的商品部并向顾客提供多种类、多品种商品及服务。

（3）超市采取自选销售方式，以销售大众化生活用品为主，满足顾客一次性购买多种商品及服务的需求。

（4）特级超市也称综合性超市，经营商品种类繁多，面积超过 2 500 平方米，商圈范围较大。

（5）便利店指以满足顾客便利性需求为主要目的的零售业态。

（6）折扣商店指采用自主服务方式，出售从耐用品到针织品等广泛系列商品的百货店，加价率低于传统的百货店。

（7）仓储商店也叫仓储俱乐部，是一种仓店合一式的零售店，以提供有限服务和低价格商品为主要特征，采取自选方式销售。

（8）购物中心是企业有计划地开发、拥有、管理运营的各类零售业态、服务设施的集合体。

资料来源：甘碧群等：《国际市场营销学》，高等教育出版社，2010 年版，第 369 页。

第三节 国际营销渠道策略

一、国际营销渠道的标准化与差异化策略

所谓分销模式的标准化，是指企业在国外市场上直接采用国内的分销模式。差异化则是指根据各国不同情况，分别采用不同的分销模式。

采用了标准化分销模式的主要优点是可以实现规模经济效益，因为如果在不同国家采用相同的分销模式，营销人员更容易利用自己的经验来提高营销效率。而且，将本国的分销模式直接转移到他国，也有一些成功的先例。

企业采用差异化分销模式的原因主要有以下几点：（1）各国的分销结构（如批发商、零售商的数量大小和特点等）不同；（2）各国消费者的特点（如数量、地理分布、购买模式、购买偏好等）也有所不同；（3）竞争对手的渠道策略的多样化；（4）企业对某国分销模式的选择，还取决于企业自身的一些特点，如进入市场的方式、企业规模大小、产品组合、渠道经验以及整体营销战略等。

二、国际营销渠道的长度策略

国际分销渠道的长度是指产品或服务从生产者到最终用户或消费者所经过的渠道层次数。产品从生产企业流向国际市场最终用户过程中，商品每经过一个中间商就形成一个层次，层次越多，分销渠道就越长；层次越少，分销渠道就越短。大多数商品从本国生产者转移到国外最终消费者手中，不仅要经过本国的分销渠道，还要经过东道国的分销渠道。因此，国际市场分销渠道一般要长于国内市场分销渠道。在国际市场上，产品分销层次最长可达十几个，最短的没有中间商，由生产企业直接销售给最终顾客。

生产企业在选择分销渠道时，应综合考虑进出口条件、国际市场容量，尤其是目标市场容量、中间商销售能力、产品特点、生产企业自身条件及消费者需求等，根据具体情况选择渠道长度。大部分农产品，技术含量高、售后服务要求高的产品以及一些体积大、运输困难的商品可以采取短渠道形式。那些单位价值低、消费范围广的商品，如食品、杂货、药品、零配件、附属器材等低价工业品以及耐用电器等商品，可以采取较长的渠道。从世界范围来看，总的趋势是减少分销渠道的中间环节，尽可能使产销直接联系起来，或至少使生产商和分销渠道的关键环节建立直接关系，特别是由于计算机网络的发展，许多厂商已经开始直接销售，长渠道分销渠道模式正受到强有力的挑战。

三、国际营销渠道的宽度策略

分销渠道的宽度是指渠道的各个层次中所使用的中间商的数量。根据分销渠道的宽度，国际分销策略可以分为宽渠道策略和窄渠道策略。制造商在同一层次选择较多的同类型中间商分销其产品的策略，称为宽渠道策略；反之，则称为窄渠道策略。企业在国际市场分销渠道的宽度上可以有三种选择策略：

（一）广泛分销策略

广泛分销策略指在同一渠道层次使用尽可能多的中间商分销其产品。这种策略的主要目的是使国际市场消费者和用户能有更多的机会方便地购买其产品或服务。在国际市场上，对价格低廉、购买频率高、一次性购买数量较少的产品（如日用品、食品等）以及高度标准化的产品（如小五金、润滑油等），多采用这种策略。选择广泛分销策略一般要进行大量的广告宣传，以引起众多消费者的反响。此外，采用广泛分销策略也会增加费用，对销售活动较难控制。

（二）选择性分销策略

选择性分销策略指企业在一定时期、特定的市场区域内选择少数中间商来经销自己的产品。选择性分销策略适用于消费品中的选购品、特殊品及工业品中专业性强、用户固定的设备和零配件等。有些产品为了能迅速进入国际市场，在开始时往往采用广泛分销策略，但经过一段时间之后，为了减少费用，保持产品声誉，转而采用选择性分销策略，逐步淘汰那些作用小、效率低的中间商。与广泛分销相比，选择性分销策略的渗透力有所减弱，但由于选择了高水平的中间商，提高了效率，降低了费用，增强了企业的知名度。缺乏国际营销经验的企业，在进入国际市场初期，也可以选用此策略进行试探性分销，待条件成熟后，再对分销策略进行调整。

（三）独家分销策略

独家分销策略指企业在特定的市场区域内，只选择一家中间商来分销其产品。通常双方签订独家经营合同，规定这家中间商不能经营其他竞争性产品，而制造商也不能在该地区内直销自己的产品或使用其他中间商分销其产品。消费品中的特殊品，尤其是名优产品，多采用这种分销策略。独家分销有助于加强制造商与中间商的联系，加强对产品价格和销售状况的控制，增强信誉。但是，在一定地区只有一家经销商，可能会因此失去一部分潜在消费者，而且如果独家经销商选择不当，可能在该地区失去市场。此外，制造商广告的作用也受到限制。

注　意：

国际市场营销渠道创新

互联网的发展和商业应用改变了传统渠道的诸多环节，将错综复杂的关系简化为单一关系。网络营销渠道相对于面对面实体店具有明显优势：利用互联网的交互特性，网络营销从单向信息沟通变成双向直接信息沟通，增强了生产者与消费者的直接连接；网络营销可以提供更加便捷的相关服务；网络营销渠道大大减少传统营销渠道中的流通环节，有效降低成本。

企业可以建立网络直销营销渠道，通过建设网络营销站点，使顾客直接从网站进行订货；通过与电子商务服务机构的合作，直接提供支付结算功能，解决资金流转问题；利用互联网技术以及与专业物流公司进行合作，建立有效的物资体系。企业还可以通过电子中间服务商　建立网络间接营销渠道，把商品由电子中间商销售给消费者。

第四节 国际分销渠道管理

一、中间商的寻找

在国际市场营销中，企业寻找中间商应从收集中间商信息和确定评价标准入手。企业可以通过外国政府机构、本国驻外机构等途径获得有关国外中间商的信息。制造商也可以通过登载广告、参加贸易展览会等更为直接的方式来吸引分销商。

企业应根据分销目标和自身条件制定选择中间商的标准，主要包含有以下几个方面：

1. 财力和绩效

中间商能否按时结算，包括在必要时预付货款，取决于中间商的经济实力和财务状况。如果财务状况不佳，流动资金短缺，中间商往往很难保证履约、守信。了解中间商的财务状况方式之一是审查其财务报表，尤其是对中间商的注册资本、流动资金、负债情况做出判断。当然财务报表并非全面和可靠，还要借助于相关的参考资料。

2. 市场覆盖率

市场覆盖率的分析不仅包括覆盖的地区大小，销售点数目、所服务市场的质量、销售人员的特点和销售代理人的数目也是主要参考指标。

3. 目前正在经营的业务

国际市场的经营者经常会发现，某个市场中最合适的分销商已经在经营竞争性的产品，因而不能再争取到它的帮助。在这种情况下，可寻找另一个具有同样资历的经营相关产品的中间商。产品的互补性可能对双方均有好处。

4. 信誉

中间商的信誉必须经过审查。这是一种抽象的衡量方法，应通过中间商的顾客、供应商、联系机构、主要竞争对手和其他当地商业伙伴进行分析研究。

5. 合作态度

有的中间商尽管有健全的分销网络，但如果其对制造商的产品分销不能给予足够的重视，中间商所提供的货架空间、商品陈列位置等难以达到理想水平，制造商也应考虑其他的选择。

二、中间商的选择

如果企业决定使用国外中间商进入和开拓目标国家市场，需要对具体中间商做出选择，以保证所选择的中间商能有效地实现所期望的分销职能。企业在选择中间商时一般包括以下几个步骤：

第一步，向每位候选的中间商发出一封用其本国文字书写的合作邀请函或是媒体广告推广介绍，内容包括产品介绍和对中间商的要求等。

第二步，从复信中挑选一批比较合适的候选人，企业再去信提出更为具体的询问，如经营商品种类、销售覆盖区域、公司规模、销售人员数量及其他有关情况。

第三步，调查了解候选人的信誉、经营、财务状况等情况，如果条件允许，派人亲自访问所优选的中间商，进行更深入的了解。

第四步，按照确定的选择标准，结合其他情况，确定中间商入选名单。

第五步，双方正式签订合作合同，确定分销过程中一些具体问题的条款，如分销形式、内容、原则、权利和义务等。合同必须明确双方的具体责任，包括每年的最低销售额，如果分销商未能完成最低销售额，出口商有权终止合同。而且最初的合同以一年为宜，若双方满意，可修改或续签。

提　示： 企业如何获得市场上众多的中间商的有效信息，尤其是国外中间商的资料，一直是困扰企业的一个难题。寻找海外中间商的企业应利用下列资料来源列出国外候选中间商名单：(1) 政府商务部门；(2) 外国领事馆；(3) 驻国外的商会；(4) 中间商协会；(5) 正式出版的企业名录；(6) 行业期刊或企业刊物；(7) 咨询公司；(8) 其他生产类似产品但不存在竞争的制造商；(9) 航空公司等承运人。

三、中间商的激励

对分销中间商的激励不仅包括给予丰厚的报酬，还包括许多其他形式。

(一) 给中间商提供适销对路的优质产品

生产企业应该把中间商视为消费者的总代表，在产品的数量、质量、品种、价格和交货时间等方面尽可能满足中间商要求，为其创造良好的营销条件。还应根据市场需要以及中间商的要求，经常地、合理地调节生产计划，改进生产技术，改善经营管理，生产物美价廉、适销对路的产品，保证商品顺利进入最终市场。

(二) 给予中间商尽可能丰厚的利益，提高经销积极性

生产企业给予中间商资金支持，促使其放手进货，积极推销产品。一般可采取售后付款，或先付部分货款，待产品出售后再全部付清的方式，以解决中间商资金不足的困难。

(三) 协助中间商进行人员培训

有些制造商不能或不能全部完成的工作必须请中间商代为办理，因此生产企业要协助中间商完成业务技能、沟通技巧和财务知识等方面的培训，提高中间商的管理能力和营销能力，并针对发展中遇到的具体问题，给予相应的解决方案。这样不仅能解决中间商目前的盈利问题，也能解决其长远的盈利问题。使中间商与厂商共同进步，成为能和厂商长期合作的战略伙伴，在合作中实现双赢。

(四) 加强对中间商广告和促销的支持

双方共同开展广告宣传，或给中间商以广告津贴和推销津贴等。生产企业与中间商合作提供强有力的广告宣传，既能减轻中间商的经济负担，又能减少企业的销售阻力。中间商在自己区域内进行促销时，生产企业应予以大力支持，如向中间商提高技术支持，协助中间商掌握产品的技术知识和开展技术服务。生产者还应经常派人前往一些主要的中间商那里，协助安排商品陈列，举办产品展览和操作表演等。有力的促销既能提高产品品牌知名度，又帮助中间商赚取利润，从而激发其推广产品的热情。

(五) 保持与中间商的沟通与联系，努力与其建立长久的合作关系

企业有必要定期或不定期地邀请中间商座谈，交流市场信息，共同研究市场动向。加

强渠道成员的参与度，将渠道成员间单纯的产品供销合作关系扩大到共同进行产品研发与改进、市场开发、售后服务等领域的全面合作。这不仅加强了渠道成员间的感情与沟通，也维持渠道的连续性和稳定性。

【思考与练习】

一、单选题

1. 企业在众多渠道类型中决定选用多少层次的渠道销售其产品是（　　）。

A. 中间商类型决策　　B. 渠道长度决策

C. 渠道数量决策　　D. 渠道宽度决策

2. 国际营销企业在国际市场上给予中间商一定时期内独家销售特定商品的权力的策略属于（　　）。

A. 长渠道策略　　B. 短渠道策略

C. 宽渠道策略　　D. 窄渠道策略

3. 除了那些财力雄厚的企业以外，一般中小企业适宜（　　）。

A. 自己投资建立分销渠道　　B. 直接将产品销售给最终用户

C. 将产品交给政府去销售　　D. 利用中间商来销售商品

4. 在特定的市场上，生产企业有选择性地确定少数中间商来经营自己的商品，称为（　　）。

A. 密集分销　　B. 选择性分销

C. 独家分销　　D. 经销和代销

5. 国际分销渠道决策的核心是确定（　　）。

A. 国际商品价格　　B. 国际市场分布

C. 国际贸易合同　　D. 到达国际市场的最佳途径

二、多选题

1. 激励渠道成员的主要形式有（　　）。

A. 提供适销对路的优质产品　　B. 加强广告和促销的支持

C. 保持沟通与联系　　D. 建立长久的合作关系

E. 给予丰厚的利益

2. 国际分销渠道的功能有（　　）。

A. 提供服务　　B. 实物分销

C. 提供资金　　D. 信息收集

E. 促销

3. 国际分销系统的构成一般包括（　　）。

A. 竞争对手的分销渠道　　B. 进口国的分销渠道

C. 本国国内的分销渠道　　　　D. 新开发的渠道

E. 由本国进入进口国的分销渠道

4. 国际分销渠道主要的成员包括（　　）。

A. 生产者　　　　B. 中间商

C. 承运人　　　　D. 物流公司

E. 最终顾客

5. 国际市场营销中，适宜采用直接分销方式或较短的分销方式的产品包括（　　）。

A. 技术含量高的产品　　　　B. 标准化的产品

C. 鲜活、易腐产品　　　　D. 售后服务要求高的产品

E. 单位价值低、消费范围广的产品

三、判断题

1. 在国际市场营销中，只要产品能满足消费者需要即可，与中间商的选择并无太大关系。（　　）

2. 从事批发及零售业务的中间商构成了分销渠道的主体。（　　）

3. 间接渠道与直接渠道比较的优势是迅速开发市场。（　　）

4. 分销商与代理商的根本区别在于拥有产品的所有权。（　　）

5. 一般来说，国际分销渠道的设计直接影响和决定企业对国际市场营销的控制程度。（　　）

四、思考题

1. 国际分销渠道与国内分销渠道有哪些不同？

2. 评价直接分销渠道与间接分销渠道及其适用的产品种类。

五、案例分析题

作为中国 IT 行业领先者，联想集团的渠道建设经过三个阶段。联想自 1984 年成立以来，采用传统分销模式，实行代理渠道制，在全国拥有几千家代理商，通过分销商、经销商将自己的触角伸向全国各地。1998 年联想引入专卖店特许经营模式，构建直营店。2004 年受戴尔电脑直销模式的挑战，联想建立了“通路短链 + 客户营销”的集成分销模式，突出更短的渠道和强化客户为中心的营销模式。

问题：

1. 分析联想的分销渠道在不同阶段的变化，这种变化解决了什么问题？

2. 传统渠道与网络直销渠道相比的优势和劣势是什么？

第十章 国际市场促销策略

【学习目标】

了解促销、促销组合等相关概念；掌握国际促销活动计划的制定；掌握国际人员推销的任务与管理、国际广告的计划与实施、国际营业推广的形式、国际公共关系的手段，能够选择适合企业的国际市场促销策略。

第一节 促销组合与促销活动计划

一、国际促销概述

（一）促销

1. 促销的含义

促销，即促进销售，指企业通过各种形式向消费者宣传本企业及其商品或服务的信息，引起消费者的注意，激发消费者的购买欲望，促进和影响消费者采取购买行为，从而达到扩大产品销售目的的活动。国际促销是企业为了扩大产品在国际市场的销售，通过各种方式或媒介向外国消费者传递企业及其产品的信息，促使其了解、信赖和购买企业产品的一种国际营销活动。

促销的主要任务是在卖主与买主之间进行信息沟通，使目标市场的顾客相信商家所提供的商品和服务优于其他竞争者。但是，由于各地风俗习惯不同，文化差异很大，国际促销的困难程度比国内促销要大。促销的主要方式包括人员促销和非人员促销两种。人员促销是生产经营单位通过推销人员直接向顾客介绍商品以达到销售目的的活动，因此它又称为直接促销；非人员促销，是指通过一定的媒体来传递商品和劳务的信息以实现商品销售的活动，又称为间接促销，它包括广告、营业推广、公共关系等。

2. 促销的作用

在现代市场营销中促销起着重要的作用，有效地促销直接影响企业的近期市场销售状况和远期发展前景，影响企业在市场中的形象和地位。促销组合的主要作用有：

(1) 传递信息，沟通产销。通过各种形式的促销活动，企业可以向包括目标顾客在内的公众传播有关企业及其产品的信息，使顾客及其他公众及时、充分地了解企业及其产品，从而引发顾客的购买。

(2) 突出特点，强化竞争能力。企业在促销活动中，开展有目的、有针对性的信息传播和沟通，将企业和产品的特点蕴藏其中，使顾客了解企业和产品的差异性，形成区别于其他竞争对手的竞争优势。

(3) 刺激需求，促进销售。在促销活动中，企业往往会对目标顾客提供某种程度的暗示性许诺，劝说和提示其购买本企业的产品，从而达到扩大销售的目的。

(4) 提高声誉，树立形象。在扩大销售的同时，企业通过特定的促销活动还可以树立良好的企业形象和产品形象，建立良好的公共关系，培养顾客对企业及产品的偏好，为企业的长远发展创造有利条件。

(二) 促销组合

1. 促销组合的含义

促销组合是指企业为了实现特定的促销目标，对人员促销、广告促销、营业推广、公共关系等促销方式进行合理的选择和配合，使各种促销方式相辅相成、取长补短，以便发挥最佳的促销作用。

促销组合包括广告、人员推销、营业推广和公共关系四种。每种促销方式都可以起到刺激购买、增加销售的作用，只是在程度上有所不同，因此，各种促销方式之间在一定程度上可以相互替代。企业的市场营销人员需根据促销活动所要达到的目标来协调各种促销方式的使用程度，以取得最佳的沟通效果。

提　示： 注意促销组合与营销组合的区别和联系。

(1) 人员推销是企业派出专门销售人员或指定专门销售机构直接与消费者或用户见面，通过与顾客接触、宣传、介绍和洽谈等一系列方式，介绍企业产品并达到销售产品的目的的一种促销活动。人员推销是面对面的双向沟通，沟通方式更加灵活多变，而且能够真实了解顾客对产品的需求和期望，有利于获得信赖，促成交易。企业能及时得到准确的信息反馈，以便做出相关反应。另外，人员推销的针对性强，可以获得较高的推销效率。但是人员推销访问顾客的数量和范围有限，单位成本费用很高，且缺乏合格的推销人员。

(2) 广告促销是现代国际营销最基本的促销方式，是指企业以支付费用的方式，通过特定的媒介，向公众传递企业或产品信息，以激起消费者的注意和兴趣，从而达到促进企业产品销售目的的一种促销方式。广告促销大众化程度高、渗透性强、表现力丰富，能够有效增强国际消费者识别公司形象的能力，提升企业产品的市场地位，并能强化品牌效应，加速产品进入国际市场的速度。但是企业必须在充分认识目标地区的消费习惯和市场环境的基础上，确定广告目标、合理设计广告信息和选择广告媒体。广告促销是单向信息传播，缺少及时的信息反馈。因此，企业在实施广告促销后，还应当对广告的效果进行正确评估，以确定企业下一步广告促销的实施目标。

（3）营业推广也称“销售促进”，是企业直接刺激消费者购买企业产品的促销手段，如赠送样品，发放赠券，价格折让，有奖销售，产品展销，橱窗陈列以及现场表演等。营业推广是一种短期的促销方式，能够在较短时间内刺激市场需求，促进消费者的购买行为，但经常重复性使用会有损于企业的声誉和产品形象，而且会在一定程度上增加企业的营销成本。

（4）公共关系是企业有意识通过公共传播和对特殊事件的处理，与周边生产经营环境和营销环境进行沟通和协调，加强与社会的联系，争取社会公众对企业及其产品的了解、信赖和支持，树立企业及其产品在社会公众心目中的良好形象与声誉的一系列社会交往活动。公共关系的目标就是通过目标人群对企业的认可和支持，实现企业产品销售量的长期增长。公共关系和其他促销方式相比，具有较高的可信度和传达力。

公共关系策略在企业跨国营销中的主要表现形式有：一是加强新闻宣传，其目的是让新闻媒体报道对企业有价值的信息，吸引公众对企业的关注；二是赞助与支持公益活动，通过这种方式，树立企业在目标市场当地的良好形象；三是密切联系当地相关组织或机构，即与目标市场当地的消费者协会、社会团体、政府机构、银行、商业部门保持良好关系；四是加强危机管理，即提高企业预防危机、发现问题和处理突发事件的能力。上述四类方式的优缺点见表 10 - 1。

表 10 - 1　　促销方式的优缺点比较

促销方式	优点	缺点
人员推销	面对面，有利于沟通，便于解答顾客所提出的各种问题，促成及时成交	对推销人成本高，对推销人员的素质要求高
广告	辐射面广，可重复多次宣传，可根据产品特点和消费者的分布状况灵活地选择广告媒体	购买行为滞后，信息量有限，说服力较小
营业推广	刺激快、吸引力大，能改变消费者的购买习惯	短期刺激，可能导致消费者的顾虑和不信任
公共关系	获得公众信任、树立形象和信誉	见效较慢

2. 促销策略

促销策略是指企业通过人员推销、广告和营业推广等各种促销的方式，向消费者或用户传递产品的相关信息，引起他们的注意和兴趣，激发他们对产品的购买欲望并产生购买行为。促销方式各有优劣，不同的行业、不同的企业甚至同一企业在不同的国际市场开展跨国营销，对促销组合的选择都是不同的。根据促销手段的出发点与作用的不同，促销策略可分为“推式”策略和“拉式”策略。

（1）“推式”策略。“推式”策略是以中间商为主要促销对象，把产品推向销售渠道，激励渠道成员向顾客进行推销。采用“推式”策略，能把产品直接推向中间商或用户，从而减少流通环节，缩短流通渠道；可以帮助零售商编制推销说明书，指导和帮助销售；可以直接向消费者和用户介绍产品的性质、特点、途径和使用方法，从而指导消费；能够深入了解顾客的需求，迅速反馈信息，及时改进产品及营销策略，扩大产品的销售。但是企业需要拥有一批推销人员，这加大了企业的营销费用。

一般而言，在企业开展跨国营销的过程中，如果企业对分销渠道系统控制严格、传媒广告成本高、市场范围小且相对集中，企业就应强调“推式”策略。适合采取“推式”策略的产品一般是单位价值比较高、性能复杂，需要进行示范操作的产品，或者是适合某些特定用户的产品，以及经过的流通环节少，可采取直接渠道销售的产品。

(2)“拉式”策略。“拉式”策略是以最终消费者为主要促销对象，通过一定手段和方法引起潜在购买者对产品的需求和兴趣，并最终购买产品的策略行为。“拉式”策略的宣传面广、传播速度快。以广告为例，其易于树立企业形象，而营业推广作为短期促销行为吸引力大。但是广告这种的“拉式”策略也有一定的缺点，如针对性不强，不能立即促成交易；公共关系对企业来说难以控制；营业推广易使顾客产生怀疑等。

“拉式”策略一般适合单位价值比较低的日用消费品，操作简单的方便产品，或者企业要求尽快将信息传递给用户的产品，以及需要经过多环节或长渠道流通的产品和市场范围比较大的产品。

二、国际促销活动计划

(一) 确定目标市场

确定目标市场就是确定产品或服务针对的消费者。有些促销活动要针对特定的目标市场进行，这就给消费者传递了该促销产品或品牌所主要针对的目标客户群这一信息，使该促销产品或品牌的目标市场选择信息得到强化。只有认准了潜在客户，才能采取最有效的促销手段，与他们进行营销沟通，并在沟通过程中传达最适合于他们的营销信息。

(二) 确立促销目标

促销目标是企业期待目标市场对促销活动所做出的反应。促销包括消费者促销、贸易商促销和销售队伍促销，各种促销都有各自不同的促销目标。促销可以帮助营销者实现鼓励新用户试用、促进现有用户的忠诚度、应对竞争对手的竞争性威胁、建立和维护顾客数据库、确保零售商对促销品牌产品足够的库存与陈列、提高企业及产品的知名度、促使消费者转换品牌等目标。因此，企业要在明确促销目标的基础上，设计促销活动，以实现预期的目标。

(三) 设计促销组合

企业在开展促销活动时，必须在充分了解自身产品及目标市场状况的基础上，根据总体营销目标的要求制定相应的促销方案，综合运用多种促销方式，以取得最佳的沟通效果。为制定最佳促销组合，必须综合考虑以下主要影响因素：

1. 目标市场特性

企业进行促销时首先必须考虑目标市场的特性，这主要包括市场的地理位置、范围大小、市场类型以及潜在顾客的数量。对于规模小、距离近的市场，应以人员推销为主；而在较大规模的市场（如全国市场）进行促销时，则应采用广告和公共关系宣传。消费品市场的买主多而分散，由推销人员与消费者广泛接触不太现实，主要靠广告宣传介绍产品吸引顾客；工业品市场用户数量少而购买量大，应以人员推销为主。

2. 产品类型

各种促销方式对不同类型的产品所起的作用也不尽相同。通常，工业品购买者希望在掌握大量信息的基础上进行选择，人员推销可以更好地满足这方面的要求；消费品购买者则更多地注重产品的形象，高知名度的产品容易受欢迎，广告的促销效果比较明显。

3. 产品生命周期

在产品生命周期的不同阶段，各促销方式的投入效果各不相同。在产品导入期，企业的促销目标是使顾客认知商品。这一时期由于新产品初上市，消费者对其不了解，必须通过促销活动来吸引广大消费者的注意力。在产品生命周期的成长期，企业的促销目标是进一步引起顾客的兴趣，吸引顾客购买，并形成品牌偏好。这一时期仍以广告和人员推销为主。广告的内容应突出宣传产品在质量和服务等方面的特色和效用，以提高市场占有率；逐渐增加人员推销，以降低成本费用，增加企业利润。在产品生命周期的成熟期，竞争日益激烈，企业的促销目标是增加购买者的信任感，以战胜竞争对手，保持市场占有率。促销组合仍以广告为主，广告的形式以揭示性为主，同时应尽可能多地利用公共关系宣传，以提高企业的声誉。产品生命周期的衰退期，销售量下降，企业的促销目标是使一些老用户继续信任自己的产品，坚持购买，并消除其不满意感。这时的促销组合，应以营业推广为主，辅助以保持顾客记忆的少量广告和公共关系宣传。这个时期应降低促销费用，缩小促销规模，以保证足够的利润收入。

（四）确定促销预算

不同的促销方式需要不同的促销费用，增加促销费用有利于扩大销售，但同时也增加了销售成本。一般来说，广告费用最高，人员推销次之，营业推广一次性开支较大，公共关系宣传的费用最低。企业应根据自己的促销目标、财力，并且在估算竞争对手促销预算的基础上，来确定自己的促销预算，力求用尽可能少的促销费用取得尽可能好的促销效果。

（五）制订促销方案

当促销总体方案确定下来以后，必须自始至终协调和整合总体方案中所采用的各种不同的促销手段，这一点对实现预期促销目标来说非常重要。制定详细的推行计划，是保证促销方案顺利实施的前提。

（六）执行与控制

实施促销方案时，要认真注意市场与顾客的反应，不断对实施过程进行监控，并及时进行工作的调整。

（七）效果评估

通过对促销活动开展前后的销售情况的比较可以评估促销活动的效果，对促销计划作出评估和调整，改进工作，使以后的促销计划能够更有效地实现促销目标，适应市场需要。

案例：

壳牌的SMART卡促销

为了争取更多的汽油消费者，壳牌公司于1994年推出SMART卡。壳牌SMART卡活动的发起有Air Miles、HMV唱片店、UCI电影院、Ticket Master和其他公司的参与，消费者在活动中有多种选择享受优惠：可以是当场领奖，可以积点领奖，可以享受购买第三方商品或目录商品时的优惠，可以向慈善机构捐赠，还可以享受个人优惠。该促销利用了电视广告、门到门广告、促销助手、现场宣传、当地电台促销、直接邮寄和慈善杂志中插页等宣传方式。在卡的设计上保证了积点的正确率，以对交易记录进行详细分析。不到一年的时间，壳牌的持卡用户就达到了300万。

资料来源：孙忠群：《国际营销精要》，中国经济出版社，2007年版，第305页。

第二节 国际人员推销策略

一、国际人员推销的任务与推销步骤

（一）国际人员推销的概念及特点

国际人员推销是指企业派出推销人员，或委托、聘用当地人员，向国外顾客介绍商品，洽谈交易，以达到销售产品的目的。推销人员与顾客联系、进行信息沟通的方法包括面对面、书信来往、电话等。在国际市场上，人员推销与非人员推销相比，既有优点又有缺点。其优点表现在以下四个方面：

1. 优点

（1）传递信息，促成交易。

（2）提供服务，满足需求。

（3）收集信息，保持关系。

2. 缺点

（1）信息传递的范围有限。人员推销与非人员推销相比，需要由推销人员直接与顾客面对面接触，销售面窄。

(2) 成本较高。人员推销需要大量的推销员，每个推销人员直接接触的顾客数量有限，特别是在市场范围较大的情况下，人员推销的开支较多，这就增大了产品销售成本。

(3) 对推销人员的要求较高。人员推销的效果直接决定于推销人员素质的高低，并且，随着科学技术的发展，新产品层出不穷，对推销人员的素质要求越来越高。这不仅要求推销人员必须熟悉新产品的特点、功能、使用、保养和维修等知识与技术，还要准确了解国际市场的变化态势等。要培养和选择出理想的胜任其职的推销人员比较困难，而且耗费大。

(二) 国际人员推销的任务

1. 发掘潜在需求，开拓国际市场

销售人员必须具备一定的开拓能力，能够发现市场机会，发掘市场潜在需求，培养国际市场的新客户。企业在国际市场的发展很大程度上取决于销售人员的努力，这就要求销售人员具有一定的知识（特别是世界各地文化背景知识、国际市场知识），了解国际市场行情变化和国际市场环境；有较好的社交、推销能力和较高的外语水平；稳重而富于进取精神，还要有强烈的事业心和忠诚度。

2. 说服目标顾客，扩大产品销售

销售人员的最基本任务是扩大企业产品的销售量，扩大市场份额，提高市场占有率。国际市场推销的对象是国外的各种顾客，他们的需求差别很大，加上文化背景的差异、人类本能的排外心理以及语言沟通的障碍，说服目标顾客成为一项艺术性很强的工作。这就要求销售人员懂得跨文化沟通的核心，理解不同文化对沟通的影响，掌握高语境语言的含义及非语言动作的含义。

3. 做好销售服务，树立企业形象

销售人员需要完成的销售服务包括：提供咨询服务，免费送货上门安装，开展技术协助，做好产品维修，必要时帮助用户和中间商解决财务问题。这就要求销售人员要熟悉业务、精通技术。

4. 进行市场研究，反馈市场信息

国际销售人员要深入现场取得第一手资料，与中间商沟通，获得有关本企业产品、竞争者产品以及整个市场的具体状况和信息。国际销售人员还要了解顾客的消费动态和消费观念、产品的使用方式和顾客对未来产品发展的意愿。根据销售人员反馈的信息，企业可以改进产品属性，改善销售渠道，改变促销方式，使企业立于不败之地。

(三) 国际人员推销的步骤

1. 推销准备

销售人员应做好以下准备工作：(1) 了解本企业产品的特点和用途等有关产品信息及相关知识；(2) 了解顾客的情况，如顾客姓名、年龄、职业、教育程度、兴趣等，寻找对本企业产品有需求、有购买力、有决策权的“准顾客”作为目标顾客；(3) 了解竞争者经营的特点、竞争能力、竞争策略等；(4) 确定访问计划，包括预约顾客、工作日程、访客名单、有效路线和访问时间表。

国际销售人员在推销准备工作中还必须考虑当地的行为习惯、时间观念、交谈方式、身体语言的含义以及宗教信仰、价值观等，避免在沟通过程中出现理解的偏差，甚至由于不了解当地的文化背景而破坏企业形象，造成恶劣影响。

2. 接近推销对象

接近推销对象即与顾客正式接触、见面，是决定整个推销活动是否成功的关键步骤。销售人员接近顾客的主要目的是引起顾客的注意和购买兴趣。销售人员应以诚恳的态度给顾客留下良好的第一印象，通过适当的称呼、热情的问候和受欢迎的话题来缩短自己与顾客的距离，消除顾客对自己的戒备、不信任心理和国籍差别。对待不同的顾客，销售人员可选择不同的接近方式：(1) 自我介绍式，销售人员利用企业的声誉，做自我介绍，引起顾客的注意；(2) 产品式，依靠产品独特的性能来引起顾客的注意和兴趣；(3) 恭维式，即对顾客讲一些客套话，拉近与顾客的距离，使顾客心情愉悦，愿意了解企业及产品；(4) 利益式，即销售人员将顾客的注意力引至顾客通过交易可能得到的利益上去，引起购买欲望。

3. 正式洽谈

正式洽谈是促销过程的中心，即向顾客介绍和展示产品，告知产品或劳务的利益和效用，刺激其需求，产生购买欲望。销售人员要灵活巧妙、自然轻松地及时引入推销话题，用简洁、准确、通俗的语言向顾客宣传介绍产品，提供有关产品的可靠信息，引发其购买动机。推销洽谈过程中，销售人员要创造和保持和谐的气氛，鼓励顾客参与，让顾客积极反应，努力谋求一致。此外销售人员应尽量利用实物，发挥各种感官的功能，增强顾客对推销员和产品的信任。

4. 处理顾客异议

顾客异议是顾客对产品兴趣的表达，是潜在的顾客需求。销售人员应正确认识顾客异议，把它视为一种购买信号，而不是推销的障碍。销售人员应准备好应付异议的适当措辞和论据，消除顾客的疑虑。销售人员还应选择好处理异议的最佳时机，如果察觉到顾客的异议，要抢先释疑，化解异议。即使面对顾客的异议也不要急于回答，要先复述再回答，确认充分理解顾客异议的实质，回答顾客异议的核心问题。如果同时有几个异议，则按照先易后难的顺序逐个回答，解决顾客的问题和疑虑，坚定其购买决心，鼓励其做出购买决策。

5. 成交及后续工作

成交率是衡量销售人员成绩的重要标准，但成交不是瞬间行为，而是一个反复进行信息沟通的过程。销售人员要随时注意并捕捉成交信号，即顾客通过语言、表情、行为有意或无意表现出来的各种成交意向。

销售人员售出商品或取得订单并非意味着销售工作的结束，而是与顾客正式建立关系的开始。推销人员还要通过各种途径向已经购买商品的顾客了解产品使用情况，提供各种售后服务，及时地解决使用中出现的问题，做好售后跟踪服务工作，建立持久的顾客关系。

二、国际人员推销的招聘与培训

（一）国际销售人员的类型

1. 本国外派人员

本国外派人员是指企业选用本国人员去国外开展国际市场营销工作。本国外派人员了解公司的经营理念和战略目标，能与企业总部进行及时有效的沟通；本国外派人员更了解企业的产品及生产技术，有利于子公司新产品新技术的推介；本国外派人员忠实于企业，会尽可能地保护公司的利益，减少损失；本国外派人员可以获得丰富的国际营销经验，有利于企业培养自己的营销人才。如果企业产品具有较高的技术含量或者产品推销需要具备专业知识和广泛信息，选用本国外派人员组成销售队伍是最佳选择。此外，外派人员作为外籍人士，有时候能够获得更多关注，有助于提高产品在国外顾客中的形象和声誉。

本国外派人员的劣势在于：成本高，存在文化与法律方面的障碍，缺少足够的后备力量。很多企业发现，大部分优秀的员工并不喜欢到海外就职，他们觉得在两三年的任期内举家迁到一个陌生的环境困难重重，并担心海外工作会影响自己日后在国内的晋升。

2. 东道国当地人员

东道国当地人员是指企业录用东道国人员作为企业的销售人员。第一，东道国政府往往提出限制条件，要求跨国公司雇用东道国人员，雇用东道国人员有助于企业与东道国政府机构、相关组织建立良好关系，得到东道国政府和消费者的认可和接受。第二，与本国外派人员相比，当地人员能绕过文化与法律的双重障碍，更了解东道国的商业结构和商业习惯，从而能更好地利用当地错综复杂的分销体系和销售网络，避免由于文化差异而引发的经营管理问题，有利于树立企业良好形象。第三，雇用当地人员降低了母国外派人员的驻外费用，节约了成本。尽管外派人员的薪水也许并不比当地同行高，但维持一支由本国外派人员组成的销售队伍与维持一支相同的由当地人员组成的销售队伍相比，费用仍然要高出两倍多，因为前者需要一些生活补贴、搬家费、税收和其他一些维持外派人员在国外工作的费用。

东道国当地人员的主要问题是：由于语言交流技能有限，以及对总部决策制定程序缺乏了解，很难与企业维持密切的关系，企业总部员工容易忽视他们的建议，影响力大打折扣。另一个明显缺点是当地可能缺乏合适的销售人员，特别是既懂外语又具有产品销售经验的人才，如果选择不当的销售人员，反而会影响企业的销售业绩，破坏企业在当地的形象。

3. 第三国人员

第三国人员是指离开自己的国家到别的国家为第三国企业工作的销售人员，其国籍既不同于所工作的国家，也不同于就职的企业。越来越多的跨国公司既不选择母国外派人员，也不在东道国当地招聘管理人员，而是从不相关的第三国选聘优秀的职业经理人。因为他们受自我参照标准的影响较少。以往在国外度过大部分职业生涯的第三国人员较少，而现在则已经开始出现真正的全球经理。

第三国人员具有前面两种销售人员所不具备的优点：由于具有很多国家的生活经历，

他们精通几种语言，不存在语言障碍，又具备跨国经营的经验，受自我参照标准的影响很少，而且熟悉某个行业在各个国家的发展状况。因此，越来越多的企业选择第三国人员进行销售。

（二）国际销售人员的培训

1. 本国外派人员的培训

对于本国外派人员，培训主要集中介绍目标国的风俗习惯和在海外销售时遇到的各种问题，侧重于文化意识上的训练，目的是增强外派人员的文化敏感性，使其尽快了解东道国的文化环境，培养对东道国的文化的好感，适应东道国的生活，提高工作能力，做到“知己知彼”。培训内容主要为：

（1）跨文化培训：了解母国本土文化，以及东道国的文化、风土人情及礼仪，认清文化差异。

（2）语言能力培训：具备语言沟通能力，能与外国人进行顺畅的沟通。

（3）专业能力培训：掌握先进的营销理念和丰富的经验、科学的行动方法、团队合作能力、持续学习能力。

（4）全球视野培训：了解海外的营销模式、到海外参观交流、短期外派学习等。

2. 东道国人员培训

对于当地人员，则应该重点介绍企业、产品、技术信息以及推销方法。长期根深蒂固的观念和行为是培训面临的最大障碍，外派人员难以摆脱自己的行为习惯和生活方式，而本地人员会固守当地文化不断强化的行为习惯。培训内容主要为：

（1）企业文化培训：了解企业文化，增强凝聚力，提高员工对企业的忠诚度。同时，还要使当地的工作人员了解企业的母国文化，充分理解企业母国的价值观与行为理念，增强他们对外资企业工作和生活环境的适应能力。

（2）技术培训：了解产品的技术信息，理解产品与竞争对手之间的差异和优势。

（3）营销技能培训：掌握先进的营销理念及有效的营销策略。

案例：

宝洁公司的人员推销之道

宝洁公司每年花费 2 000 万 ~ 4 000 万美元，从美国本土派 100 多名美国人进驻中国。这 100 多名美国人带着美国宝洁的商业观念，来到中国从事经营管理，并用优厚的薪金在中国最优秀的大学招聘最优秀的大学生。这些大学生进入宝洁公司接受美国企业管理思维的训练和教育，经过培训的中国员工已为宝洁在中国攻占市场立下了汗马功劳。

宝洁在中国的经营理念是：只要有销售宝洁同类产品的地方，就一定要有宝洁的产品，而且宝洁的产品要做到最好。中国已有 300 多个 20 万人口以上的城市的百货商店、小卖部被宝洁列入其战略版图。在那些地方，伴随着每天太阳升起，一批身着宝洁产品广告衫、号称“胜利之队”的销售员，便骑着自行车或摩托车，穿街过巷，到处去推销。在那些城市，甚至自行车修理点都卖宝洁产品。

宝洁在中国市场上费尽了心思，不光在城市巩固与扩张市场，还向农村发起了进攻。据某媒体报道，宝洁在农村已取得了很好的市场业绩。

资料来源：李志荣主编：《国际市场营销——理论与实务》，东北财经大学出版社，2007 年版，第 198 页。

三、国际销售人员的评估与控制

（一）国际销售人员的评估

对国际销售人员的评估指标分两个方面：一是直接的销售效果，即个人销售业绩，包括推销产品的数量与金额、推销的成本、新客户销售比率等，这些指标很容易衡量与比较。二是间接的销售效果，包括走访顾客的人数及频率，产品与企业的知名度的升高程度，为顾客服务和市场调研任务的完成情况等。

国际市场销售人员的评估方法主要有以下几种：

（1）横向比较法。将不同推销员在同一时期完成的销售量和销售额等进行比较，但只有在其各自负责区域的市场潜量、工作量、竞争情况、公司促销努力程度均差别不大的情况下，这种比较才有意义。

（2）纵向比较法。将同一推销员现在与过去的工作实绩进行比较，包括对销售额、毛利、销售费用、新增顾客数、失去顾客数、每个顾客平均销售额、每个顾客平均毛利等数量指标的分析。这种比较能反映出该推销员工作的改进程度。

（3）尺度考评法。将工作实绩、工作能力、工作态度等各考评项目都配以考评尺度，将每项考评因素划分出不同的等级，对不同的考评因素可按其重要程度给予不同的权重，根据每个推销人员的表现进行评分。

通过对不同推销人员推销效果的评价，企业可以鼓励先进、鞭策落后，对绩效优秀者予以物质奖励或精神奖励。企业在进行销售人员评估时，应考虑到不同社会文化因素的影响。在西方国家，销售人员的评估比较简单，许多销售岗位只看重个人业绩，优秀的销售人员的销售额高。然而在许多国家，评估并不那么简单，特别是在那些关系导向型文化里，人们更注重集体协作而不是个人努力，业绩衡量需要比较密切的考察，也许还要考虑顾客、同事以及主管人员的意见。

跨国公司应该充分考虑不同的地区有不同的市场特点，不同的国家有不同的法律法规，从而据此设计合理的评估体系。进行评估时必须遵守三个原则：第一，公平性原则。评估体系应该是公开、公平、公正的，对相同层次的东道国人员和本国员工应该一视同仁。第二，适应性原则。首先，评估体系要适合当地的文化，同时评估方法和指标不得违背东道国的文化习惯。在充分考虑文化差异的基础上，确定考评指标、评价标准等具体内容。其次，企业进行销售人员评估还必须适应当地市场的特点，在某些销售难度大的地区要相应降低销售限额或者提高酬金，从而更好地分析比较不同市场条件下销售人员的业绩。

（二）国际销售人员的控制

大多数企业对国际销售人员采用的主要控制工具是激励机制。在一些西方国家，随着互联网与传真机的使用，很多销售人员不在办公室而在家里处理业务，很少与主管人员见面，因此企业对销售人员的控制也就相对减弱。

近年来，组织结构出现扁平化趋势，控制跨度也不断拓宽。然而在一些东方国家，控制跨度还相当狭窄，在日本，主管人员要花相对较多的时间与相对较少的下属接触。在关系导向型国家里，企业文化、同事及主管人员之间的频繁交流都是激励与控制销售人员的工具。

第三节 国际市场广告策略

一、广告目标和策略

（一）广告目标

广告是企业在促销活动中普遍重视和应用最广的促销形式。国际广告是广告主以在国际市场上促进销售为目的，付出一定的费用，通过特定的媒体传播商品或劳务等有关信息的大众传播活动。国际广告与国际人员推销的个人传播不同，是以广大消费者为广告对象的大众传播活动；国际广告也不同于公共关系，要对所使用的广告媒体支付一定的费用。国际广告具体包括以下方面：

（1）传播信息。企业通过国际广告活动能够将企业及其产品等有关经济信息传播到国际目标市场，便于国际目标市场的消费者了解企业及其产品。国际广告能够沟通产销，使目标市场消费者对企业和产品形成记忆，成为消费者选购此类商品的重要依据。

（2）树立企业形象。在国际市场上国际广告是企业及其产品进入国际市场的先导。借助广告的宣传，能够提高企业及其产品的知名度，也有利于树立企业形象，为打开产品市场奠定基础。

（3）指导消费，促进销售。国际广告向目标市场消费者宣传商品的使用与保养方法，给消费者传授商品知识，指导消费者更好地使用商品。广告能使消费者对企业产品由不知到已知，再到产生兴趣，最后到激发其购买欲望，从而促进产品销售。

（二）广告策略

广告策略是指企业在分析环境因素、广告目标、目标市场、产品特性、媒体可获得性、政府控制和成本收益关系的基础上，对广告活动的开展方式、媒体选择和传递信息做出的决策。

1. 广告目标策略

（1）通知性广告。通知性广告的主要目标是使消费者对企业的产品或服务产生初步的需求，主要用于新产品的市场导入阶段。广告信息的主要内容是介绍企业及其产品的有关情况，目的在于树立企业及其产品的形象，诱发和建立基本需求。

（2）说服性广告。说服性广告主要目标是劝说和诱导消费者更多地购买本企业的产品，主要用于产品的成长期，尤其是存在竞争性产品时。广告信息的内容一般以产品的品质、用途、特色和用户利益为主，目的在于诱发消费者的消费欲望和购买行为，培养消费者对特定品牌的选择性需求，使其形成品牌偏好，促成产品的持续、大量销售。

（3）提醒性广告。提醒性广告主要目标是提醒消费者不要忘记本企业的产品，主要用于产品的成熟期。广告信息通常以企业与产品品牌形象或消费提示为主，目的在于提醒而不是通知或说服消费者购买，旨在使原有用户保持对产品的记忆，继续购买产品。

2. 广告形式策略

（1）标准化策略与差异化策略。标准化策略是指企业在不同国家的目标市场上使用主题相同的广告宣传。国际广告标准化策略的优势在于降低企业广告促销活动的成本，易于保持企业的统一形象。劣势主要是没有考虑到各国市场的特殊性，尤其是在文化差异较大的市场，相同的广告不易被不同的文化所接受。

差异化策略是指企业针对各国市场的特性，向其宣传不同的广告主题和广告信息。国际广告差异化策略的主要优势在于针对性较强，能够适应不同文化背景的消费者需求，以及克服东道国市场的进入障碍。由于不同国家或地区存在着不同的政治、经济、文化和法律环境，消费者对产品需求差异很大，因此根据不同的市场特点，设计不同的广告主题，传递不同的信息，以迎合不同消费者的需求。此外，许多国家政府对广告宣传实行严格的控制，采用针对当地市场的广告可以避免广告宣传的失误。国际广告差异化策略的主要劣势在于促销成本高，企业总部对各国市场广告宣传的控制程度较差，甚至出现相互矛盾，影响企业形象。

企业采用标准化策略或差异化策略应该取决于消费者的购买动机，而不仅仅考虑地理条件。当不同地域市场的消费者具有相同的购买动机时，企业就可以采用标准化策略。标准化策略并不排斥就地区差异做一定程度的修改，而是强调相同的广告的定位和主题。当消费者对企业产品购买动机差异很大时，应采用差异化广告策略。目前，很多跨国公司为了控制广告成本以及世界范围的促销活动，将标准化广告与差异化广告相结合。首先由总部研制一套典范性的广告方案，然后由每个子公司以这个广告主题为基础，对其做适当改变。这样，既控制了跨国公司在全世界所做广告的主题，也兼顾了地方市场的特点。

（2）形象广告策略与产品广告策略。形象广告的目标不是直接推销产品，而是塑造企业及其产品、品牌的整体形象，并巩固和发展这一形象。形象广告的目的是为了获得长久和稳定的利润，而不是追求在商品利润上立竿见影的效果。所以形象广告的内容不是直接展示、介绍产品，而是显示此产品的情调及其能够带给人们的联想，展现拥有此产品的人将会具有的风格和风度，从而塑造产品的形象，并由此进一步塑造品牌形象和企业形象，赢得消费者的喜爱和支持。

产品广告的目标在于推销产品，希望广告劝说能够带来销售额的迅速上升。因此产品广告的内容可能是多种多样的，但其核心都是要采用各种方式介绍、宣传产品的特点和优点，利用各种劝说内容和形式，诱导人们购买。产品广告也要考虑不同的产品种类，对于满足消费者基本生活需求的产品，广告应着重塑造其产品大众化和实惠的特点，宣传货源充足、售后服务良好、简明易懂。如果是满足消费者选择需求的产品，广告策略应把宣传产品的独特性作为重点，显示产品的高档次和高价格。广告语言应尽可能美好动听，格调高雅，以满足消费者自尊、自我实现的较高层次需求。

形象广告与产品广告并不是截然分开的，形象广告的最终目标也是为了推销企业的产品，获得更大的利润，而产品广告也必须考虑产品形象、企业形象的树立，绝不能与产品、企业的形象背道而驰。

3. 广告内容策略

广告内容的设计是一项较为复杂的工作，既要有科学性，又要有艺术性，而且必须与广告目标紧密相连，为实现广告目标服务。设计一则成功的广告要求广告设计者具有较高的创造力和想象力。广告设计者还必须将广告人的广告目标融于广告内容之中。广告目标是广告设计的指导思想，广告创意是广告目标的信息传递和体现形式。广告内容设计包括以下几项决策：

(1) 情感与理性。以强调情感为主的广告称为情感诉求式广告，以强调理性为主的广告称为理性诉求式广告，两者的主要区别是诉求的方式和重点不同。目前，大多数国际企业都采取情感和理性兼顾，以其中一种为主的策略。例如，美国宝洁公司在推销浪峰牙膏时，广告语是“浪峰牙膏是美国牙医学会推荐产品”。这一广告宣传，既体现了理性宣传的特点，又强调了牙膏的防病功能，带有引导消费者感情的作用。再如，在竞争十分激烈的国际航空市场上，大多数航空公司都想树立起自己的独特形象，以吸引顾客。其中有一个不变主题，就是以空中小姐微笑的画面来吸引顾客。这是以情感取胜的最成功的一例广告。

(2) 对比与陈述。所谓对比广告，就是将企业产品与其他同类产品进行对比分析，以期明示企业产品的独特之处。目前，对比广告较为流行。美国苏埃弗公司是一家生产洗发精的企业，采用对比法做广告时，直接将其产品与两家最大企业（宝洁公司和强生公司）的洗发精进行对比，强调“他们的产品功能我们也具备，然而，我们产品的价格仅为他们产品的一半”这一广告主题，结果使苏埃弗公司的洗发精在市场上占有主导地位。但是，由于对比广告是一种较为敏感的广告，很多国家都制定了有关对比广告的法律规定，如德国就颁布了禁止对比广告的规定。因此，在运用对比广告时，要特别注意各目标市场国的法律规定，否则，很可能招致诉讼而导致不必要的损失。

(3) 主题长期不变与经常改变。从理论上讲，广告主题的重复播送能增强受众者的印象。比如，日本松下电器公司经常反复播送其电器广告，美国宝洁公司反复播送其化妆品广告，从而增强受众的印象，引起其购买行为。但是，某产品重复播送广告次数的增加，会使受众产生厌烦心态，使印象逐渐变浅，而且容易造成产品老化的形象。因此，即使是一个十分成功的广告主也须根据情况的变化及时调整广告主题。

4. 广告时机策略

(1) 推动需求策略。推动需求策略即广告与产品同步，广告在宣传产品的同时，产品已经上市，消费者可以看到、买到这些产品，企业利用广告推动需求，使消费者接受这些产品，从而扩大产品的销售。

（2）拉引需求策略。拉引需求策略是指在新产品上市之前就用广告来宣传这种产品。先见广告后见产品，拉动消费者需求。企业若想采用超前广告策略，就一定要具备以下条件：

第一，企业本身实力雄厚，经营状况良好，产品的市场比较广泛，潜在的消费者或用户很多，有能力承担风险，也有实力同可能的竞争者对抗，争取到众多的消费者。

第二，企业准备推出的产品具有较高的技术含量，运用了先进的高科技手段，不会被其他竞争对手很快仿制出来，对新产品构成直接的威胁。

第三，企业能够提高广告文本的创作水准，突出企业的品牌，着重宣传产品本身而不泄露产品的细节，使竞争者只能够了解该产品的用途而无法了解该产品的制造方法。

第四，企业对推出这一产品已有十足的把握，能够保证产品准时上市，甚至在必要时候提前上市，以保证配合广告的宣传效果或抵制竞争行为。

推动需求广告和拉引需求广告不是绝对分开的，而是相互连接的。企业的产品上市后，同步的推动需求广告就要随之跟上，以维持良好的广告效果。产品上市前后的广告应保持一致，使得消费者从产品上市前后广告中得到的信息是一样的，以便进一步劝说消费者购买，保持理想的销售情况。

二、国际广告的制约因素和媒体选择

（一）国际广告的制约因素

在促销组合的所有因素中，广告决策更容易受到不同国家文化的影响。由于广告是通过消费者的需求、欲望、渴望来诠释产品或服务满足需求的特性，其情感诉求、象征符号、说服方法必须和文化规范相一致，因此广告设计必须考虑目标市场国的经济环境、风俗习惯、宗教信仰、价值观念、理解力以及生活水平、法律管制等因素。通常主要的制约因素包括：

1. 语言

国际广告的主要障碍之一就是语言，广告信息可以是标准化的，但语言必须是地方化的。

提 示： 西班牙语中的“轮胎”有五种不同的表示，它们分别是：Cauchos、Caubiertas、Gomas、Liantas、Neumaticos。这些表示又都在不同的国家使用。其中，委内瑞拉使用 Cauchos，阿根廷用 Caubiertas，波多黎各用 Gomas，智利用 Neumaticos，而墨西哥、秘鲁、危地马拉、哥伦比亚和中美洲的一些地方则用 Liantas。因此，国际广告时要注意语言的差异性。

2. 文化

不同国家之间的文化差异使得人们对同一概念或事物产生不同的解释，严重妨碍了沟通。如何设计出抽象、简洁、地道的广告语，符合当地文化价值观的广告内容，对于广告人员和翻译人员来说是一个挑战。

3. 政府限制

很多国家设立了广告管理机构，制定了有关法规，对广告的产品、广告的信息、广告的支出等进行严格的控制和管理。以电视媒介为例，有些国家完全限制电视广告，有些国家限制某些产品在电视上做广告，还有一些国家则规定电视台每天播放广告的时间。近年来各国政府对广告活动的控制或限制的趋势还在加强，有些国家政府采取措施限制大公司广告开支，以降低产品流通费用，达到降低产品零售价格的目的，从而保护本国消费者的利益，维护本国中小企业的竞争力。

4. 媒体限制

尽管大多数国家都具有相同的广告媒体，但是各国之间仍然存在着许多差异和特有的问题。经济发展水平较高的国家，可供选择的媒体较多，媒体也相对发达和完善。在经济不发达地区，有些国家通信基础设施落后，某种或某些广告媒介的普及率很低，限制了企业做广告时对媒介的利用。不同的国家在媒体费用上差别很大，而且多数国家广告媒体的价格是可以商谈的。不同媒体往往存在传播到某一特定广告受众的困难，缺乏覆盖面的有关信息。

5. 广告制作的限制

有些国家广告业很发达，广告代理商数量多、规模大、服务质量高，广告制作技术精良；而在另外一些国家中很难找到合格的广告代理商。此外，在有些国家和地区，由于当地教育水平、生产条件等限制，广告的制作也受到影响。

（二）国际广告的媒体选择

在国际市场广告促销活动中，可以利用的渠道和媒体很多，使用最多的广告媒体是报纸、杂志、广播、电视这四大媒体。近几年来利用网络做广告的业务发展也很快。

1. 广告媒体的主要类型

（1）报纸。报纸是最为普遍的广告媒体之一，在许多国家居广告媒体之首。它的主要优点是传播面广、反应迅速及时、制作简单、费用低；主要缺点是内容庞杂、分散读者对广告的注意力、表现形式有限、持续时间短。报纸在不同国家的情况差异也很大，有些国家报纸缺乏竞争，而有的国家报纸数量又十分庞大。

（2）杂志。杂志的主要优点是宣传对象明确、针对性强、表现力好、持续时间长；主要缺点是传递速度慢、缺少灵活性。国际广告很少应用到外国消费者杂志，因为一般杂志发行量极其有限或者难以得到可靠的数据。

（3）广播。广播的主要优点是信息传递迅速、方式灵活、传播广泛、价格相对低廉；主要缺点是持续时间极短，有声音而无文字和图像，记忆困难，效果难以评价。在许多国家广播仍然是一个特别重要的广告媒体，因为它是唯一适应以语言细分市场的重要广告媒体。

（4）电视。电视的主要优点是形象生动、感染力强、可信度高、覆盖面广；主要缺点是持续时间有限、难以记忆、制作复杂、费用较高、缺少可靠的观众数据。各国政府对电视广告媒体的管理存在不同的政策，全球主要可分为三种模式：竞争性商用电视体系、垄断性商用电视体系和非商用电视体系。

（5）邮寄。邮寄的优点是地理选择性好、针对性强、灵活性大；主要缺点是成本高、可信度差，而且需要大量的顾客信息。直接邮寄在许多国家是一种有价值的广告媒体。

（6）互联网。有人称互联网为电视、报纸、杂志、广播之后的广告的“第五媒体”，具有信息量大、信息传递迅速、便于检索、储存时间长、形象生动、集视觉与听觉于一体等特点。互联网使企业实现同广大用户直接的交互式沟通，具有传统广告无法比拟的效果。随着互联网的逐渐普及，互联网广告有着巨大的发展潜力，而且利用互联网做广告可以与电子商务很好地结合起来，是未来商业发展的方向。互联网的主要缺点是可信度差、覆盖面小，尤其是在计算机拥有量少的国家，受到限制。

（7）其他媒体。企业在国际市场上可以使用的广告媒体还有户外广告牌、交通工具等方式，可以用来解决某些地区的特殊问题。在很多国家，电影院和广告牌以及其他形式的户外广告一样，是一种重要的媒体。在文盲率高的国家，广告牌尤其重要。

2. 国际广告媒体的选择

媒体的选择是国际广告中十分重要的问题。世界各国的广告媒体类型基本相同，但又各有其特点，在选择广告媒体时，应着重考虑以下问题：

（1）各国采用的媒体。各种媒体在不同国家的影响作用不同。在各种宣传媒体中，电视影响最大的国家是秘鲁、哥斯达黎加和委内瑞拉。在那些没有商业电视、广播广告或者限制其使用的国家，印刷品的宣传占了很高的比重，如阿曼、挪威、瑞典等。户外和交通广告在玻利维亚的宣传媒介支出中占约 50%，而在美国却不到总广告费用支出的 2%。因此，必须根据各国目标市场常用的媒体加以选择。

（2）媒体的声誉与特点。广告媒体的声誉影响其传播信息的可信程度，企业应当选择信誉高的媒体做广告。媒体的特点，是指媒体的专业性因素，如有的适宜发布娱乐性广告，有的则适宜宣传产品广告，等等。

（3）媒体发布广告的时间。广告播送必须及时，过时的广告是毫无作用的。战略性广告针对着未来，战术性广告则着眼即时效应。因此，只有了解广告媒体的广告周期和时间安排，才能及时发布国际广告。比如，印度由于纸张供应紧张，广告版面不足，要在六个月前预定位置；德国电视广告的全年安排一定要在前一年的 8 月底之前做好，但电视台仍不能保证夏天的广告不会延迟到冬天才播出。

（4）媒体组合。由于世界各地的媒体的特点不同，广告管理法规不同。因此，在运用媒体组合策略时，必须考虑各国使用媒体的具体情况。在国际市场上，一般以报纸为广告的主要媒体，运用杂志做广告很少。但在某些国家也可运用有影响的杂志加以配合，如在美国、欧洲国家，妇女杂志读者多，往往采用杂志做化妆产品广告。有些国家（如拉丁美洲国家）的广播广告是主要的广告工具，有些国家则以电视作为广告的主要媒体。不少国家（如欧洲一些国家）运用路牌广告作为开拓市场的重要工具。

注 意：

各国对电视广告时长的规定

世界各国对电视广告时间的限制和规定虽各有不同，但每小时总时长12分钟是个较为普遍的约束。

中国：2010年1月1日起，国家广电总局2009年发布的《广播电视广告播出管理办法》正式实施，将每套节目的商业广告播出量由原来“按天计算”调整为“按小时计算”，并规定每小时不得超过12分钟。

美国：在黄金时段（每天下午6时到晚上12时，由各电视台任选3小时的播出时间），每30分钟节目内广告插播不得超过两次；如节目时间超出60分钟的，则每增加30分钟，可增加广告插播两次。每60分钟的节目中，电视广告时间不得超过9分30秒。在非黄金时间，每60分钟的节目中，广告不得超过16分钟。

欧盟：广告总时长每小时不得超过12分钟，两次广告时段的最短间隔依节目内容不同为20至30分钟。不过，欧洲各国针对自身的不同情况，规定会稍有偏差。在德国，国有电视台在周一到周六的全天内，只可以播放总共20分钟的广告，晚上8时之后不允许播放任何广告。无论国有还是私营电视台，每小时内最多只能播放总共12分钟的广告，每次播放广告时间不得超过6分钟，在两次播放广告的时间段内至少要有30分钟的间隔。英国广播公司（即BBC）享受政府资助，除了推广自己节目的广告外，不得播放广告。至于其他私营电视台，英国通信管制机构规定，每小时广告时间平均7分钟，最高不得超过12分钟；晚上6时至11时期间，每小时广告不得超过8分钟。

俄罗斯：中央和地方对广告的时长限制不同，分别为4分钟和15分钟。

澳大利亚：澳大利亚是世界上电视广告量最多的国家之一，并未具体规定具体时段的广告播放量，即使在黄金时段，每小时播出的广告往往也会超过18分钟。

资料来源：广州日报2011年12月2日。

三、广告的规划与实施

（一）国际广告战略的选择

由于各种原因，各个企业不可能奉行同样的国际广告战略。根据广告国际化的程度不同，广告战略可以分为三种类型：

1. 全球广告战略

全球广告战略即企业实行全球市场战略，在全球范围内运用相同的品牌、相同的设计和相同的进入战略。全球广告成功的结果就是形成国际名牌。

2. 区域广告战略

区域广告战略即对世界某一区域推行相同的市场战略，运用同样的广告促销方式。“泛欧广告”就是一种典型的区域广告，由于欧盟的形成，许多企业都将欧洲各国视为同一市场，推行同样的品牌和广告促销战略。

3. 细分广告战略

细分广告战略即在对全球市场进行细分的基础上，对不同的细分市场制定不同的市场战略。这里，细分市场可以以国界划分也可以包括不同的国家，主要取决于同一细分市场内消费者的需求、欲望和消费行为是否一致。

（二）国际广告预算

企业常用的预算方法有以下几种：

1. 目标与任务法

企业首先要确定要达到的广告目标以及为实现目标需要完成的各项任务，然后估算完成每项活动需要的广告费用，并以此制定预算。采用这种方法可以将广告目标与成本进行比较，有助于达到最佳效果，但困难在于确定国外市场的目标没有在本地运作时清晰具体，而且有可能脱离实际，对于达到每个目标需要投入的费用难以预测，国外市场出现意外情况就需要修正全部目标。

2. 销售百分比法

将广告支出直接与利润或销量挂钩，企业将其销售额的某一百分比用来作为广告费用支出。这种方法的优点是简便易行，确保广告支出力所能及，使广告预算在不同的市场进行有效分配；缺点在于颠倒了广告额与销售额之间的因果关系，无法在新产品进入市场或销量下降需要增加广告费用以扭转局面时使用。

3. 竞争对等法

企业要估计竞争对手的广告花费，并根据竞争对手的广告费用确定大致相同的广告预算。采用这种方法适用于进入国际市场之初，缺乏国际广告经验的企业，但是这种方法不一定科学。首先，竞争对手的预算不一定合理、有效；其次，企业与竞争对手在资源、营销目标、市场机会以及在市场上的竞争地位等各方面不相同，竞争对手的预算不一定符合自己的实际情况。第三，了解国外竞争对手的广告投入有难度，因为各国企业财务状况公开程度是不同的。

4. 量力而行法

企业在制定广告预算时首先考虑自己能够负担的广告费用，以自身的经济能力为基础确定广告预算。这种方法简单易行，但忽视了广告投入与广告效果之间的关系，不利于企业制定长期的市场拓展计划。

在制定广告预算时要考虑以下因素：（1）产品生命周期。新产品一般需要花费大量的广告预算，以建立知晓度，取得消费者的试用。已经建立知晓度的品牌所需的预算在销售额中所占的比例通常较低。（2）市场份额。市场份额高的品牌，只需维持其市场份额，因此其广告预算在销售额中所占的比例通常较低。而通过增加市场销售或从竞争者手中夺取市场份额来提高自己的市场份额，则需要大量的广告费用。（3）竞争干扰。在一个有很多竞争者和较大广告开支的市场上，企业必须加大广告宣传力度，才能引起消费者注意，因此需要大量的广告开支。(4) 广告频率。把企业或品牌信息传达给消费者的次数，也决定了企业广告预算的大小。(5) 产品的独特性。如果某一品牌或产品可以提供独特的物质利益或特色，不会轻易被竞争者取代，可以减少广告开支。如果某一品牌或产品没有明显特色，而且市场中的替代品较多，则需要大力宣传。

(三) 对广告公司的选择

企业广告的发起和实施都是委托广告公司进行的。国际营销者一般有两种选择：一种是企业所拥有的广告公司或企业内部广告部门经营广告业务，另一种是委托广告代理商代办广告业务。广告代理商是独立的企业组织，其经营业务是为客户策划、制作广告，当然，它要收取佣金作为收入。由于广告代理商具有专业化的知识、技术、人才与服务，所以许多企业虽设有广告部，但也常常委托广告代理商来从事广告宣传活动。经营国际市场广告业务的广告代理商有三大类：

1. 国际性广告代理商

这种代理商一般在国外有许多分支机构，经营国际性广告业务。选择有当地分公司的跨国广告公司是企业实施广告策略的最佳选择，因为它既具备大公司的业务能力，又熟悉当地的文化氛围，而且可以利用其在各地的分支机构统筹安排企业在全球范围内的广告策略，协调在多国市场上的广告促销活动，从而收到最佳的整体促销效果。同时，还省掉在多个国家或地区寻找合适的当地广告代理商的麻烦。

2. 目标市场当地广告代理商

这类广告代理商以经营其所在国广告业务为主。目标市场当地广告代理商是企业实行差异化的广告策略的最佳选择，因其了解、熟悉当地的社会文化环境，而且具有当地的消费者能够接受的民族形象，能够为企业提供最好的文化诠释，把握最准的市场时机，收到较好的市场覆盖与渗透效果，还可避开某些政府对外国广告公司进入当地开展广告活动的限制。当然，当地广告公司也有其固有的缺陷：首先企业与当地公司之间的跨文化交流存在障碍；其次，当地广告公司的业务能力不如跨国广告公司，可能无法实现企业的广告目标。此外，企业是否采用当地公司还受东道国法律的制约，在越南，当地的法律要求必须有当地的广告公司参与广告实施。

3. 本地广告代理商

这种广告代理商一般与国外有业务联系，可以借助其在国外目标市场的分支机构开展广告促销活动，同时，也便于企业控制广告促销活动。

此外，广告公司的选择还受各国公司佣金的影响，而且广告公司提供的服务彼此之间也存在很大差异，企业在选择广告公司时应当综合考虑各方面的因素，确保企业广告的正常实施和目标的实现。

第四节

国际营业推广与国际公共关系策略

一、国际营业推广

(一) 国际营业推广的概念及影响因素

1. 国际营业推广的概念

国际营业推广是企业在目标国市场上，刺激消费者购买欲望、改进中间商工作有效性和加强相互之间合作的营销活动。除人员促销、广告、公共关系以外，所有刺激消费者购买、提高中间商销售积极性和协调其作用的促销手段，都属于营业推广。国际营业推广能够对整个促销组合中的广告和人员推销起到补充作用，已经成为国际营销活动的重要方式。

国际营业推广按照对象可分为三大类：(1) 针对最终消费者的营业推广，如赠送样品、奖券、代价券、交易印花、购物赠物、廉价包装、展销、现场示范、操作表演等，给消费者提供一个特殊的购买机会，形成轰动效应，使消费者购买欲望高涨。(2) 针对中间商的营业推广，如购货折扣、合作广告、推销奖励、陈列资助、免费赠品、联营专柜等，用以激发中间商的销售积极性，促成协议，鼓励进货，积极推销。(3) 针对公司推销人员的营业推广，如超额奖金、推销竞赛、推销补助、提升机会、精神鼓励等，鼓励他们积极推销，开拓新市场，发展新客户。

2. 影响国际营业推广的因素

(1) 当地政府的限制。许多国家对销售促进方式加以限制。有的国家规定，企业在当地市场上进行营业推广活动要事先征得政府有关部门的同意。有的国家则限制企业营业推广活动的规模，限定免费赠送的物品不得超过消费者所购买商品的一定百分比，如法国限制在5%以内。有的国家对营业推广的形式进行限制，规定赠送的物品必须与推销的商品相关，如杯子可作为咖啡购买者的赠品，但不能作为推销洗衣机的赠品。

注　意：

国际营业推广的法律限制

许多在一个国家可以广泛使用的营业推广手段，在另一些国家却是被严格禁止的或有一定的使用条件。法国法律规定禁止抽奖，免费提供给购买者的礼品其价值不得超过总购买金额的5%。德国法律则禁止使用折价券。日本法律规定，事业者提供附赠的奖品或奖金的最高额是：交易额在1 000日元以下的，奖品和奖金的价值不得超过100日元；交易额在1 000

日元到 50 万日元之间的，奖品和奖金的价值不超过交易额的 10%；交易额在 50 万日元以上的，奖品和奖金的价值不得超过 5 万日元。西班牙法律规定，经营者向购买者提供好处的实际价值，不得超过主商品价值的 15%，奖品必须与销售的商品有关。

（2）中间商的合作态度。国际营业推广活动的成功需要得到当地中间商的支持与协助，如由经销商代为分发赠品或优惠券，由零售商负责进行现场示范或者商店陈列等。对于那些零售商数量多、规模小的国家或地区，企业要想得到零售商的有效支持与合作就比较困难，因为零售商数量多、分布广、不容易联系，商场规模小，无法提供必要的营业面积或示范表演场地，加上缺乏推广经验，难以收到满意的促销效果。

（3）目标市场的竞争程度。目标市场的竞争程度以及竞争对手在促销方面的动向或措施，会直接影响企业的营业推广活动。竞争对手推出新的促销举措来吸引顾客争夺市场，企业若不采取相应对策，就会失去顾客，丧失市场。同样，企业在海外目标市场的营业推广活动也可能遭到当地竞争者的反对或阻挠，甚至通过当地商会或政府部门以法律或法规的形式加以阻止。

（二）国际营业推广的主要形式

1. 以价格为核心的营业推广

（1）折价销售。企业在某一特定期间向顾客提供价格明显低于原来售价的商品，其目的有以下几项：一是鼓励顾客对促销商品增加购买；二是促使顾客转换品牌，进而培养顾客再购买该品牌的消费行为。

（2）优惠券。企业提供持有此券的顾客在购买特定产品时，享有折价券上所标示的折扣优待，主要是针对价格敏感的顾客。优惠券促销与降价促销有截然不同的效果，两者的差别在于降价促销是非计划性购买，而促销券促销则是计划性购买。

（3）特价包装。特价包装多采用加量不加价包装，即指产品容量或数目增多，但是仍维持原有的价格。当降价被过多使用时，加量不加价包装可以作为一种替代方式，以同样价格，可以买到比平常多份的产品。

（4）退款。企业在消费者购满金额达到一定标准时向其退回承诺定额的现金，这种方式可有效地捉住顾客的消费心理盲点。

（5）折让。企业提供折让，以此作为中间商以某种方式突出宣传其产品的补偿。广告折让用以补偿为企业的产品做广告宣传的中间商；陈列折让则用以补偿对产品进行特殊陈列的中间商。

2. 以赠送为核心的营业推广

（1）赠品。当顾客购买某一特定商品后，获得厂商提供的某种赠品，赠品通常以直接赠送或邮寄方式送到顾客的手中，它是给予顾客以免费或较低的价格获得商品，作为其购买产品的回馈。如果运用适当，简单的赠品能创造销售奇迹，好的赠品还能扭转顾客的消费行为。

企业在赠品的选择过程中应该注意：第一，赠品要对目标消费群有吸引力。赠品的合适与否，关键在于是否符合目标顾客的喜好。年轻人喜好新奇有趣的赠品，而中老年人更注重赠品的实用性。第二，要重视赠品的价值。赠品必须在目标消费群中有“价值”，让顾客在心理上感到合算。第三，赠品的设计要独特，制作要精美。赠品虽然是免费的，也应该保证其质量。制作粗糙、没有特点的赠品不仅不能促进销售，反而会影响商品的形象，阻碍产品的正常销售。第四，赠品发放的时间要适度。赠品的发放不应是经常性的，否则就让人对品牌产生不好的印象，觉得它本来应该是更低价的。企业需要确定赠品发放的时间期限，如一个星期或送完为止，使顾客产生一种紧迫感，加快购买。

（2）样品。企业以发放实际产品或试用包的方式，鼓励顾客试用产品。这种方式的好处是可以让顾客亲身体验，获得实际的产品经验，加强顾客对品牌名称的印象，进而促进顾客的正式购买。

3. 以奖励为核心的营业推广

竞赛或抽奖。顾客购买一定数额的商品后，可以参加趣味竞赛或抽奖活动，获得主办单位提供的奖品或现金，吸引顾客的高关注度，以极高的中奖率刺激顾客购买。

4. 以展示为核心的营业推广

（1）展销会。参加行业展会是宣传推介最快捷有效的办法，企业利用参加展销会的机会借助媒体传播有效信息，着重突出核心产品，借助公司某种知名品牌产品带动提升其他相关产品的推广。

（2）销售点陈列。企业在购买点或销售点较显眼的地方，如便利店的大门口，商店或大卖场的电梯口等位置，陈列货架、旗帜、指示牌等作为促销的媒介，引起消费者注意。

（3）现场示范。企业在选择国际营业推广方式时要将营业推广与企业品牌传播形成良性互动关系。营业推广活动不仅仅是一种普通的购买刺激或者诱因，还需要肩负起为企业产品或者服务形象增加附加值的功能，并与企业品牌资产紧密联系。企业不能任意使用营业推广方式，而要具有独特性、时尚性、趣味性、新鲜感，传播品牌独特的品质或功能，以利于品牌偏好的建立。

二、国际公共关系

（一）国际公共关系的概念及任务

1. 国际公共关系

国际公共关系是企业在国际上开展的公共关系活动，即企业在从事市场营销活动中正确处理企业与社会公众的关系，树立企业的良好形象，从而促进产品销售的一种活动。公共关系是一种社会关系，但又不同于一般社会关系，也不同于人际关系，公共关系具有以下特征：

（1）公共关系是一定社会组织与其相关的社会公众之间的相互关系。这里包括三层含义：第一，公关活动的主体是一定的组织，如企业、机关、团体等。第二，公关活动的对象，既包括企业内部职工、股东，又包括企业外部的顾客、竞争者、新闻界、金融界、政府各有关部门及其他社会公众，这些公关对象构成了企业公关活动的客体。企业与公众对象关系的好坏直接或间接地影响企业的发展。第三，公关活动的媒介是各种信息沟通工具和大众传播渠道。作为公关主体的企业，借此与公关活动的对象进行联系、沟通、交往。

（2）建立公共关系的目标是使企业在社会公众中创造良好的企业形象和社会声誉。一个企业的形象和声誉是无形的财富，也是公共关系的真正目的之所在。企业以公共关系为促销手段，利用一切可能利用的方式和途径，让社会公众熟悉企业的经营宗旨，了解企业的产品种类、规格以及服务方式和内容等有关情况，使企业在社会上享有较高的声誉并树立较好的形象，促进产品销售的顺利进行。

（3）公共关系的活动以真诚合作、平等互利、共同发展为基本原则。公共关系是以一定的利益关系为基础的，这就决定了主客双方必须有诚意、平等互利，并且要兼顾企业利益和公众利益。这样，才能满足双方需求，以维护和发展良好的关系。

（4）公共关系是一种信息沟通。公共关系是企业与其相关的社会公众之间的一种双向的信息交流活动。企业从事公关活动，能沟通企业上下、内外的信息，建立相互间的理解、信任与支持，协调和改善企业的社会关系环境。公共关系追求的是企业内部和企业外部人际关系的和谐统一。

（5）公共关系是一种长期活动。公共关系着手于平时努力，着眼于长远打算。公共关系的效果不是急功近利的短期行为所能达到的，需要连续地、有计划地努力。企业要树立良好的社会形象和信誉，不能拘泥于一时一地的得失，而要追求长期的、稳定的战略性关系。

2. 国际公共关系的任务

国际公共关系的主要任务是使企业与社会公众建立良好关系，帮助企业把信息传递给社会公众。只有在公共关系状态良好、形象优秀的情况下，企业的产品才能畅销不衰。

（1）加强与传播媒体的关系。大众传播媒体承担着传播信息、引导舆论等社会职能，传播媒体对企业的报道对公众具有极强的引导作用，因而也在很大程度上影响着企业的公众形象。企业必须加强与传播媒介的关系，与媒体建立良好的合作关系，及时提供信息，使媒体了解企业；同时积极创造具有新闻价值的事件，引导舆论，争取媒体的主动报道，利用媒体为其服务。

（2）改善与消费者的关系。通过公共关系与消费者进行沟通，可以向消费者传达企业的经营理念、价值观念和社会地位，使消费者对企业形象和产品服务产生好感。同时，企业还需要开展市场宣传活动，以各种方式向顾客介绍产品的用途和性能，并帮助顾客迅速掌握产品的使用办法；对来访、来电、来函的顾客热情接待，及时答复。此外，企业应积极收集和听取目标市场国公众对本公司政策、产品方面的意见和态度，及时处理意见，消除公众的误解和偏见。

（3）调整与政府的关系。与在国内经营不同，国际企业面临着来自各个国家和政府的截然不同的要求或压力。一方面，国际企业必须随时调整自己的行为以适应当地政府政策的变化。这就要求企业通过公共关系加强与东道国政府的关系，了解国家政策和法律，以求得企业经营活动的长期发展。另一方面，企业要协调可能发生的目标冲突和利益矛盾。企业要经常向目标市场的政府和社会组织说明本企业对公众和社会做出的贡献，如参加公益活动，为公用事业捐款，扶助残疾人事业，赞助文化、教育、卫生、环保事业等，树立为目标市场社会与经济发展积极贡献的形象。

（二）国际公共关系策略

公共关系策略是指以一定的公关目标和任务为核心，将若干种公关媒介与方法有机地结合起来，形成一套具有特定公关职能的工作方法系统。在国际市场营销中，企业应根据不同目标市场国的环境特点，采取相应的公共关系策略。

1. 宣传性公关

宣传性公关是指企业在目标市场国运用报纸、杂志、广播、电视等大众传播媒介，采用撰写新闻稿、演讲稿、报告等形式，开展宣传活动，向社会各界传播企业有关信息，营造有利于企业发展的社会舆论。宣传性公共关系策略的优点是主导性强、时效性强、传播面广、推广企业和产品形象效果好。因此，这种策略较适用于帮助企业在刚进入国际市场时迅速树立良好形象。

2. 交际性公关

交际性公关是指企业营销人员在目标市场国通过人际交往与目标市场国公众进行情感沟通，为企业建立广泛的社会关系网，从而形成有利于国际营销的人际环境，并以此为沟通平台传播企业和产品形象，使目标市场国公众在不知不觉中接受企业和产品的公关策略。可采用宴会、座谈会、招待会、谈判、专访、慰问、电话、信函等形式。交际性公关具有直接、灵活、亲密、富有人情味等特点，能深化交往层次，巩固良好关系。

3. 服务性公关

服务性公关是一种以提供优质服务为主要手段的公关策略。企业通过为目标市场国公众提供优质的服务，获取公众的了解、信任和好评，不仅有利于促销，还有利于树立和维护企业形象与声誉。企业可以向公众提供如消费指导、消费培训、免费修理等实惠的服务，建立与公众的密切关系。

4. 社会性公关

社会性公关是指企业通过在目标市场国开展社会性、公益性、赞助性活动，扩大企业的社会影响力，提高其社会声誉的公关策略。企业通常以赞助文化、教育、体育、卫生等事业，支持社区福利事业，参与国家、社区重大社会活动等形式来塑造企业的社会形象，提高企业的社会知名度和美誉度。社会性公关的特点是公益性强，影响范围广，影响力度大，但成本较高，而且效益很难在短时期内体现出来。

5. 征询性公关

征询性公关是企业通过民意测验、访问重要客户、征询调查等方式形成效果良好的信息网络，建立企业与目标市场国公众的联系，在其心目中树立起脚踏实地、以顾客为中心的良好形象的公关策略。

6. 危机性公关

危机性公关是指当组织遇到自然灾害或人为灾害从而导致信任危机时，通过一系列的公关活动来获得社会公众的谅解，进而挽回影响的一项工作。企业危机公关必须立足于应付突发事件，通过有计划的专业处理系统将危机的损失降到最低。危机公关是危机管理的核心内容，成功的危机公关不仅能够减少损失和负面影响，还能使企业在危机过后树立更优秀的形象。

案例：

深陷“危机”之中苹果公司

2010 年，富士康的连环 12 跳将苹果推入了公共危机的大门，此后的“无尘车间怪病”、“毒苹果”事件使苹果在公共危机的深渊里再进一步。2012 年新年伊始，苹果因其代工厂富士康被质疑为“血汗工厂”，更是陷入了一场前所未有的公关之中。近日，作家集体维权，状告苹果应用商店涉嫌盗版侵权一事，使苹果再次陷入公关危机之中。

苹果为何屡屡遭受质疑，深陷公关危机之中，是树大招风还是另有因由呢？

（三）国际公共关系的手段

1. 新闻报道

公关人员的一个主要任务是善于发现或创造与企业和产品相关的新闻并加以渲染和扩大，以吸引媒体和公众的注意，增加新闻报道的频率，扩大企业和产品的影响。公关人员不仅要鼓励媒体对企业进行正面的报道，而且还要对不利的谣言、传说和事件做出反应。

2. 赞助公益和社会活动

通过支持、赞助或积极参与各项公益事业，树立一个热心公益、维护社会整体和长远利益的良好形象，如保护野生动物、减少环境污染、支持慈善事业等。虽然企业赞助与广告的联系很明显，但无疑它已经被归为公共关系的一种工具。

3. 特殊活动

企业可以通过举办一些特殊活动来吸引公众对企业及其产品的注意，如召开新闻发布会、研讨会、展览会、举办周年庆祝活动、有奖比赛等。特殊活动可以用于企业新产品上市，推销滞销产品或企业的社会影响力逐渐减弱时。

4. 制作企业宣传材料

企业可以通过向社会公众提供书面资料或音像资料，如年度报告、小册子、企业刊物等，传递有关企业及产品的信息，提高企业或产品的知名度。这些宣传材料可以是工商企业以自己名义出版的连续出版物或小册子，也可以是以他人名义提供的宣传文字。随着传播手段的进步，企业还可以用幻灯、录音带、光盘等传递信息。视听材料和文字材料各有优缺点，企业可以根据需要选择使用，达到最佳的沟通效果。

5. 互联网咨询服务

企业可以在自己的主页上设置专栏介绍企业及其产品，并利用论坛等方式解决消费者在使用产品过程中的问题。同时，可以开辟消费者自由发言的板块，倾听消费者的反馈。企业不仅可以利用互联网解决售后服务的问题，还可以澄清一些消费者的误会和偏见，改善企业形象。

6. 沟通和联络

企业可以通过开展社区工作，与所在地政府、社会团体、其他组织及当地居民之间建立起融洽的睦邻关系，树立好公民形象，适时向立法机构、政府部门、社会团体及其他特殊利益集团开展游说工作，争取有利于企业的政策和制度。

【思考与练习】

一、单选题

1. 企业派出外销人员与消费者或用户直接见面，介绍企业产品并达到销售产品目的的促销活动，叫（　　）。

A. 广告促销　　B. 销售促进
C. 人员推销　　D. 公共关系

2. 以付款的形式通过大众媒介将产品、劳务或某项行动的意见和想法等有关信息传递给目标听众、观众和读者的促销方式是（　　）。

A. 公共关系　　B. 人员推销
C. 广告　　D. 销售促进

3. 主要向消费者介绍一种新上市产品的广告是（　　）。

A. 制造商广告　　B. 劝说性广告
C. 通知性广告　　D. 提示性广告

4. 直接影响企业在公众心目中的形象，影响企业营销目标实现的国际促销方式是（　　）。

A. 公共关系　　B. 人员推销
C. 广告　　D. 销售促进

5. “拉式”策略的主要促销对象是（　　）。

A. 批发商　　B. 零售商
C. 消费者　　D. 中间商

二、多选题

1. 网络广告的主要优势是（　　）。

A. 信息量大　　B. 很强的交互性
C. 储存时间长　　D. 可检索性
E. 信息传递迅速

2. 按照目标的不同，广告可分为（　　）。

A. 识别性广告　　B. 通知性广告
C. 劝说性广告　　D. 促销性广告
E. 提示性广告

3. 对国际营销人员的要求一般包括（　　）。

A. 广博的知识　　B. 成熟的心理素质

C. 热爱海外工作　　D. 适应能力强

E. 喜欢旅行

4. 国际广告的主要目标是（　　）。

A. 提高产量　　B. 促进销售

C. 树立企业形象　　D. 传递信息

E. 提高价格

5. 以价格为核心的营业推广包括（　　）。

A. 折扣　　B. 赠品

C. 展销会　　D. 优惠券

E. 销售点陈列

三、判断题

1. 国际推销人员包括母国外派人员和目标国当地人员。（　　）

2. 对本国外派人员的培训重点是帮助他们迅速实现本土化。（　　）

3. 销售百分比法缺点在于颠倒了广告额与销售额之间的因果关系。（　　）

4. 工业品市场的买主数量多、分布集中、对产品性能要求不一，产品价值较高，主要适合广告促销。（　　）

四、思考题

1. 什么是促销组合，影响促销组合的因素有哪些？

2. 简述国际市场人员推销工作的程序。

3. 在进行国际广告决策时应该主要考虑哪几项因素？

五、案例分析题

近年来，肯德基在自身不断快速发展的同时，以“回报社会”的企业宗旨来积极关心需要帮助的人们，尤其关注中国儿童的教育事业。根据肯德基的官方数据，2002 年 9 月，3 800 万元“中国肯德基曙光基金”正式启动，至今全国 42 所大学的 2 820 人次品学兼优的贫困大学生受到资助。2004 年开展至今的“肯德基全国青少年三人篮球冠军挑战赛”为 300 余个城市的 18 万人次青少年朋友们提供了享受运动、健康生活的舞台。2008 年，由中国扶贫基金会、联合国粮食计划署和百胜集团中国事业部联合发起“捐一元”微公益行动，超过 1 500 万名消费者参与募捐，四年累计捐款高达 2 500 万元，累计为 35 000 余人次的贫困山区小学生提供了 770 万份营养加餐，并为云南 80 所贫困山区小学援建了“爱心厨房”。20 年间，肯德基向社会发放的营养健康资料超过 6 亿份，直接或间接公益捐款超过 6 600 万元。

问题：

1. 肯德基的做法体现了什么？
2. 该举措与企业增加利润是否矛盾？

第十一章 国际服务营销

【学习目标】

熟悉服务与服务业、服务营销与国际服务营销；掌握企业进入国际服务市场的障碍与策略；了解国际服务营销存在的主要问题。

第一节 国际服务营销概述

长期以来，营销局限于具体的有形产品，缺乏直接专注服务的营销。其根源：一是目前在许多服务行业中还相对缺少竞争；二是服务本质较复杂；三是传统营销组合元素（产品、价格、渠道和促销）的局限性。事实上，与有形产品相比，服务具有不同的特点。服务的特征决定了服务营销具有与有形产品营销不同的营销战略和策略。

一、服务与服务特征

（一）服务的概念

总结国际和国内相关理论，我们将服务定义为：由一系列或多或少具有无形特征的活动所构成的能够为顾客带来一定经济附加值的一种互动过程和结果，并且不会造成所有权的转移。

（二）服务的特征

分析服务与产品之间的区别有助于进一步理解和把握服务的本质。表 11－1 显示了服务与产品的主要区别。[①] 其中，无形性、不可分离性、差异性和不可储存性被公认为是服

---

① Bernasrd Booms and Mary J. Bitner. Marketing Strategies and Organization Structures for Service Firms in James Vices. Chicago：American Association.

务的特征，还有人认为缺乏所有权性也是服务的一个特征。

表 11－1　服务与产品的区别

产品	服务	相应的含义
有形	无形	服务不可储存 服务不能申请专利 服务不容易进行展示或沟通 服务难以定价
标准化	差异性（变化性）	服务的提供与顾客的满意取决于员工的行动 服务质量取决于许多不可控因素 无法确知提供的服务是否与计划宣传相符
与消费相分离	同时性（生产与消费不可分离性）	顾客参与并影响交易 顾客之间相互影响 员工影响服务的结果 分权可能是必要的 难以进行大规模生产
可储存性	不可储存性（易逝性）	服务的供应与需求难以同步进行 服务不能退货或转售

二、服务业及其分类

（一）服务业的含义

“服务业”的标准一直是个存有争议的问题，其中为国内外学者达成共识的有两条：一是“服务业”作为一个完整的概念是在 20 世纪提出来的；二是服务业与“第三产业”有着密不可分的关系，其早期被称为“第三产业”。据考证，20 世纪 30 年代，澳大利亚经济学家费歇尔（A. G. Fisher）把第一产业和第二产业以外所有其他的经济活动统称为第三产业，并指出第三产业的本质在于提供服务。后来，该思想逐步发展成为目前公认的三次产业分类：农业为第一产业，包括建筑业在内的广义制造业或工业成为第二产业，其余的产业称为第三产业。1957 年，英国经济学家柯林·克拉克（Colin Clark）在其第三版著作《经济进步的条件》中以“服务性行业”代替“第三产业”，并认为前者比后者更明确。在他看来，第三产业就是服务业，包括小规模的独立手工业生产、建筑、公用事业交通和贸易。它具有如下三个特点：（1）产品是不可运输的；（2）如与商品有关，则是小规模的和非资本密集的；（3）不直接或间接依赖于自然资源。

提　示： 服务业和第三产业的区别：一是产生方式不同，第三产业是除去第一、二产业之外的统称为第三产业，使用的是排除法或剩余法，服务业则是根据提供产品的形态来进行描述；二是第三产业的范围仅限于一、二产业之外，而服务业则包括农业服务业、工业服务业等一、二产业；三是两者既有交叉，又有不同。

因此，服务业与第三产业在范围上大致相同。在我国，从1985年起，第三产业在国民经济核算中一直是“服务业”的同义语。我国的第三产业包括四个层次：流通部门（包括交通运输仓储业、邮电通信业、批零贸易和餐饮业等）、为生产和生活服务的部门（包括金融保险业、房地产业和地质勘探业等）、为提高居民素质和科学文化水平服务的部门（包括文教艺术业、广播电影电视业、卫生体育和社会福利业等）和为社会公共需要服务的部门（包括国家机关、政党机关和社会团体等）。直到2001年12月，原国家计委颁布的加快服务业发展的“十二条”政策中首次用“服务业”的概念代替了“第三产业”。次年，我国新颁布的《国民经济行业分类》（GB/T4754—2002）对三次产业的划分进行了重新规定，服务业的范围涵盖了三次产业，从而服务业不再等同于第三产业。事实上，越来越多的国家根据经济发展的实际情况，更多倾向用“服务业”来代替“第三产业”。①

（二）服务业的分类

服务业包含的行业最多，出于不同的研究目的，对服务业的分类也呈现出多样性。这一方面反映了服务业作为一个大的产业类别确实十分复杂，另一方面也反映了不同的研究者在服务经济理论观点上的差异。具体来说，对服务业进行分类的目的：一是揭示服务业内部结构的变化，因为服务业内部结构是产业结构的重要组成部分；二是揭示不同服务部门的经济性质，因为不同的服务部门在不同的经济发展时期有不同的增长，揭示它们与整体经济增长的关系和对经济增长的贡献，有助于制定正确的产业政策。

从国内外研究来看，经济学家乔基姆·辛格曼（Joachim Singlemann）按照服务的功能分类的方法获得了较一致的认可，这反映了经济发展过程中服务业内部结构的变化。辛格曼把服务业分为四类，即流通服务、生产者服务、社会服务和个人服务，其中流通服务业至今仍是最大的服务业，占总就业人口的1/5还多，大约是生产服务业的两倍。具体如表11－2所示。

表11－2 服务业按功能分类

分类	包含的细项
流通服务	交通、仓储业、通信业、批发业、零售业（不含饮食业）、广告业以及其他销售服务
生产者服务	银行、信托及其他金融业、保险业、房地产、工程和建筑服务业、会计和出版社、法律服务
社会服务	医疗和保健业、医院、教育、福利和宗教服务，非赢利机构、政府、邮政、其他专业化服务和社会服务
个人服务	家庭服务、旅馆和饮食业、修理服务、洗衣服务、理发与美容、娱乐和休闲、其他个人服务

① 服务业的统计分类取决于不同国家和地区的统计制度。作为我国国家标准的《国民经济行业分类》，1984年发布，经过1994年和2002年两次修订，形成《国民经济行业分类》（GB/T4754—2002），与联合国通过并向各国推荐的《全部经济活动的国际标准产业分类》（ISIC/Rev. 3）保持相同的分类原则和分类体系。此外，代表性的统计分类体系还有美国、加拿大和墨西哥1997年联合制定的《北美产业分类体系》（NAICS—97），以及日本的行业分类标准。微小的差别在于第二产业的供电、煤气、供水和第一产业的服务活动是否归入服务业，日本分类标准把供电、煤气、供水归入服务业，我国2002年分类标准把农、林、牧、渔服务业归入第一产业。

相关链接：

2012 年中国服务贸易

2012 年，我国服务进出口总额（按国际收支口径统计，不含政府服务，下同）达 4 705.8 亿美元，比上年增长 12.3%，占世界服务进出口总额的 5.6%；占我国对外贸易总额的比重为 10.8%，同比提升 0.5 个百分点。其中，进口 2 801.4 亿美元，同比增长 18.2%；出口 1 904.4 亿美元，同比增长 4.6%，低于进口增速 13.6 个百分点。

2012 年，我国服务贸易逆差达 897 亿美元，同比增长 1.6 倍。逆差主要集中于旅游、运输服务、保险服务、专有权利使用费和特许费领域，逆差额分别为 519.5 亿美元、469.5 亿美元、172.7 亿美元、167.1 亿美元。咨询、计算机和信息服务实现较大数额顺差，顺差额分别为 134.3 亿美元和 106.1 亿美元。

高附加值服务中的咨询、计算机和信息服务、广告宣传、金融服务、专有权利使用费和特许费出口快速增长，分别比上年增长 17.8%、18.6%、18.2%、122.5%、40.1%；专有权利使用费和特许费、金融服务、通信服务进口增势显著，增幅分别为 20.7%、158.4%、38.6%。

传统服务运输和旅游在服务进出口总额中的占比达 58.8%，比上年增加 2.2 个百分点。旅游进出口总额首破 1 500 亿美元，居各类服务之首，同比增长 25.6%；出口和进口分别为 500.3 亿美元和 1 019.8 亿美元，同比分别增长 3.2% 和 40.5%。运输服务进出口总额达 1 247.7 亿美元，位居第二，同比增长 7.5%；出口和进口分别为 389.1 亿美元和 858.6 亿美元，同比分别增长 9.4% 和 6.7%。运输服务和旅游分别实现贸易逆差 469.5 亿美元和 519.5 亿美元，为我国前两大服务贸易逆差来源领域。

资料来源：2012 年我国服务进出口总额跻身世界前三（商务部服贸司，http://tradeinservices.mofcom.gov.cn/c/2013-07-15/226105.shtml）。

三、服务营销与国际服务营销

（一）服务营销

1. 服务营销的概念

无论从内涵还是外延来看，服务营销与有形产品的营销都有所不同：有形产品的营销是最简单的营销模式，而服务的无形性、不可分离性、可变性以及易逝性，决定了服务的营销模式更为复杂，也需要控制更多的因素和变量。例如，在营销过程中，有形产品本身就能展示自己的竞争优势和特色，而服务却不能，服务的无形性要求服务营销人员必须借助创造性的手段来使自己的服务区别于竞争者。服务必须在与顾客的互动过程中产出，故其营销活动必须对需求进行适时的控制，而不仅仅是创造需求。同时，绝大多数服务依赖人的表现来提供，故服务组织所做的与顾客有关的一切，都属于营销活动的范畴。银行出纳的微笑，服务员的彬彬有礼，医生照顾病人，都属于服务营销活动。

因此，所谓“服务营销”实际上是一种通过关注顾客，进而提供服务，最终实现有利的交换的营销手段。作为服务营销的重要环节，“顾客关注”工作质量的高低，将决定后续环节的成功与否，影响服务整体方案的效果。具体来说，服务营销的对象是服务，其研究范畴主要形成两大领域：服务业中的服务产品营销和其他产业实体产品的顾客服务营销。其中，服务产品营销的本质是研究如何促进作为产品的服务的交换；而顾客服务营销的本质是研究如何利用服务作为一种营销工具促进有形产品的交换。

提　示： “顾客关注”的九项原则：一是获得一个新顾客比留住一个已有的顾客花费更大；二是除非你能很快弥补损失，否则失去的顾客将永远失去；三是不满意的顾客比满意的顾客拥有更多的“朋友”；四是畅通沟通渠道，欢迎投诉；五是顾客不总是对的，但怎样告诉他们是错的会产生不同的结果；六是顾客有充分的选择权力；七是你必须倾听顾客的意见以了解他们的需求；八是如果你不愿意相信，你怎么能希望你的顾客愿意相信？九是如果你不去照顾你的顾客，那么别人就会去照顾。

2. 服务营销的特点

（1）供求分散性。服务营销活动中，服务产品的供求具有分散性。不仅供方覆盖了第三产业的各个部门和行业，企业提供的服务也广泛分散，而且需方更是涉及各种各类企业、社会团体和千家万户不同类型的消费者。由于服务企业一般占地小、资金少、经营灵活，往往分散在社会的各个角落；即使是大型的机械服务公司，也只能在有机械损坏或发生故障的地方提供服务。服务供求的分散性，要求服务网点要广泛而分散，尽可能地接近消费者。

（2）营销方式单一性。有形产品的营销方式有经销、代理和直销多种营销方式。有形产品在市场可以多次转手，经批发、零售多个环节才使产品到达消费者手中。服务营销则由于生产与消费的统一性，决定其只能采取直销方式，中间商的介入是不可能的，储存待售也不可能。服务营销方式的单一性、直接性，在一定程度上限制了服务市场规模的扩大，也限制了服务业在许多市场上出售自己的服务产品，这给服务产品的推销带来了困难。

（3）营销对象复杂多变。服务市场的购买者是多元的、广泛的、复杂的。购买服务的消费者的购买动机和目的各异，某一服务产品的购买者可能牵涉社会各界各业各种不同类型的家庭和不同身份的个人，即使购买同一服务产品，也是有的用于生活消费，有的却用于生产消费，如信息咨询、邮电通信等。

（4）服务消费者需求弹性大。根据马斯洛需求层次原理，人们的基本物质需求是一种原发性需求，这类需求人们易产生共性，而人们对精神文化消费的需求属继发性需求，需求者会因各自所处的社会环境和各自具备的条件不同而形成较大的需求弹性。同时对服务的需求与对有形产品的需求在一定组织及总金额支出中相互牵制，也是形成需求弹性大的原因之一。同时，服务需求受外界条件影响大，如季节的变化、气候的变化、科技发展的日新月异等对信息服务、环保服务、旅游服务、航运服务的需求造成重大影响。需求的弹性是服务业经营者最棘手的问题。

(5) 服务人员的技术、技能、技艺要求高。服务者的技术、技能、技艺直接关系着服务质量。消费者对各种服务产品的质量要求也就是对服务人员的技术、技能、技艺的要求。服务者的服务质量不可能有唯一的、统一的衡量标准，而只能有相对的标准和凭购买者的感觉体会。

（二）国际服务营销

国际服务营销是指企业在一国以上从事服务产品的经营和销售，是企业在国际服务市场上开展的营销活动。国际服务营销在本质上与国内服务营销是一致的，都是致力于满足消费者对服务产品的消费需求，通过定价、促销和有形展示等活动，实现服务产品的价值，使企业获得预期的利润。所以，服务营销的特点也是国际服务营销的特点，其特点如下：

1. 营销环境的差异性

国际服务营销的环境包括政治、法律、经济、技术、自然条件和社会文化环境等诸多因素，而在不同的国家，这些因素往往存在较大的差异，有时甚至大相径庭。所以企业在国际服务营销中要面对的服务需求与国内市场相比往往有更大的需求差异，服务营销的环境具有明显的差异性。

2. 营销工作的复杂性

各国营销环境和消费者服务需求的差异性，使企业国际服务营销的活动变得更加复杂。如企业在制订服务营销的战略计划时，既要确定具体的营销组合策略，又要研究对不同国家市场的选择；既要考虑国内市场消费者的服务需求情况，又要关注国际服务市场的消费需求。

3. 营销过程的高风险性

企业在国际服务营销中，往往对国外市场不太熟悉，难以准确把握国外消费者的服务需求特性，并且，国际服务贸易政策的变化，投资环境和东道国政治上的不稳定等因素，都会对企业的国际服务营销活动产生重要的影响，加大国际服务营销的经营风险。

4. 营销活动的高难度性

国际服务营销中，企业要满足的是国外消费者的服务需求，比在国内市场需要付出更大的努力。因为，一方面，企业的国际服务营销活动可能会受到国际市场上政治、法律和文化等方面因素的阻碍；另一方面，国际服务营销环境的差异性和营销工作的复杂性，也会导致企业营销活动的难度加大。

第二节 企业进入国际服务市场的途径

一、国际服务市场概述

（一）国际服务市场的内涵

1. 国际服务市场的概念

国际服务市场是指世界各国之间相互提供的作为劳动活动服务的特殊使用价值的场所。根据关贸总协定乌拉圭回合达成的《服务贸易总协定》（GATS），国际服务市场包括四个方面：

（1）跨境交付：指服务的提供者在一成员方的领土内，向另一成员方领土内的消费者提供服务的方式，如在中国境内通过电信、邮政、计算机网络等手段实现对境外的外国消费者的服务；

（2）境外消费：指服务提供者在一成员方的领土内，向来自另一成员方的消费者提供服务的方式，如中国公民在其他国家短期居留期间，享受国外的医疗服务；

（3）商业存在：指一成员方的服务提供者在另一成员方领土内设立商业机构，在后者领土内为消费者提供服务的方式，如外国服务类企业在中国设立公司为中国企业或个人提供服务；

（4）自然人流动：指一成员方的服务提供者以自然人的身份进入另一成员方的领土内提供服务的方式，如某外国律师作为外国律师事务所的驻华代表到中国境内为消费者提供服务。

2. 国际服务市场的特征

当代国际服务市场表现出以下特征：

第一，国际服务业的迅速成长。在许多国家，发展最快的产业是服务业。国际服务市场的成长首先体现在世界各国服务业的迅速发展上。在发达国家，服务业在国民经济中占据着主导的地位，并且服务业在国民经济中的地位在第二次世界大战后一直在不断地加强。

第二，国际服务贸易的快速发展。国际服务市场的成长也体现在国际服务贸易的迅速发展上。近几年来，国际服务贸易发展势头良好，一些国家的服务贸易出口额在国民生产总值中越来越占据举足轻重的地位。从货物贸易与服务贸易在外贸出口总额中所占的比重看，后者占有越来越大的份额。

第三，国际服务市场规模的不断扩大。据世界银行统计，2010 年全球各国服务业增加值占 GDP 的比重达到 70.1%，其中高收入国家达到 73.4%，中等收入国家达到 55.9%，低收入国家达到 49.9%，远远超过第一、二产业对 GDP 的贡献率。因此，世界经济与贸易出现了向服务业和服务贸易倾斜的发展趋势。

第四，国际服务市场的构成发生了变化。20 世纪 90 年代至今，在世界服务市场的构成中，运输服务和政府服务所占比重呈下降趋势，而旅游及其他服务呈上涨趋势，且其他服务增幅较大，这些其他服务主要包括通信、建筑、保险、金融、信息和文化服务等。

第五，在经济发展中的战略地位不断提高。现代服务业是知识经济的主体，它的发展大大加快了信息流、资金流、技术流、人才流和物流，对提高国家经济整体运行效率和质量，增强国家创新能力，转变经济增长方式起到了关键作用。因此，诸如银行、金融等服务业被许多国家看作是经济增长和发展的重心。

提 示： "知识经济"的内涵：一是知识经济的资源配置以智力资源和无形资产为第一要素；二是知识经济的产业支柱是高技术产业，而高技术产业以高科技为其最重要的资源依托；三是知识经济的社会消费（使用）应以高技术产品和通过信息产生的新知识为主；四是知识的使用和"知识驱动"，相比于工业经济中的"利益驱动"，"知识驱动"是一种多元驱动，是更为合理，更为高级的驱动。

（二）国际服务市场的发展

国际分工和合作是导致国际服务市场形成和发展的基本动因。世界经济一体化与跨国公司的发展，也是促进国际服务贸易发展的重要原因。同时，跨国公司的全球扩张是服务贸易发展的直接推动力。一方面，由于跨国公司在世界范围内的经济扩张和跨国生产的过程中需要大量的服务投入，促进了为生产服务的生产性服务业的快速发展，同时跨国公司在进行全球性的投资、技术转让和生产的进程中，促进了包括技术人员和劳动力在内的劳动要素的跨国流动，也带动了金融、保险、法律、技术、运输、计算机和咨询等相关服务业的发展。另一方面，伴随着服务贸易自由化的加快，各国逐步放开了服务领域的投资，跨国公司在服务业领域的投资逐渐加大，大批服务业跨国公司开展经营，直接有力地推动了国际服务贸易的发展。此外，各国在金融、税收、法律方面的优惠和保护措施，直接推动了本国服务输出发展的规模和速度。在外交和贸易谈判方面，也积极与有关各方进行利益平衡交易，增加服务贸易向国际市场的渗透。

国际服务市场的发展趋势有不同的预测，"五趋势论"者认为国际服务市场的发展趋势：一是服务可贸易性提高，服务贸易加速发展；二是其他商业服务增速最快，服务贸易结构继续向知识、技术密集化方向发展；三是发达国家在国际服务贸易中仍占有主导地位，发展中国家地位不断上升；四是全球外国直接投资的重点转向服务业，通过商业存在实现的服务贸易规模不断扩大；五是国际服务贸易全球化、自由化与贸易壁垒并存。

但国际服务市场总体上呈现出多元化发展趋势。国际服务市场多元化具体表现在以下几个方面：一是地理位置分布多元化。各大洲基本上都形成了自己的服务市场，主要有西欧服务贸易市场、中东服务贸易市场、北美服务贸易市场、非洲服务贸易市场、东南亚服务贸易市场、拉美服务贸易市场等。二是服务贸易内容多元化。随着科技进步，新增服务业不断出现，原先认为是“不可贸易”的服务项目，现在也随着国际交换扩大成为可能，而且传统的服务内容也在进一步扩展。三是贸易形式多元化。仅《服务贸易总协定》规范的国际服务贸易就有四种：过境交付、消费者移动、商业存在和人员移动，包含项目成百上千。四是贸易国家多元化。无论是服务的供给还是需求，各国都在全球范围内寻求服务的供给，并以自己的服务优势向外输出。典型的是发达国家不仅输入普通的服务人员，而且对于高附加值服务及其人员的需求也在增加。发展中国家不仅输入增值的服务，而且对一些普通劳务也在增加需求。可见，整个国际服务市场呈现欣欣向荣的多元化格局。

二、国际服务市场的进入障碍与策略

（一）典型的国际服务业务

根据《服务贸易总协定》（GATS）的规定，国际服务业务包括以下内容：商业服务、通信服务、建筑及有关工程服务、销售服务、教育服务、环境服务、金融业服务、保健服务、与旅游有关的服务、保险、个人服务、文化、娱乐与体育服务、运输服务。但世界服务贸易统计，则一般采用国际货币基金组织的统计数据，主要包括四类：货物运输服务；其他运输服务；旅游服务；其他服务。这些服务根据国际收支账户中的国际服务贸易流量，可概括起来有两大类：一类是与国际收支账户中的资本项目相关，即与国际资本流动或金融资产流动相关的国际服务贸易流量，称作“要素服务贸易”流量；另一类则是只与国际收支账户中的经常项目相关，而与国际资本流动或金融资产流动无直接关联的国际服务贸易流量，称作“非要素服务贸易”流量。如图 11－1 所示。

- 国际服务贸易
  - 非要素服务贸易项目
    - 运输
    - 旅游（旅馆和餐厅）
    - 金融服务
    - 非要素服务贸易项目保险服务
    - 专业服务（咨询、管理、技术服务）
    - 特许使用项目（许可证等）
    - 其他私人服务
  - 要素服务贸易项目
    - 股息（包括利润）
    - 利息
    - 国外在投资的收益
    - 其他资本净收益

图 11－1 国际服务贸易统计分类

这里介绍几种典型的国际服务业务：

1. 国际电信服务

按照 GATS《电信服务的附件》的定义，电信是通过电磁方式传递和接收信号，因而电信实质上是一种电子传导。电信服务则是指通过电信基础设施，为客户提供的实时信息（声音、数据、图像等）传递活动。但国际服务市场中的电信服务，一般是指公共电信传递服务，它包括明确而有效地向广大公众提供的任何电信传递服务，如电报、电话、电传和涉及向两处或多处用户提供信息的实时传送，以及对于由用户提供的信息，不论在形式或内容上两终端无需变换可进行数据传送。具体分为基础电信服务和增值电信服务两种，前者包括公共电信传送网络和公共电信传送服务，即我们所说的基础电信网和基础电信业务，如语音电话业务、分组转换数据传输业务、电路交换数据传输业务、用户电报业务、电传业务、传真业务、专用电路租用业务等；后者主要包括语音信箱、电子信箱、电子数据交换、在线信息检索、在线数据处理、增值传真、代码规程转换等 7 种增值电信业务。其中，基础电信服务约占电信服务的 80%，增值电信服务约占电信服务的 20%。

2. 国际运输服务

运输服务是指以运输服务为交易对象的贸易活动，以实现货物或人在空间上的位移。运输服务的类型，如果按运输的对象可分为货物运输服务和旅客运输服务，如果按照贸易主体的性质则可分为国际运输服务和国内运输服务。其中，国际运输服务主要是指以国际运输服务为交易对象的贸易活动，是不同国家的当事人之间所进行的，由一方向另一方提供运输服务，以实现货物或旅客在空间上的跨国境位移，由另一方支付约定的报酬的交易活动。

根据《服务贸易总协定》的分类，国际运输服务包括海运服务、内河服务、空运服务、空间服务（包括航天发射以及运输服务，如卫星发射等）、铁路运输服务、公路运输服务、船舶服务（包括船员雇用）、管道运输（包括燃料运输和其他物资运输服务）和所有运输方式的辅助件服务（包括货物处理服务、存储与仓库服务、货运代理服务及其他辅助性服务等）。因此，无论是货物运输，还是旅客运输，国际运输服务的主体是运输服务的提供者与消费者。前者通常是拥有运输工具，是负责将货物或旅客由一国的某一地点运送到目的地的承运人；后者往往是国际运输服务中的买方，即托运人。此外，还会涉及从事国际运输服务的辅助工作的当事人（主要包括各种代理人），以及运输服务所需的各种基础设施、辅助设施的管理人，如港口、车站、码头、机场、仓库、堆场等设施的所有人与管理人，他们不是运输服务的提供者，但他们却是在国际运输服务过程中不可缺少的。

3. 国际金融服务

金融服务是指金融机构运用货币交易手段融通有价物品，向金融活动参与者和顾客提供的共同受益、获得满足的活动，其内容包括金融机构所提供的全部金融业务。例如，传统的金融服务包括商业银行的三大业务，即负债业务、资产业务和中间业务。其中，负债业务主要是指吸收存款，组织资金来源；资产业务是指银行运用资本从事各种信用活动，以发放贷款和进行投资为主；中间业务是以资产、负债业务为基础的诸如汇兑、信托、租赁以及代理收付活动。

《服务贸易总协定》将金融服务定义为银行和保险业及相关的金融服务活动，它包括两大类：一是保险及与保险有关的服务，如直接保险；再保险和转分保；保险中介；辅助性保险服务。二是银行和其他金融服务，如接受公众储蓄和其他应偿付的资金；各类借贷活动（消费信贷、抵押贷款、信用贷款、代理和商业交易的资金融通）；融资性租赁；所有支付和货币交换服务（信贷、应付项目和借方信用卡、旅行支票和银行汇票）；担保和委托业务；自有账户和消费者账户的交易（兑换、证券经纪人、市场交易或其他方式）；参与各类证券的发行（认购和代理服务及有关发行服务）；货币代理；资产管理（现金或有价证券的管理、各种形式集体投资的管理、年金管理、监督、保管和信托服务）；金融资产（证券、派生业务和其他可转让票据）的处理和清算服务；金融信息的提供和转让、金融数据处理和其他有关金融服务提供者的软件；顾问、中介和其他辅助性金融服务（信用贷款业务的参考和分析、投资及有价证券的研究和建议、开拓性业务及对社团改组和战略的建议）。总体来看，这些活动涉及银行、保险、证券及金融信息服务四个有关金融方面的领域。

4. 国际旅游服务

国际旅游服务是指一国或地区旅游从业人员运用可控制的旅游资源向其他国家或地区的旅游服务消费者提供旅游服务并获得报酬的活动。它既包括外国旅游者的入境游（即国际收入游），也包括本国旅游者的出境游（即国际支出游）。

具体来说，国际旅游服务包括国际旅游经营者为满足旅游者在旅游活动中的各种需要所提供的各种服务，如住宿服务、旅行代理服务、餐饮服务、导游翻译服务、游览娱乐服务、旅游交通和通信服务等。《服务贸易总协定》将这些旅游服务概括为四项：宾馆与饭店（包括供应饭菜）、旅行社及旅游经纪人服务、导游服务和其他。应当说，旅游及相关服务是WTO各成员在各服务行业中开放程度最高的行业。实际上，旅游服务仅仅是一般性服务活动的一部分，其中以包含许多运输服务为标志，但也包括某些商品性服务，分销服务及休闲、文化和运动服务等。值得注意的是，《服务贸易总协定》的服务业分类表将一些被世界旅游组织视为相关的产业，诸如计算机订位系统、运输、旅馆的兴建和汽车租赁等许多服务活动排除在旅游服务之外。

5. 国际专业服务

所谓专业服务，是指某个组织或个人，应用某些方面的专业知识和专门知识，按照客户的需要和要求，为客户在某一领域内提供特殊服务，其知识含量和科技含量都很高，是已经获得和将要继续获得巨大发展的行业。国际专业服务贸易则是指国家之间专业服务的交换，其涉及范围广泛，类型多样，它是随着科技进步和经济生活专业化、国际化的发展而兴起的一个新兴服务贸易领域。

根据《服务贸易总协定》的分类，专业服务归纳在职业服务的范畴内，包括以下内容：法律服务；会计、审计和簿记服务；税收服务；建筑服务；工程服务；集中工程服务；城市规划和风景建筑服务；医疗和牙医服务；兽医服务；助产士、护士、理疗家和护理员提供的服务；其他。因此，国际专业服务具有以下特征：一是由组织或个人应用某些专业知识和专门知识或者大量的实践经验来为客户或消费者提供某一领域的特殊服务；二是知识和科技含量很高的服务，是少数专业人士提供的特殊服务；三是专业服务所提供的服务是与消费同时进行的，供方和收方同时在供应和消费中得到新的利益，许多专业服务提供者与专业服务消费者需要在同时同地完成服务交易；四是专业服务技术化、知识化的特征，使高素质的人士成为国际竞争的核心；五是专业服务是以契约为纽带提供的服务，对法律的依赖程度相当高。

随着入世过渡期的结束，我国服务贸易的对外开放程度不断提高，逐渐接近发达国家水平。目前我国服务业的开放已涵盖了《服务贸易总协定》12个服务大类的10个，涉及共计160个小类中的100个，包括银行、保险、证券、电信服务、分销等在内的100个服务贸易部门已经陆续开放，外资进入的规模和比重也不断提高。其中，金融服务业已成为利用外资规模最大的领域，许多具有全球竞争实力的外资银行、保险、商业、运输和电信巨头持续扩大在华投资和经营范围，使缺乏足够竞争力的国内服务业面临较大的结构调整压力。

（二）国际服务市场的进入障碍

市场进入障碍指的是准备或刚刚进入某种行业的新企业在同市场上已有企业进行竞争的过程中，可能遇到的不利因素。进入障碍的高低，既反映了市场内已有企业优势的大小，也反映了新进入企业所遇障碍的大小。企业只有对市场进入障碍有着清晰的理解，才能制定出正确的市场进入战略。国际服务市场进入障碍则主要是指一国政府制定并采取的阻碍国际服务贸易进行的措施，具体表现为各种国际服务贸易壁垒。

提　示： 传统的货物贸易壁垒可分为关税壁垒和非关税壁垒，前者是指各国为管制进出口贸易而设置的各种关税制度；后者是指除关税以外的各种直接或间接限制进口及各种奖励出口的措施的总称。由于服务贸易是无形贸易，其在跨国进行时无需经海关登记，所以关税措施似乎并不能起到保护作用，因此服务贸易壁垒所涉及的一般就是各种非关税壁垒。

根据世界银行的分类，对国际服务贸易的限制大致可以分为两类：一类是进入限制，指政府对外国服务的进入设置的障碍；另一类是经营限制，指对外国服务提供者在国境内从事服务活动的障碍。根据联合国贸发会的观点，国际服务贸易壁垒可分为直接壁垒和间接壁垒两大类。

1. 直接壁垒

直接壁垒指直接禁止或限制外国服务提供者提供服务的措施，具体有三种形式：一是行政性限制，主要指各级政府及各行业主管部门在一定时期内对某些服务行业的外商进入做出的限制性规定，包括市场准入限制和国民待遇限制，前者旨在将大多数外商彻底拒之于国门之外，如资格限制、股权限制、业务限制、许可证制度，后者主要涉及对外国服务人员在本国享受的待遇问题。二是金融财政支持，即通过一些歧视性的财政措施达到保护本国企业的目的，具体包括税收歧视、财政补贴、外汇管制及其他金融限制，其中税收歧视是指对外来的经济组织或个人所提供的服务或购买的服务征收过高的或额外的税，这是一种被广泛应用的壁垒形式。财政补贴则是指国家通过直接拨款或税收优惠等手段，对本国的某些服务行业进行补贴，扶植其发展，增强其国际竞争力。三是其他政府政策性行为，如移民政策、国家垄断、政府采购等。

2. 间接壁垒

间接壁垒是指除直接壁垒以外的其他间接保护本国服务业的手段。发达国家由于服务贸易已比较发达，尽管也采用很多国际通行的直接壁垒措施，但更注重使用相对来说更隐蔽、更棘手、更难对付的贸易障碍——技术性壁垒，即运用技术措施对外国产品和服务筑起一道无形屏障，在其自由服务贸易倾向的背后加强对本国服务业的保护。由于这样的壁垒措施一般并不是直接针对外国服务提供者或其服务产品而设置，而是作为一些看似本国服务与外国服务均应遵守的规定，但实际上由于发达国家大多数服务企业已经能够达到这些标准和规定，所以最终受到限制的还是企图进入其市场的外国服务商（主要指发展中国家）。间接壁垒主要表现为三种形式：一是技术标准，是指经过某一认证机构批准的文件，包括通常多次使用的非强制执行的关于产品或有关加工生产方法的规则、准则或特性等。二是技术法规，是指用于确定产品特性或它们的有关加工生产方法的文件，包括有关技术性的法律、法令、行政条例等。三是认证制度，是指借助合格证书或合格标志来证明某项产品或服务是符合规定的标准或技术条件的活动。

（三）进入国际服务市场的策略

很少有企业能够从一个单纯经营本国业务的组织迅速转向一个全球经营的组织。一般情况下，这种转变需要多年的时间，起初企业可以首先向经过选择的市场拓展，然后随着国际业务的发展而不断深入。特别是服务自身的特性以及企业在实践中面临的比制造业更大的不确定性，给服务企业国际市场进入选择带来了更多困难。这里主要基于服务产品分类观点来介绍几种不同的服务企业国际市场进入策略。

1. 硬服务和软服务的进入策略

基于服务本身的无形性以及生产和消费的不可分离性，可以将服务分为硬服务和软服务。典型的硬服务无形性和不可分离性都比较低，一般以包含服务内容的有形产品为载体表现出来，如磁盘、CD 唱片或图纸等。其国际市场进入策略的选择，表现出与典型制造业大致相同的方式，即出口进入、合同进入与投资进入，如表 11－3 所示。反之，软服务例如咨询、医疗保健等，无形性和不可分离性较高，在进入策略的选择上，不能通过出口方式，可以选择契约或者对外直接投资方式。

表 11－3　三种主要国际市场进入模式的内在特性比较

进入模式		内在特性			
		控制程度	资源承诺水平	风险水平	退出障碍
间接出口	出口模式	逐渐增强 ↓	逐渐提高 ↓	逐渐提高 ↓	逐渐扩大 ↓
直接出口					
许可证协议	契约模式				
特证经营					
管理合同					
合资	直接投资				
独资					
并购					

相关链接：

跨国旅客的酒店预订服务

去往布拉格的柏林商务旅客在火车上可以通过拨打柏林万豪酒店的电话号码，轻松预订酒店房间。实际上，布拉格也许并没有万豪酒店，但是美国的连锁酒店在东欧有大量的附属机构，这些独立的酒店已经结成联盟，以万豪商标来吸引来自海外的客户。万豪能为外国来访者提供其授权的住所。将来，当东欧人想到美国旅游时，万豪就能运用同样的网络吸引他们入住美国的万豪酒店。

高效的电信业和电脑预约系统是全球扩张的重要推动因素。柏林客户即便是在几个小时前才尝试预约，预约也仍能完成。实际上，许多万豪的国际预约电话（在东欧、日本等国的）都是通过设在美国盐湖犹他市的预约中心接转的，在这里，电话接线员使用不同的语言向顾客提供服务。接线员可以通过电脑上已确认的预约核对房间的预订情况，酒店员工也可以通过来自犹他市的邮件确认房间的预约情况。

2. 四种不同服务类型的进入策略

根据劳动密集程度和顾客互动与定制化程度两者的高低，可以把服务划分为四类，即服务工厂、服务商店、大众服务和专业化服务。在此基础上，依据服务任务是标准化的过程还是个性化的知识，以及服务的传递是一体化的还是分散化，将服务分成服务工厂、服务商店、服务作坊和服务综合四类；也可以从服务国际化的角度，将服务确定为物体型服务、传输型服务、接触型服务和资产型服务四种服务类型，如表 11－4 所示。

表 11－4　　四种服务类型简要描述

问题	物体型服务	传输型服务	接触型服务	资产型服务
什么跨越了国界	物	信息	人	资本
跨境交易之关键影响因素	原产地效应、关税制度	信息传输技术、政府控制	文化敏感性、移民、签证政策	投资环境和政策
跨境交易中的比较优势	受服务贸易非关税壁垒限制较小	有效避开各种壁垒	及时与消费者沟通	长期存在于东道国市场
跨境交易中的比较劣势	易遭侵权复制	不能直接面对消费者	人员流动受政策限制较大	面对较大的退出障碍
示例	音像制品	无线电广播	临时劳工、旅游	酒店、零售

（1）物体型服务：指通过各种技术手段将服务存储或转化为物质载体，以有形物质产品的形式销售给国外消费者，涉及国际服务贸易中的跨境支付。对于物体型服务的提供者来说，由于这类服务具有和货物类似的特性，故最合适的国际市场进入策略就是出口。在出口方式的选择上，通过间接出口的方式可以以较低的成本取得即期利

润，面临的风险也较小；采用直接出口方式，则能够直接接触国外消费者，逐步建立起自己的销售渠道。

（2）传输型服务：指服务不经由物质载体而直接通过电话、广播、电视、网络和卫星传递给国外消费者。从理论上来讲，传输型服务可以使得服务提供者不受国界限制，到达任意广阔的市场，但当服务提供者在服务接收者所在国投资建设自己的传输系统时，亦涉及商业存在。对于这类企业，最宜选择的国际市场进入方式是通过电子营销模式，以信号形式传输服务，使服务企业在不跨越国家的情况下，创造和存在于东道国的同样的效果。对电子渠道本身的建设，服务企业可以采取契约模式，在目标市场国选择伙伴进行战略合作，签订合作契约，向相关企业出售服务。

（3）接触型服务：指服务提供者或消费者跨越国境从事面对面的交易，如果从人员移动的角度来看，若是消费者流向提供者所在国，则涉及境外消费；若是服务提供者流向消费者所在国，且只是个体服务人员的流动，则涉及自然人流动；若需要建立机构，则亦涉及商业存在。因此，在只涉及自然人流动的情况下，如果是国外消费者跨越国境来到服务企业所在国，服务企业一般是采取内向型的国际化方式，加强对员工的跨文化培训，增强对国外消费者的吸引力；同时也可以采取出口的方式，派专业人员到国外为国外消费者提供定制服务，如制造业企业向国际市场出口设备，伴随而来的工程服务、保险服务企业也会进入国际市场，与物体型服务有些类似，只是承载服务本身的不是物而是自然人。当接触型服务涉及在国外建立一个机构时，一般需采取直接投资的方式进入国际市场。

（4）资产型服务：指服务提供者通过在国外建立和运营服务机构向国外消费者提供服务，母国对东道国的机构实施控制。资产型服务的提供者必须在国外建立商业存在，否则无法向国外消费者提供服务，因此一般采取直接投资的方式进入国际市场，将企业的生产经营活动转移到国外市场，合理配置生产要素，有效控制海外生产经营，逐渐在国际市场上建立品牌影响力。尽管由于有资本的大量跨境交易，企业的退出障碍相对较大，但是一般不需对厂房、机器设备等固定资产进行大量投资。此外，由于服务生产与消费的互动本质，因而为保证服务的质量，企业一般需采用控制程度较高的方式（即独资方式）进入国际市场。还有一种趋势是服务企业间的跨国并购，采取这种国际市场进入策略，可以更加快速地进入目标国市场，获得已经建立起来的顾客关系和渠道。

总之，服务企业进入国际服务市场策略，既可以通过卫星、因特网、电影院或广播电台等提供以信息为基础的服务，也可以以物化服务的形式通过邮递或当地的分销商出口，还可以依靠第三方，通过诸如特许代理、经纪人、特许经营和少数股权合资这样的方式与第三方建立关系。当然，也可以实施全面控制，实现的方式可以是直接投资新企业或收购一家现有企业。如果目的是要迅速获取新的客户基础和那些已经能够熟练地为这些顾客服务的员工，企业常常采用收购方式进入国际服务市场。

第三节 国际服务营销存在的主要问题

随着国际化的服务变得日益重要，企业在进行服务营销的过程中也出现了很多问题，这些问题的存在严重影响着营销活动的效果。

一、信息收集问题

有人认为，要管理好一个企业，必须管理它的未来；而管理未来，就是管理信息。因此，拥有能够帮助企业了解客户需求、竞争对手目前到底在干什么、他们的企图又是什么的信息情报收集系统就显得非常重要。在美国，约有70%的企业在进行战略决策前会对市场进行研究，分析市场潜力、市场份额、销售、产业发展趋势和竞争态势等多元信息。正因为如此，一个优秀企业家，总是有自己的保质保量的情报网。

企业营销信息情报收集系统主要由四个子系统构成：内部会计系统、外部市场情报系统、营销分析系统和营销调研系统，如图11－2所示。其中，内部会计系统是最基本的信息情报子系统，其核心是由订单到贷款回收循环过程中发生的信息，这是因为会计账目系统天然能够提供有价值的营销数据，通过分析这些数据，企业能发现重要的机会和隐藏的问题；外部市场情报系统是指时序地、系统地收集并处理各种宏观和微观营销环境的即时状态信息和预期变动信息，从而使营销管理人员借以获得日常的关于营销环境发展变化恰当信息的一整套程序和来源；营销分析系统则是指能累积营销数据并能对营销信息进行综合、概括甚至使用数学或统计模型进行营销管理分析的营销信息情报收集系统子系统；营销调研系统则是设计、收集、分析和提交数据资料并提出与企业所面临的特定营销状况相关的调查研究结果的过程，是提供有效决策信息的主渠道。

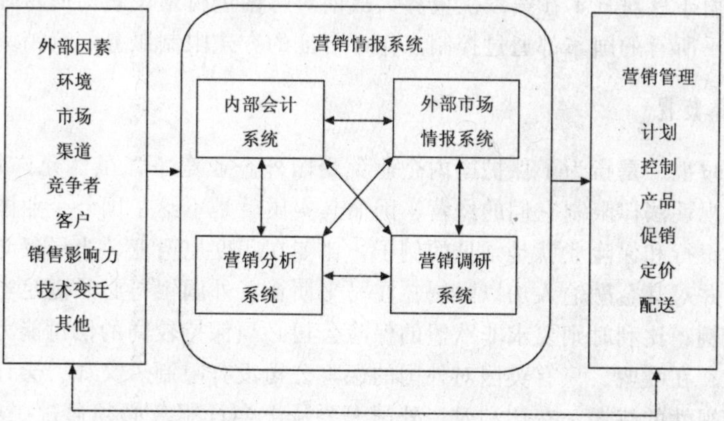

图11－2 企业营销信息情报收集系统

但从目前情况来看，服务企业的情报信息收集还是不健全的。很多国家的企业特别是服务性企业都会碰到收集信息的难题，导致这种状况的原因：一是由于服务贸易自身所具有的不同于货物贸易的无形性特点以及各国服务贸易发展水平和统计状况的不同，时至今日世界上仍没有一套被各国所公认并遵守的服务贸易统计体系，这是造成服务信息收集困难的客观原因；二是由于这些企业缺乏信息情报收集、分析系统或是不愿花费更多资金所导致的，这是造成服务信息收集困难的重要原因。

二、政府管制问题

所谓政府管制，就是政府采取的干预行动，即政府以制裁手段对个人或组织自由决策的一种强制性限制。因此，政府管制的主体是政府行政机关即狭义上的政府，这些政府机关通过法律授权而取得管制权，通常被称作管制者；政府管制的客体是从事市场活动的各经济主体即企业与消费者，通常被称作被管制者；管制的对象是微观经济主体的经济行为，具有强制性。由于服务的生产与营销同所服务的东道国市场紧密地联系在一起，服务贸易中遇到的障碍往往比商品贸易中遇到的障碍更加难以跨越。正因为如此，服务部门国际化遭遇的政府管制，有时是无法预料和想象的。具体来说，主要表现在如下几个方面：

（一）过境限制

过境限制分为两种：允许进入和不允许进入，允许进入又分为关税和非关税两种。其中，最简单的过境限制形式是关税，许多国家常常为了保护本国服务业而提高对其他国家的进入关税的税率，而且不同国家有着不同的关税，这些关税会经常变动，税率几乎是按月度进行调整，这样就影响了它们的竞争力。

配额是过境限制的另一重要形式，数量的限制使得国外出口商很难在短期内占据较大的市场份额。如为了保护当地的电影和电视产业，欧盟当局对美国制作的节目播送时间比例进行限制。当然，最严重的是许多国家尤其是第三世界国家会禁止国外服务供应商的进入。例如，法国禁止外国保险公司的进入，而中国目前还不允许国外电信公司在中国开设分公司，韩国由于反对日本在第二次世界大战前对韩国进行殖民统治而对日本电影进行禁止。此外，几乎所有的国家都通过控制工作许可证的方式限制服务的营销。

（二）法律歧视

所谓法律歧视，是指为了保护国内企业免受国外企业竞争，虽然允许外国企业进入，但通过采取歧视性法律限制它们的经营，因而其实质就是不给予国外企业国民待遇。

国际商业银行和保险业就是常见的例子，比如在印度尼西亚，当局仅允许外国银行在雅加达经营，并对其金融输入加以限制；在马来西亚，外国银行必须满足当地政府所规定的雇员种族比例；比利时则要求非欧盟的保险公司必须保持较高的偿付能力，以此来削弱它们的灵活性；在欧盟，只有英国对外国的保险公司没有限制。又如，会计服务在一些国家也受到了歧视性的待遇：在比利时，外国人要从事会计服务必须通过一项专门的考试；在阿根廷，审计必须在本地会计师的监督下才能进行；在巴西，会计师必须具有一所巴西大学的学位才能取得资格；在法国，会计服务机构必须由法国人控股。

（三）财政补贴

所谓财政补贴，是指国家财政为了实现特定的政治经济和社会目标，向企业或个人提供的一种补偿，主要是在一定时期内对生产或经营某些销售价格低于成本的企业或因提高商品销售价格而给予企业和消费者的经济补偿。这是一种更微妙的保护形式，即政府采用给国内工人和产业给予政府津贴的形式来保护本国企业。

例如，大多数国家都在一定程度上向当地的通信公司提供补贴；大多数国家也给他们的国家航空公司提供特许贷款、费用补贴和其他财务支持；而在发达国家，对农业的补贴是最普遍的；在菲律宾，只有国家的船队才被允许运输“政府主办”的进出口货物。这样，通过政府对国内服务供应商进行财政补贴，使得国内服务供应商相对于国外竞争者更具竞争力。因此，大多数的第三世界国家都对国有传统服务业提供财政补贴，如电信、水陆运输、公共医疗、教育、水电供应等方面，这就阻止了国外服务供应商进入本地市场。

（四）知识产权

由于技术开发的困难，技术通常采取易被模仿的观念形式和创新形式，即企业在开发新产品时常常模仿其他企业的新技术。因此，有些国家或不注重知识产权保护或相关知识产权保护的法制不健全，这些国家的企业从对其他企业的创新的任意模仿和剽窃中获得大量利益。与此相反，有些国家特别是技术领先国家常常将知识产权的保护放在重要的位置，在这些国家，技术贸易占有大量份额。据美国估计，美国公司每年因全世界对其知识产权的侵犯所造成的损失约600亿美元。因此，严格规范知识产权能够限制国外企业轻易获得本国的新技术，限制其参与到与本国企业的竞争当中，从而保护服务供应商的利益。目前，因竞争者对产品、工序和技术的仿制而影响服务供应商利益的现象，最受打击的行业是软件业、音乐和出版业。

三、文化差异问题

在服务贸易中涉及人与人的直接接触，与商品贸易相比，文化在服务贸易中扮演着更重要的角色。许多国际服务营销的失败，其重要原因就是国际文化的差异及营销者对文化因素的忽视。

文化渗透于国际服务营销活动的全过程，企业在国际市场营销调研、市场细分和市场定位以及产品、价格、渠道和促销策略的决策和人员管理中，都要受到所在的社会文化环境的影响和制约。事实上，国际服务市场营销活动本身也是文化的一个组成部分，因为随着企业在国际市场上营销活动的不断进行，会导致不同国家消费者的消费文化和生活方式发生改变，从而推动不同国家之间文化的交流和融合。另外，国际市场营销能否顺利进行，在很大程度上就取决于国际市场的文化特性，不同目标市场之间的文化差异较小，或者东道国的文化开放性和稳定性越强，企业在国际营销的过程中所遇到的文化障碍就越少，国际市场营销的进程就越顺利。具体来说，国际服务营销中的文化障碍主要包括语言、价值观和态度、行为方式和习惯、物质文化、审美观等文化范畴。

四、服务质量问题

服务是服务营销的基础，而服务质量则是服务营销的核心。无论是有形产品的生产企业还是服务业，服务质量都是企业在竞争中的致胜法宝。因此，要做好服务营销工作，服务企业必须为顾客提供优质服务。服务质量是指服务能够满足规定和潜在需求的特征和特性的总和，是指服务工作能够满足被服务者需求的程度，是企业为使目标顾客满意而提供的最低服务水平，也是企业保持这一预定服务水平的连贯性程度。

鉴于服务交易过程的顾客参与性，以及生产与消费的不可分离性，服务质量必须经顾客认可，并被顾客所识别。它具有如下特征：服务质量是顾客感知的对象；服务质量既要有客观方法加以制定和衡量，更多地要按顾客主观的认识加以衡量和检验；服务质量发生在服务生产和交易过程之中；服务质量是在服务企业与顾客交易的真实瞬间实现的；服务质量的提高需要内部形成有效管理和支持系统。所以说，服务质量也可以被定义为顾客对实际所得到服务的感知与顾客对服务的期望之间的差距。其中，顾客感知的服务质量包括技术质量和功能质量两个方面：前者是指服务过程的产出，即顾客在服务中所得到的实质内容，如商品零售企业的环境服务为顾客提供的安全、舒适、愉快的购物体验，维修服务使顾客重新获得商品的使用价值；后者是指服务的技术性要素是如何传递的（即服务的生产过程），主要包括服务人员的态度与行为、服务人员外貌仪表、员工与顾客的接触、企业的内部关系等软件要素。因此，顾客服务质量与决定它的顾客预期质量和体验质量三者之间的关系，可以用一个函数表示：

服务质量分数 = 实际感受分数 - 期望分数

研究表明，服务过程是由一系列前后相继、相互制约的行为构成的。在服务过程中，从决策者对顾客期望的认知到服务质量的规范化，再到服务信息向顾客的传递以及服务的实际执行，服务组织内部存在着四个明显的差距：一是顾客对服务的期望与服务提供商认知之间的差距；二是服务提供商对顾客期望的认知与服务质量规范之间的差距；三是服务质量规范和服务提供商实际行动之间的差距；四是服务提供商的实际行动与服务提供商沟通之间的差距。

因此，在买方市场中，企业求生存的最佳途径是提高顾客满意度，而对产品的满意度在很大程度上要看营销的服务理念是否让人感到亲切。根据《美国营销策略谋划》的研究结果：91%的顾客会避开服务质量低的公司，其中80%的顾客会另找其他方面差不多，但服务更好的企业，20%的人宁愿为此多花钱。换句话说，吸引顾客再次光临的因素首先是服务质量的好坏，其次是产品本身，最后才是价格，因而做好服务工作，提供优质服务，以真诚和温情打动消费者的心，培养“永久顾客”，刺激重复购买，才是谋求企业长远利益的上策。

五、服务外包问题

所谓服务外包，是指组织将非核心服务以合约的方式交由外部资源供应商负责，以提高资源配置效率的生产组织形式和服务管理模式。产业转移的升级、国际分工的发展、技术的快速进步以及国际贸易环境的优化使得国际服务外包呈现日新月异的发展。托马斯·

弗里德曼在其《世界是平的》一书中，把服务外包作为“铲平世界”的十大“推土机”中强有力的一台。具体来说，服务外包有如下几种：

一是根据服务外包承接商的地理分布状况，可分为三种类型：离岸外包、近岸外包和境内外包。离岸外包是指转移方与为其提供服务的承接方来自不同国家，外包工作跨境完成；近岸外包是指转移方和承接方来自于邻近国家，近岸国家很可能会讲同样的语言，在文化方面比较类似，并且通常提供了某种程度的成本优势；境内外包指转移方与为其提供服务的承接方来自同一个国家，外包工作在境内完成。

二是按服务外包的业务性质，可分为三种类型：业务流程外包（BPO）、信息技术外包（ITO）和知识流程外包（KPO）。BPO 是指服务外包发包商将一个或多个原本企业内部的职能外包给外部服务提供商，由后者来拥有、运作、管理这些指定的职能；ITO 是指服务外包发包商在规定的服务水平基础上，以合同的方式将一部分或全部信息技术、信息系统和相关服务委托给服务提供商，由其管理并提供用户所需的信息服务；KPO 则是一个帮助客户研究解决方案的方式，主要是通过多种途径来获取信息，经过即时、综合的分析、判断和研究解释，提出一定的建议，将报告呈现给客户，作为决策的依据。因此，KPO 是一种位于发包商流程价值链高端的、高知识含量的外包业务。

【思考与练习】

一、单选题

1. 服务营销的对象是（　　）。

A. 产品　　B. 服务

C. 顾客　　D. 市场

2. 国际服务市场形成和发展的基本动因是（　　）。

A. 国际分工和合作

B. 世界经济一体化与跨国公司的发展

C. 各国政府在金融、税收、法律方面的优惠和保护措施

D. 社会生产力的发展和相应产业结构的调整

3. 服务外包发包商将一个或多个原本企业内部的职能外包给外部服务提供商，由后者来拥有、运作、管理这些指定的职能，称之为（　　）。

A. 业务流程外包（BPO）　　B. 信息技术外包（ITO）

C. 知识流程外包（KPO）　　D. 离岸外包（Offshore Outsourcing）

二、多选题

1. 服务具有如下特征：（　　）。

A. 无形性　　B. 不可分离性

C. 差异性　　D. 不可储存性

E. 缺乏所有权

2. 经济学家辛格曼按照服务的功能，把服务业分为（　　）。

A. 流通服务　　B. 生产者服务

C. 社会服务　　D. 个人服务

E. 专业服务

3. 国际服务营销不同于服务营销的特点是（　　）。

A. 营销环境的差异性　　B. 营销工作的复杂性

C. 营销过程的高风险性　　D. 营销活动的高难度性

E. 服务消费者需求弹性大

4. 根据关贸总协定乌拉圭回合达成的《服务贸易总协定》，国际服务市场包括（　　）。

A. 跨境交付　　B. 境外消费

C. 商业存在　　D. 自然人流动

E. 劳务输出

5. 国际服务市场的形成与迅速发展的原因主要有（　　）。

A. 国际分工和合作

B. 世界经济一体化与跨国公司的发展

C. 各国政府在金融、税收、法律方面的优惠和保护措施

D. 社会生产力的发展和相应产业结构的调整

E. 经济的知识化和科学技术的发展

6. 典型的国际服务业务主要有（　　）。

A. 国际电信服务　　B. 国际运输服务

C. 国际金融服务　　D. 国际旅游服务

E. 国际专业服务

7. 国际服务营销存在的主要问题有（　　）。

A. 信息收集问题　　B. 政府管制问题

C. 文化差异问题　　D. 服务质量问题

E. 服务外包问题

8. 国际服务营销中的文化障碍主要包括（　　）。

A. 语言　　B. 价值观和态度

C. 行为方式和习惯　　D. 物质文化

E. 审美观

三、判断题

1. 服务是由一系列或多或少具有无形特征的活动所构成的能够为顾客带来一定经济附加值的一种互动过程和结果，并且不会造成所有权的转移。（　　）

2. 所谓“服务营销”实际上是一种通过关注顾客，进而提供服务，

最终实现有利的交换的营销手段，作为服务营销的重要环节，“顾客关注”工作质量的高低，将决定后续环节的成功与否，影响服务整体方案的效果。 （ ）

3. 国际服务营销在本质上不同于国内服务营销之处，是致力于满足消费者对服务产品的消费需求，通过定价、促销和有形展示等活动，实现服务产品的价值，使企业获得预期的利润。 （ ）

4. 国际服务市场的迅速发展是新技术革命引起的国际分工深化和全球产业结构调整、升级的必然结果。 （ ）

5. 根据联合国贸发会的观点，国际服务贸易壁垒可分为直接壁垒和间接壁垒两大类。 （ ）

四、思考题

1. 简述服务、服务营销及其特征。
2. 简述国际服务市场及其进入障碍、策略。
3. 结合实际谈谈文化环境对国际服务营销的影响。

五、实训题

走访一个服务型企业，试着与服务经理共同为该企业制定服务蓝图。

第十二章 国际网络营销

【学习目标】

了解网络营销基本概念、特点及网络时代国际营销的发展趋势；熟悉国际市场网络营销常用工具；掌握网络营销环境和网络消费者购买行为。

第一节 网络营销概述

一、网络营销的概念与特点

（一）网络营销的概念

网络营销是建立在互联网基础上，以营销型页面为载体发布产品信息，由营销人员利用专业的网络营销工具，面向广大网民开展一系列营销活动的新型营销方式。其主要特点是成本低、效率高、效果好。凡是以互联网为载体进行，为实现一定营销目标而展开的营销活动，都可称之为网络营销。也就是说，网络营销贯穿于企业通过互联网展开经营的整个过程，包括建设营销型网站、网络推广、网站运营、在线接待、在线交易等一系列线上的营销活动。

网络营销产生于20世纪90年代，发展于20世纪末至今。网络营销产生和发展的背景主要有三个方面，即网络信息技术的发展，消费者价值观的改变，激烈的商业竞争。

作为网络营销新模式，新闻营销是运用媒体新闻为企业宣传的一种新型推广方式，相对于硬性广告或传统的B2B平台宣传等，新闻营销已经摆脱传统网络营销单一的给企业狂轰滥炸发布产品信息的模式，从精准定位目标人群到精心策划营销内容，最后选择权威优质平台，把企业网络营销做到目标用户的心坎里去。

（二）网络营销的特点

对于网络营销的特点，学术上占主流的观点有：

（1）时域性：营销的最终目的是占有市场份额，由于互联网能够超越时间约束和空间限制进行信息交换，使得营销脱离时空限制进行交易变成可能，企业有了更多时间和更大的空间进行营销，可每周7天，每天24小时随时随地地提供全球性营销服务。

（2）富媒体：互联网被设计成可以传输多种信息，如文字、声音、图像等，使得为达成交易进行的信息交换能以多种形式存在和交换，可以充分发挥营销人员的创造性和能动性。

（3）交互式：互联网通过商品展示，实现供需互动与双向沟通。还可以进行产品测试与消费者满意调查等活动。互联网为产品联合设计、商品信息发布以及各项技术服务提供工具。

（4）个性化：互联网上的促销是一对一的、理性的、消费者主导的、非强迫性的、循序渐进式的，而且是一种低成本与人性化的促销，避免推销员强势推销的干扰，并通过信息提供与交互式交谈，与消费者建立长期良好的关系。

（5）成长性：互联网使用者数量快速成长并遍及全球，使用者多属年轻、中产阶级、高教育水准，由于这部分群体购买力强而且具有很强市场影响力，因此是一项极具开发潜力的市场渠道。

（6）整合性：互联网上的营销可由商品信息发布至收款、售后服务一气呵成，因此也是一种全程的营销渠道。以统一的传播途径向消费者传达信息，避免不同传播中不一致性产生的消极影响。

（7）超前性：互联网是一种功能最强大的营销工具，它同时兼具渠道、促销、电子交易、互动顾客服务以及市场信息分析与提供的多种功能。它所具备的一对一营销能力，正是符合定制营销与直复营销的未来趋势。

（8）高效性：计算机可储存大量的信息，代消费者查询，可传送的信息数量与精确度，远超过其他媒体，并能因应市场需求，及时更新产品或调整价格，因此能及时有效了解并满足顾客的需求。

（9）经济性：通过互联网进行信息交换，代替以前的实物交换，一方面可以减少印刷与邮递成本，可以无店面销售，免交租金，节约水电与人工成本，另一方面可以减少由于迂回多次交换带来的损耗。

（10）技术性：网络营销大部分是网上工作者，通过他们的一系列宣传、推广，这其中的技术含量相对较低，对于客户来说是小成本大产出的经营活动。

相关链接：

2012年移动互联网的规模变化

根据EnfoDesk易观智库产业数据库最新发布的数据显示，截至2012年底中国移动互联网市场规模达到1 588亿，移动互联网用户接近5.7亿。这一数据相比2011年则分别增长84.2%和32.6%。而在2006年，对应的数据分别仅为69亿和3 100万人。如此发展速度，必然会推动互联网相关产业的快速发展。

资料来源：网易科技报道。

二、网络营销的基本功能

在互联网环境中，一些学者认为4C是网络营销的理论基础，4C即顾客的欲望和需求（Consumer's Wants and Needs）、满足欲望和需求的成本（Cost to Satisfy Wants and Needs）、方便购买（Convenience to Buy），以及与消费者的沟通（Communication）。表面看来，4C的确反映了网络营销的一些特征，并且对一些网络营销策略具有一定的指导作用。但是深入分析可以发现，虽然4C对于网络营销思想具有一定的意义，但是这些并非属于网络营销的专有特征，对传统的市场营销同样是适用的，并且4C体系本身并不完整，其严密性、系统性和可操作性等方面显然无法与4P相提并论。

为理解网络营销的基本框架，本书用网络营销的功能来说明网络营销的组成，同时也说明了网络营销所包含的基本内容。通过对网络营销实践应用的归纳总结，网络营销的基本功能表现在八个方面：网络品牌、网站推广、信息发布、销售促进、网上销售、顾客服务、顾客关系、网上调研。

（一）网络品牌

网络营销的重要任务之一就是在互联网上建立并推广企业的品牌，以及让企业的网下品牌在网上得以延伸和拓展。网络营销为企业利用互联网建立品牌形象提供了有利的条件，无论是大型企业还是中小企业都可以用适合自己企业的方式展现品牌形象。网络品牌建设是以企业网站建设为基础，通过一系列的推广措施，达到顾客和公众对企业的认知和认可。网络品牌价值是网络营销效果的表现形式之一，通过网络品牌的价值转化实现持久的顾客忠诚和更多的直接收益。

（二）网站推广

获得必要的访问量是网络营销取得成效的基础，尤其对于中小企业，由于经营资源的限制，发布新闻、投放广告、开展大规模促销活动等宣传机会比较少，因此通过互联网手段进行网站推广的意义显得更为重要，这也是中小企业对于网络营销更为热衷的主要原因。即使对于大型企业，网站推广也是非常必要的，事实上许多大型企业虽然有较高的知名度，但网站访问量也不高。因此，网站推广是网络营销最基本的功能之一，是网络营销的基础工作。

（三）信息发布

网络营销的基本思想就是通过各种互联网手段，将企业营销信息以高效的手段向目标用户、合作伙伴、公众等群体传递，因此信息发布就成为网络营销的基本功能之一。互联网为企业发布信息创造了优越的条件，不仅可以将信息发布在企业网站上，还可以利用各种网络营销工具和网络服务商的信息发布渠道向更大的范围传播信息。

（四）销售促进

市场营销的最终目的是为了增加销售，网络营销也不例外，各种网络营销方法大都直接或间接具有促进销售的效果，同时还有许多针对性的网上促销手段。这些促销方法并不限于对网上销售的支持，事实上，网络营销对于促进网下销售同样很有价值，这也就是为什么一些没有开展网上销售业务的企业一样有必要开展网络营销的原因。

（五）网上销售

网上销售是企业销售渠道在网上的延伸。一个具备网上交易功能的企业网站本身就是一个网上交易场所，网上销售渠道建设并不限于企业网站本身，还包括建立在专业电子商务平台上的网上商店，以及与其他电子商务网站不同形式的合作等。因此网上销售并不仅仅是大型企业才能开展，不同规模的企业都有可能拥有适合自己需要的在线销售渠道。

（六）顾客服务

互联网提供了更加方便的在线顾客服务手段，从形式最简单的 FAQ（常见问题解答），到电子邮件、邮件列表，以及在线论坛和各种即时信息服务等。在线顾客服务具有成本低、效率高的优点，在提高顾客服务水平、降低顾客服务费用方面具有显著作用，同时也直接影响到网络营销的效果。因此在线顾客服务成为网络营销的基本组成内容。

（七）顾客关系

顾客关系对于开发顾客的长期价值具有至关重要的作用，以顾客关系为核心的营销方式成为企业创造和保持竞争优势的重要策略。网络营销为建立顾客关系、提高顾客满意和顾客忠诚提供了更为有效的手段，通过网络营销的交互性和良好的顾客服务手段，增进顾客关系成为网络营销取得长期效果的必要条件。

（八）网上调研

网上市场调研具有调查周期短、成本低的优点。网上调研不仅为制定网络营销策略提供支持，也是整个市场研究活动的辅助手段之一。合理利用网上市场调研手段对于市场营销策略具有重要价值。

网络营销的各个功能本质是相互联系、相互促进的，网络营销的最终效果是各项功能共同作用的结果。为了直观描述网络营销八项功能之间的关系，可以从其作用和效果方面来做出大致的区分：网站推广、信息发布、顾客关系、顾客服务和网上调研这五项功能属于基础，主要表现为网络营销资源的投入和建立，而网络品牌、销售促进、网上销售这三项功能则表现为网络营销的效果（包括直接效果和间接效果）。图 12－1 描述了网络营销八项功能之间的关系。

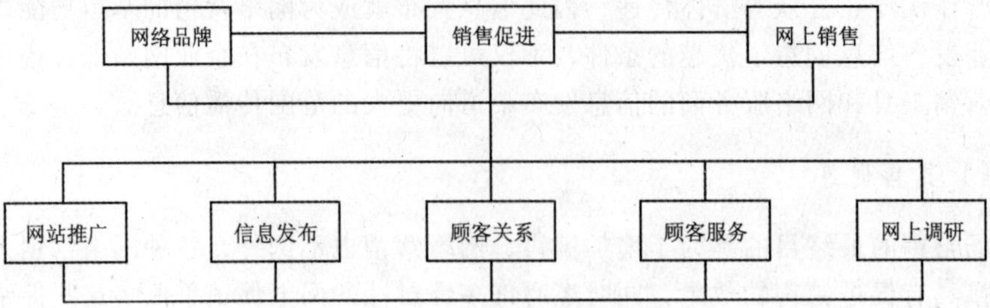

图 12－1 网络营销功能关系图

思考：你能区别网络营销与网上销售、电子商务的区别与联系吗？

三、网络营销的实施条件

从理论上讲，无论采取哪种方式，只要具备了接入互联网的基本条件，就具备了企业开展网络营销的基本条件，可以开展初步的网络营销活动，如在网上发布一些供求信息，通过电子邮件等方式与客户交流等等。不过，一个企业要开展真正意义上的网络营销，往往要经过一系列的分析和比较，根据企业的需要和内部条件，最后才能制订网络营销计划。一般来说，需要对下列四个方面进行调研，即产品特性、行业竞争状况、财务状况和人力资源。

（一）产品特性

是否需要在网上开展营销活动，在很大程度上取决于行业的特点和产品的特性，网络营销是为顺应营销手段的发展而不是为了赶时髦，如果一个行业的特点决定了利用传统方法更加有效，那么可以暂时不必考虑网络营销。如果网络营销不能在短期内带来切实的收益，还是应该量力而行，根据本企业的特点慎重决定。

案例：

耐克网上推广专家店

耐克的名字和商标已经享誉全世界，耐克公司为了增加销售量，竟然向网络用户宣传开设在全加拿大的“运动员世界”中的耐克迷你店。为了达到这个目的，这位运动服装界的巨人利用因特网制作了旗帜广告和一个网站：www. athletsworld. ca/nikeshop。该网站的目标受众是十几岁的青少年和稍微年长一些的青年顾客。为了吸引年轻的访问者，网站使用了各种设计元素，如挖苦式的导语、嬉皮音乐、游戏式的表现方法和多彩的形象等。

（二）行业竞争状况

互联网的发展，为行业竞争状况分析提供了方便，同行业的企业由于生产类似的产品或服务，往往被收录在搜索引擎或分类目录的相同类别，要了解竞争者或其他同行是否上网，只需到一些相关网站查询一下，并对竞争者的网站进行一番分析，对行业的竞争状况就会有大致的了解。如果竞争者尤其实力比较接近的竞争者已经开始了网络营销，甚至已经取得了明显收益，这时，你的企业就需要认真考虑自己的网络营销战略了。

（三）财务状况

用于网络营销的支出不是消费，而是一项投资，而且是长期投资，有时还需要不断地投入资金，网络营销不一定能取得立竿见影的成效。决策人员应该根据企业的财务状况制订适合自身条件的网络营销战略，如企业内部网的建立、WEB网站建设方式、网络营销组织结构、推广力度等等。

（四）人力资源

网络营销与传统营销相比，有其自身的特殊性，如互联网本身的互动性、信息发布的及时性以及网络营销的基本手段——网站建设和推广等，这就要求网络营销人员既有营销方面的知识，又有一定的互联网技术基础，这种复合型人才目前比较短缺，企业是否拥有高水平的网络营销人才，对网络营销的效果有直接影响。

第二节 网络营销环境与网络消费者

一、网络营销环境

网络营销的环境因素特指各种影响网络营销开展以及网络营销效果的因素。站在企业网络营销应用的角度，可将网络营销环境分为内部环境和外部环境。开展网络营销需要一定的外部环境和企业内部条件，外部环境和内部条件就构成了网络营销的基本环境。网络营销的外部环境为开展网络营销提供了潜在用户，以及向用户传递营销信息的各种手段和渠道，而内部环境为有效地营造网上经营环境奠定了基础。合理地建设和挖掘内部环境的资源，有效地适应、协调和利用各种外部环境的资源，是网络营销得以有效开展的基础。

（一）网络营销的外部环境

网络营销的外部环境可以从广义和狭义两个方面来分析。广义的外部环境包括政治环境、法律环境、经济环境，乃至自然环境。但由于这些因素属于对整个企业经营环境发生影响的因素，而并非专门对网络营销产生影响，因此本书并不对广义的外部环境进行深入分析，而是针对与网络营销密切相关的环境因素，即狭义的网络营销外部环境进行简要分析。对于有关网络营销法律等问题，尽管直接与网络营销相关，但并不是本书以及网络营销这门学科研究的范畴，因此在网络营销理论与实践的内容中，一般并不涉及有关的法律问题，详细内容可以参见电子商务法律等相关书籍。

影响网络营销的外部环境因素包括：上网用户的数量及人口统计特征，上网用户对网络营销的行为，上网企业数量及结构、带宽等基础网络服务状况，网络营销专业服务市场状况等。在网络基本环境一定的情况下，网络营销服务领域的变化对于网络营销将发挥直接的影响。网络营销专业服务商则直接提供了网络营销的手段和资源，企业开展网络营销依赖于专业服务商提供的各种专业服务，如搜索引擎、网站分类目录、电子邮箱、邮件列表、网络广告空间、网络社区、供求信息发布与查询、网上销售平台、在线调查平台、第三方网站流量统计等，如果服务商的这些服务内容或方式发生了变化，网络营销的手段也将随之改变。例如，在早期的网络服务中，新闻组是常见的用户交流场所，也是早期网络营销的主要方法之一，但随着论坛、即时信息等新的网络交流方式的出现，新闻组的应用逐渐减少，利用新闻组开展网络营销的方法也逐渐退出历史舞台。同样，早期的网站推广以免费搜索引擎登录为主，但随着主要搜索引擎开始收费，企业利用搜索引擎开展网络营销则出现了付费登录网站、关键词广告、竞价广告等多种形式。

网络营销服务不仅提供基本的网络营销工具和手段，也提供了可供利用的外部网络营销资源，因而是网络营销中的重要影响因素。网络营销服务对互联网相关的所有领域都发生不同程度的影响，有些则对于网络营销是必不可少的，例如搜索引擎和电子邮箱已经成为自网络营销产生至今最基本的工具和手段。离开这些基本的网络营销工具，网络营销的方法和效果将受到很大的限制。例如，基于用户许可的 Email 营销也是网络营销的常用方法，许可 Email 营销需要一定的基础条件，如电子邮件的发送和管理系统、潜在用户的电子邮件地址等，这些资源并非每个企业都可以拥有，因此在企业自身没有资源的情况下开展许可 Email 营销时就需要利用专业服务商的营销资源。同样，企业采用网络广告策略时也需要网络广告投放空间，通常要利用访问量大的门户网站或者专业网站作为网络广告媒体。这时，网络营销的效果也取决于专业服务商的营销资源和服务水平。

思考：你认为一国的政治、经济、文化、科技等营销宏观环境因素对网络营销活动会带来影响吗？

（二）网络营销的内部环境

从企业内部环境来看，影响网络营销的主要因素也可以从广义和狭义两个方面来区分。广义的内部环境因素包括产品特性、财务状况、企业领导人对待网络营销的态度、拥有网络营销专业人员的状况等；狭义的网络营销内部环境因素主要包括企业网站的专业水平、对网站推广的方法和力度、企业内部网络营销资源的拥有和利用状况等。在广义的网络营销内部环境因素对于开展网络营销具备必要支持的情况下，网络营销的实际效果主要取决于狭义的内部环境因素。因此，本书后面将要介绍的网络工具和方法，也都是针对狭义网络营销环境而言的。

研究网络营销内部环境因素的主要目的，在于为建立有效的营销策略提供指导，包括制定网络营销策略计划，建立网络营销导向的企业网站，利用各种网络营销手段有效地开展网络营销活动等。

网络营销内部环境建设的核心思想是创造网络营销的内部资源，即实现网络营销各种职能的技术环境。只有营造了基本的内部环境，才能为有效开展网络营销提供保障。例如，在线调研和在线顾客服务等职能的实现均离不开企业网站及相应的功能；内部列表Email营销的开展则完全建立在拥有网站内部注册会员电子邮件地址的基础上。

在拥有了内部网络营销资源之后，对这些资源的利用也是影响网络营销效果的重要因素。例如，尽管每个企业都可以利用自己的网站发布任何营销信息，但并不是每个网站都能合理利用这些资源，有些企业网站信息贫乏，即使获得了一定的访问量，也很难达到显著的网络营销效果。网络营销信息传递的基本特征也说明了这一点，即信息源内容贫乏将影响网络营销的效果。

二、网络消费者购买行为与购买过程

（一）网络消费者特点

1. 中青年消费者的市场

中青年的消费者，特别是青年消费者在使用网络的人员中占有绝对的比重，中国当前30岁以下的网民占到60%，依职业分类，学生占30%。所以，网络营销必须瞄准中青年消费者。青年人喜欢的摇滚歌星唱片、游戏软件、体育用品等都是网络上的畅销产品。这类市场目前是网络市场最拥挤的地方，也是商家最为看好的一个市场。

2. 具有较高文化水准的职业层市场

最新调查显示我国上网用户中70%接受过高等教育（大专以上）。这有其必然原因：一方面，为减少上网费用，需要上网者具有快速阅读的能力，并熟悉计算机操作；另一方面，在国外站点浏览又需要一定的英文能力。所以，教师、学生、科技人员和政府官员上网的比例较高。也正因为如此，在网络营销当中计算机软件、硬件、书籍等产品的销售较好。

3. 中低收入阶层市场

调查表明用户的人均收入在1 500元以下的占总用户数的57%，收入水平属于中等以下。72.53%的上网用户能够接受的上网费用每月不超过200元。随着家庭电脑的普及，越来越多的用户选择在家中上网，这占用户总数的60.27%。由于上网费用比较昂贵，一般用户对上网费用都比较敏感，上网费用自费的占63.37%，其他的一般都尽量利用公费上网。用户每周上网时间，跟发达国家相比明显较短，用户平均每周上网时间13.66小时。用户在一天当中首次上网的时间的多集中在早上或者晚上，一方面是晚上有集中的时间上网，再则是在晚上上网由于使用人数较白天速度较快，而且在后半夜上网费用实行优惠。

（二）影响网络消费者购买的主要因素

1. 产品的特性

首先，由于网上市场不同于传统市场，网上消费者有着区别于传统市场的消费需求特征，因此并不是所有的产品都适合在网上销售和开展网上营销活动的。根据网上消费者的特征，网上销售的产品一般要考虑产品的新颖性，即产品是新产品或者是时尚类产品，比较能吸引人的注意。追求商品的时尚和新颖是许多消费者，特别是青年消费者重要的购买动机。

其次，考虑产品的购买参与程度，一些产品要求消费者参与程度比较高，消费者一般需要现场购物体验，而且需要很多人提供参考意见，对于这些产品不太适合网上销售。对于消费者需要购买体验的产品，可以采用网络营销推广功能，辅助传统营销活动进行，或者将网络营销与传统营销进行整合。可以通过网上来宣传和展示产品，消费者在充分了解产品的性能后，可以到相关商场再进行选购。

2. 产品的价格

从消费者的角度说，价格不是决定消费者购买的唯一因素，但却是消费者购买商品时肯定要考虑的因素，而且是一个非常重要的因素。对一般商品来讲，价格与需求量之间经常表现为反比关系，同样的商品，价格越低，销售量越大。网上购物之所以具有生命力，重要的原因之一是网上销售的商品价格普遍低廉。

此外，消费者对于互联网有一个免费的价格心理预期，那就是即使网上商品是要花钱的，那价格也应该比传统渠道的价格要低。这一方面，是因为互联网的起步和发展都依托了免费策略，因此互联网的免费策略深入人心，而且免费策略也得到了成功的商业运作。另一方面，互联网作为新兴市场它可以减少传统营销中中间费用和一些额外的信息费用，可以大大削减产品的成本和销售费用，这也是互联网商业应用的巨大增长潜力所在。

3. 购物的便捷性

购物便捷性是消费者选择购物的首要考虑因素之一。一般而言，消费者选择网上购物时考虑的便捷性，一是时间上的便捷性，可以不受时间的限制并节省时间；另一方面，是可以足不出户，在很大范围内选择商品。

4. 安全可靠性

网络购买另外一个必须考虑的是网上购买的安全性和可靠性问题。由于在网上消费，消费者一般需要先付款后送货，这与过去购物的一手交钱一手交货的现场购买方式发生了变化，网上购物中的时空发生了分离，消费者有失去控制的离心感。因此，为降低网上购物的这种失落感，在网上购物各个环节必须加强安全措施和控制措施，保护消费者购物过程的信息传输安全和个人隐私，以及树立消费者对网站的信心。

（三）网络消费购买过程

网上购物是指用户为完成购物或与之有关的任务而在网上虚拟的购物环境中浏览、搜索相关商品信息，从而为购买决策提供所需要的必要信息，并实现购买决策的过程。电子商务的热潮使网上购物作为一种崭新的个人消费模式，日益受到人们的关注。消费者的购买决策过程，是消费者需要、购买动机、购买活动和买后使用感受的综合与统一。网络消费的购买过程可分为以下五个阶段：确认需要→信息收集→比较选择→购买决策→购后评价。

1. 确认需要

网络购买过程的起点是诱发需求，当消费者认为已有的商品不能满足需求时，才会产生购买新产品的欲望。在传统的购物过程中，消费者的需求是在内外因素的刺激下产生的，而对于网络营销来说，诱发需求的动因只能局限于视觉和听觉。因而，网络营销对消费者的吸引是有一定难度的。作为企业或中介商，一定要注意了解与自己产品有关的实际需要和潜在需要，掌握这些需求在不同的时间内的不同程度以及刺激诱发的因素，以便设计相应的促销手段去吸引更多的消费者浏览网页，诱导他们的需求欲望。

2. 收集信息

当需求被唤起后，每一个消费者都希望自己的需求能得到满足，所以，收集信息、了解行情成为消费者购买的第二个环节。

收集信息的渠道主要有两个方面：内部渠道和外部渠道。消费者首先在自己的记忆中搜寻可能与所需商品相关的知识经验，如果没有足够的信息用于决策，其便要到外部环境中去寻找与此相关的信息。当然，不是所有的购买决策活动都要求同样程度的信息和信息搜寻。根据消费者对信息需求的范围和对需求信息的努力程度不同，可分为以下三种模式：

（1）广泛问题的解决模式。是指消费者尚未建立评判特定商品或特定品牌的标准，也不存在对特定商品或品牌的购买倾向，而是很广泛地收集某种商品的信息。处于这个层次的消费者，可能是因为好奇、消遣或其他原因而关注自己感兴趣的商品。这个过程收集的信息会为以后的购买决策提供经验。

（2）有限问题的解决模式。处于有限问题解决模式的消费者，已建立了对特定商品的评判标准，但尚未建立对特定品牌的倾向。这时，消费者有针对性地收集信息。这个层次的信息收集，才能真正而直接地影响消费者的购买决策。

（3）常规问题的解决模式。在这种模式中，消费者对将来购买的商品或品牌已有足够的经验和特定的购买倾向，它的购买决策需要的信息较少。

3. 比较选择

消费者需求的满足是有条件的，这个条件就是实际支付能力。消费者为了使消费需求与自己的购买能力相匹配，就要对各种渠道汇集而来的信息进行比较、分析、研究，根据产品的功能、可靠性、性能、模式、价格和售后服务，从中选择一种自认为“足够好”或“满意”的产品。

由于网络购物不能直接接触实物，所以，网络营销商要对自己的产品进行充分的文字描述和图片描述，以吸引更多的顾客。但也不能对产品进行虚假的宣传，否则可能会永久的失去顾客。

4. 购买决策

网络消费者在完成对商品的比较选择之后，便进入到购买决策阶段。与传统的购买方式相比，网络购买者在购买决策时主要有以下三个方面的特点：

第一，网络购买者理智动机所占比重较大，而感情动机的比重较小。

第二，网络购物受外界影响小。

第三，网上购物的决策行为与传统购买决策相比速度要快。

网络消费者在决策购买某种商品时，一般要具备以下三个条件：

第一，对厂商有信任感。

第二，对支付有安全感。

第三，对产品有好感。所以，网络营销的厂商要重点抓好以上工作，促使消费者购买行为的实现。

5. 购后评价

消费者购买商品后，往往通过使用对自己的购买选择进行检查和反省，以判断这种购买决策的准确性。购后评价往往能够决定消费者以后的购买动向，“满意的顾客就是我的最好的广告”。

为了提高企业的竞争能力，最大限度地占领市场，企业必须虚心听取顾客的反馈意见和建议。方便、快捷、便宜的电子邮件，为网络营销者收集消费者购后评价提供了得天独厚的优势。厂商在网络上收集到这些评价之后，通过计算机的分析、归纳，可以迅速找出工作中的缺陷和不足，及时了解消费者的意见和建议，制定相应对策，改进自己产品的性能和售后服务。

第三节 国际市场网络营销常用工具简介

一、网络营销工具的含义

网络营销工具是企业或个人为实现营销目标而使用的各种网络技术、方法和手段。由此，凡是以网络技术为基础，进行营销活动时采用的技术和手段都可以成为网络营销工具，包括基于搜索引擎的工具、邮件群发工具、网站视频在线客服工具、社会化书签工具，同时也包括时尚的微博工具等。虽然少数工具例如邮件群发等由于滥用导致大量的垃圾邮件，在业界或理论界“名声”不好，但却是当前国内一些中小型企业开展网络营销过程中采用较多的网络工具手段。

从以上定义可知，本书讨论的网络营销工具具有以下含义：

第一，这种工具是企业及个人为了实现其营销目标而使用的，而不是所有的网络工具。这些工具都能最大程度地满足顾客需求，开拓市场，增加盈利能力，实现企业市场目标，其他诸如杀毒工具、浏览工具等，由于与营销活动没有紧密的关系，所以不是网络营销工具。

第二，这种工具的表现形式是“软件”技术或网络服务，而不是硬件形式。例如网站是网络营销工具，而电脑或服务器则不是。

第三，这种工具是在互联网上才能得以使用，例如，客户关系数据库、信息统计软件等虽然是很重要的营销工具，且与信息技术紧密相联，但其可以脱离互联网而独立运行，所以都不属于网络营销工具。当然各种网络营销工具的运用加速了数据库的使用和发展，使数据库营销比在传统环境下更有效、更可靠、更完善。关于数据库内容，一般的营销书籍都有叙述，本书不再赘述。

此外，移动营销技术，虽然不一定在互联网上使用，不属于网络工具范畴，但由于其利用了现代信息通信技术，也是高技术含量的现代营销工具，在实际过程中往往和互联网结合起来使用，是新型有效并得到广泛使用的营销工具，所以本书单独列为一章，归入工具篇中，做深入的介绍，以便读者掌握更多的现代营销技术手段。

提　示： 由天津思科软件技术开发中心开发的一套《网络营销专家》系列软件，可帮助商人利用互联网进行产品推广、宣传、寻找和积累客户资源以及供货资源等。

二、网络营销常用工具

在现阶段的网络营销活动中，常用的网络营销工具包括企业网站、搜索引擎、电子邮件、网络实名通用网址、即时通信、浏览器工具条等客户端专用软件、电子书、博客、RSS 等。借助于这些手段，才可以实现营销信息的发布、传递、与用户之间的交互，以及为实现销售营销的有利环境。

（一）企业网站

在所有的网络营销工具中，企业网站是最基本、最重要的一个。没有企业网站，许多网络营销方法将无用武之地。

企业网站的一般特征是指具有下列一个或者多个方面的目的：

（1）通过网站的形式向公众传递企业的品牌形象、企业文化等基本信息。

（2）发布企业新闻、供求信息、人才招聘等信息。

（3）向供应商、分销商、合作伙伴、直接用户等提供某种信息和服务。

（4）网上展示、推广、销售产品。

（5）收集市场信息、注册用户信息。

（6）其他具有营销目的或营销效果的内容和形式。

企业网站的特点：

（1）企业网站具有自主性和灵活性。

（2）企业网站是主动性与被动性的矛盾的统一体。

（3）企业网站功能需要通过其他网络营销手段才能体现出来。

（4）企业网站的功能具有相对稳定性。

（5）企业网站是其他网络营销手段和方法的基础。

企业网站与网络营销的关系：

首先，从企业开展网络营销的一般程序来看，网站建设完成不是网络营销的终结，而是为网络营销各种职能的实现打下基础，如网站推广、在线服务等，从而使一些重要的网络营销方法（如搜索引擎营销、邮件列表营销、网络会员制营销等）具备基本条件。一般来说，网络营销策略制定以后，首先应开始进行企业网站的策划和建设。

其次，从企业网站在网络营销中所处的地位来看，网站建设是网络营销策略的重要组成部分。

第三，从网络营销信息来源和传递渠道来看，企业网站内容是网络营销信息源的基础。

最后，从企业网站与其他网络营销方法的关系来看，网站的功能决定着哪些营销方法可以被采用而哪些不能被采用。

企业网站的类别：

按照各种规则为企业网站分类，如按照行业、企业规模、网站所采用的技术、网站主机类型等。为了能反映企业网站与网络营销的直接关系，这里按照企业网站的功能，将企业网站分为两种基本类别：信息发布型和网上销售型。一个网站采用哪种形式取决于企业的经营战略、产品特性、财务预算以及策划者对于企业网站的理解等因素，因此并不是所有的网站都采用在线销售的模式。

（二）搜索引擎

搜索引擎是常用的互联网服务之一，搜索引擎的基本功能是为用户查询信息提供方便。搜索引擎的分类：全文检索搜索引擎和分类目录搜索引擎、多元搜索引擎和集成搜索引擎。

搜索引擎的发展趋势：（1）搜索引擎的品牌优势更为明显；（2）搜索引擎营销模式趋于多样化；（3）分行业、分地区的垂直搜索引擎服务；（4）多元搜索、专业搜索值得关注；（5）搜索引擎技术在不断发展中。

（三）电子邮件

电子邮件不仅作为一种个人交流工具，同时也日益与企业经营活动密不可分。因此，Email也成为有效的网络营销信息传递工具之一，在网络营销中具有极其重要的作用。电子邮件在网络营销中的作用如下：

（1）企业品牌形象；（2）在线顾客服务，如GG可视商务系统工具；（3）会员通信与电子刊物；（4）电子邮件广告；（5）网站推广；（6）产品服务推广；（7）收集市场信息；（8）在线市场调查。

提　示： 电子邮件营销是一种许可营销，在开展这样的营销活动时，如果企业没有经过消费者同意就直接发送营销邮件给他们，这种邮件往往被称为垃圾邮件。垃圾邮件不仅不能给企业带来大的客户和收益，相反会对企业的品牌和形象造成负面影响。

（四）博客与 RSS

博客有些地方也称为网志或者网络日志。当博客以名词形式出现时，通常指在网络上发表博客文章的人或者文章内容；当博客作为动词时，则指写博客文章。现在博客不仅被用于发布个人的网络日志，也成为企业发布信息的工具，因而成为一种新型的网络营销工具。

RSS 相对于博客来说，知名度会低很多，而且至今还没有一个非常贴切的中文词汇，也许以后无需中文名，大家都习惯于直接叫 RSS 了。RSS 之所以同博客一样会被认为是热门词汇的一个原因是，RSS 将要对互联网内容的浏览方式和信息传递方式产生巨大影响。RSS 是一种描述信息内容的格式，是目前使用最广泛的 XML 应用。RSS 搭建了信息迅速传播的一个技术平台，每个人都是潜在的信息供应者，是网站用来和其他站点之间共享内容的一种建议方式。

（五）软件（网站）捆绑

软件（网站）捆绑营销与友情链接相似，通过已经占有一定市场份额的常用工具等实用软件等进行宣传营销，一般表现为：捆绑发售、捆绑体验赠送、软件界面信息或链接等。

（六）即时通信

即时通信营销又叫 IM 营销，是企业通过即时工具 IM 帮助企业推广产品和品牌的一种手段，常用的主要有两种情况：

第一种，网络在线交流，中小企业建立了网店或者企业网站时一般会有即时通信在线，这样潜在的客户如果对产品或者服务感兴趣自然会主动和在线的商家联系。

第二种，广告，中小企业可以通过 IM 营销通信工具，发布一些产品信息、促销信息，或者可以通过图片发布一些网友喜闻乐见的表情，同时加上企业要宣传的标志。

（七）其他网络营销工具

（1）网络实名通用网址。

（2）网站在线视频客服工具。

第四节 网络时代国际营销发展趋势

随着互联网技术的迅猛发展，传统的国际营销活动势必受到相应的影响。网络时代国际营销发展趋势主要体现在以下几个方面：

一、互联网将成为国际营销信息传播和交换的重要渠道

互联网的全球性、海量性、开放性和交互性特点，就像“吸铁磁”一样，使得来自全球各地的企业、竞争者、消费者跨越时空联结在一起。彼此之间借助这一平台，不仅信息交换变得唾手可得，而且，可以同时发布信息、接收信息和直接进行沟通。而国际市场营销最本质的交换是组织和个人之间的信息传播和交换。如果没有信息的交换，交易就无法完成。因此，在未来，市场调查、经销代理、广告促销、人员推销等传统的营销活动都将与网络结合，并充分运用网上的各种信息资源，分析竞争对手的产品信息与营销行为，以研究制定相应的竞争策略。从这个意义上说，互联网作为信息技术产物必将成为国际市场营销不可或缺的渠道。

二、国际营销策略将面临冲击和调整

（一）国际营销产品策略将倾向于差异化

我们知道，企业开展国际营销活动的起点来自消费者的需求。有效了解和满足消费者需求不仅是国际企业实现营销目标的根本，也是企业生存和发展的源泉。因此，为消费者提供其所需要的产品和服务是现代营销的重要变革。

显然，消费者需求信息来自于营销调研。通过网上调研，企业不仅可以迅速获得产品概念和广告效果的信息，也可以了解顾客对企业产品设计的认同水平，从而更加容易对消费者购买行为、购买偏好进行正确判断和有效跟踪。因此，在互联网时代，对不同消费者提供不同的商品将不再是天方夜谭，国际营销产品的差异化策略将成为国际营销企业的制胜法宝。

（二）国际营销渠道中间商的功能作用将弱化

通过互联网，生产商可与最终用户直接联系，企业对中间商的需求会减少，营销企业的渠道长度、宽度策略会相应调整，企业对渠道网络商的依赖性将减少，从而会弱化渠道中间商的作用。但中间商的功能作用减少，也会降低行业的进入门槛，从而增加同行业的竞争强度。同时，由于渠道中间商的减少，原本由中间商完成的售后等服务将难以得到保障，最终又会影响到企业营销目标的实现。基于此，互联网时代，营销企业必须从自身的业务能力以及消费者需求等方面动态评估渠道成员的功能作用。

（三）国际营销价格水平将趋于一致

如果某种产品的价格标准不统一或经常改变，客户不仅可方便快捷地通过互联网认识到这种价格差异，而且很可能会导致顾客的不满意，从而放弃对该商品的需求，这势必会对分布在海外各地采取不同价格的公司产生巨大冲击。而解决该问题的唯一办法，就是既要清楚企业的产品成本和竞争优势，又要及时了解互联网商品价格的市场信息，以消除无依据的价格差异，其结果将会使同类商品的定价水平趋同。

（四）国际营销促销策略的实施将受到网络道德的影响

由于网络空间的无限扩展性，网络促销无论是对商家还是消费者，都带来了更多的选择性。企业通过网上收集消费者的邮件地址、个人收入、职业及个人爱好等相关信息，可为消费者开展针对性的促销活动。但与此同时，随着企业网上促销活动的发展，网络病毒、垃圾邮件、网络欺诈等一些新的违背道德的行为，也变得日益突出，从而影响消费者的利益，最终也会波及企业的网上促销利益。

三、国际营销管理组织将变得更加弹性和灵活

因特网相继带动企业内网的蓬勃发展，使得企业内外部沟通与经营管理均需要依赖网络作为主要的渠道与信息源，从而带来企业组织的重整。具体表现在：业务人员与直销人员减少，组织层次减少，经销代理与分店门市数量减少，渠道缩短以及虚拟经销商、虚拟门市、虚拟部门等企业内外部虚拟组织盛行。这些影响与变化，都会使企业对于组织再造的需要变得更加迫切。同时，企业内网的兴起，还改变了企业内部作业方式以及员工学习成长方式，个人工作者的独立性与专业性将进一步提升。因此，弹性上班、委托外包、分享业务资源等行为，将会十分普遍，使得企业组织需要不断整合。国际营销战略目标的实现，一方面需要企业内部各部门的协调与配合，另一方面也需要在这一过程中不断进行评估和控制，因此，在组织环境不断再造和重整时，营销管理组织也需要灵活多样，以适应组织方式的变革。

【思考与练习】

一、单选题

1. 消费者会利用在网上得到的信息对商品进行反复比较，以决定是否购买，这体现了网络需求的（　　）特征。

A. 方便性　　B. 理性化
C. 交叉性　　D. 差异性

2. 小王看到同事小张在网上买了一套西服，觉得很好，于是准备星期天也去选购一套，这时，小王处于购买决策的（　　）阶段。

A. 确认需要　　B. 收集信息
C. 比较选择　　D. 购买决策

3. 一般来说，网络营销策略制定以后，首先应开始进行（　　）。

A. 企业网站的策划和建设　　B. 了解网络消费的特点
C. 筹集相关资金　　D. 收集相关政策

4. 网络营销工具软件是网络营销人员的（　　）。

A. 辅助工具　　B. 万用万灵的工具
C. 会增加自己的工作量　　D. 最主要的工具

二、多选题

1. 下列关于网络营销的说法正确的是（　　）。
A. 网络营销并不完全独立于传统营销活动
B. 网络营销完全独立于传统营销活动
C. 网络营销是建立在新型的计算机和网络技术上的营销活动
D. 网络营销与传统营销在实施和操作过程中没有明显的不同
E. 网络营销就是网上销售

2. 网络营销相对于传统营销的特点主要有（　　）。
A. 跨时空　　B. 交互性
C. 成长性　　D. 整合性
E. 可行性

3. 网络营销的基本功能表现在（　　）。
A. 网站推广　　B. 信息发布
C. 销售促进　　D. 网上销售
E. 网上调研

4. 网络消费者购买过程的几个阶段为（　　）。
A. 确认需要　　B. 收集信息
C. 比较选择　　D. 购买决策
E. 购后评价

5. 在现阶段的网络营销活动中，常用的网络营销工具包括（　　）。
A. 企业网站　　B. 搜索引擎
C. 电子邮件　　D. 博客与 RSS
E. B2B

三、判断题

1. 企业上网一定要先建立网站，没有这个基础网络营销就无从谈起。（　　）

2. Email 营销与搜索引擎之间并没有直接关系，各自承担推广任务。（　　）

3. 消费者行为以及购买行为永远是营销者关注的一个热点问题，对于网络营销者更是如此。（　　）

4. 企业开展网络营销活动应与其所处网络营销环境相适应。（　　）

5. 互联网是网络营销产生的观念基础。（　　）

四、思考题

1. 简述网络营销的含义与特点。
2. 网络营销有哪些实施条件?
3. 简要介绍国际市场网络营销的常用工具。

五、实训题

根据你所学的网络营销消费者行为知识，试确定网络市场中化妆品消费者的行为特征，写出其具体表现形式。

主要参考文献
References

1. （德）斯特劳斯等编：《服务科学：基础、挑战和未来发展》，吴健、李莹、邓水光译，浙江大学出版社，2010 年版。

2. （美）Masaaki Kotabe、Kristiaan Helsen：《全球营销管理》，刘宝成译，中国人民大学出版社，2005 年版。

3. （美）菲利普·R. 凯特奥拉、约翰·L. 格雷厄姆：《国际市场营销学》（第 12 版），周祖城、赵银德、张璘译，机械工业出版社，2005 年版。

4. （美）菲利普·科特勒、凯文·莱恩·凯勒：《营销管理》（第 13 版），王永贵、于洪彦、何佳讯、陈荣译，格致出版社，上海人民出版社，2009 年版。

5. （美）迈克尔·R. 津科特、伊尔卡·A. 朗凯恩著，曾伏娥、刘颖斐译：《国际市场营销》，电子工业出版社，2007 年版。

6. （美）迈克尔·波特：《竞争战略》，乔晓东等译，中国财政经济出版社，1989 年版。

7. （美）森吉兹·哈克塞弗等著：《服务经营管理学》（第 2 版），顾宝炎、时启亮等译，中国人民大学出版社，2005 年版。

8. （美）瓦拉瑞尔 A. 泽丝曼尔等著：《服务营销（原书第 5 版）》，机械工业出版社，2012 年版。

9. P. W. Beamish. etc.: International Management: Text and Cases. 4th ed. （影印版），机械工业出版社，2000 年版。

10. Root F. R. Entry Strategies for International Markets. New York: Lexington Books, 1994.

11. 陈宪、殷凤、韩太祥编著：《服务经济与贸易》，清华大学出版社，2011 年版。

12. 崔新健：《国际市场营销》，高等教育出版社，2008 年版。

13. 杜学森、苗玉树主编：《国际市场营销》，对外经济贸易大学出版社，2008 年版。

14. 甘碧群：《国际市场营销学》，高等教育出版社，2006 年版。

15. 郭国庆：《国际营销学》，中国人民大学出版社，2010 年版。

16. 寇小萱、王永萍：《国际市场营销学》，首都经济贸易大学出版社，2005 年版。

17. 李海廷：《服务营销思想史》，吉林人民出版社，2008 年版。

18. 李健：《国际市场营销理论与实务》，东北财经大学出版社，2006 年版。

19. 李琪：《电子商务概论》，高等教育出版社，2008 年版。

20. 李艳、徐广卓:《选择进入国际市场方式的数量分析模式》,《北华大学学报(社会科学版)》,2002 年第 4 期。

21. 李永平主编:《国际市场营销管理》,中国人民大学出版社,2010 年版。

22. 刘苍劲、罗国民:《国际市场营销》,东北财经大学出版社,2007 年第二版。

23. 沈凤池:《网络营销》,清华大学出版社,2005 年版。

24. 孙国辉、崔新健、王生辉主编:《国际市场营销》,中国人民大学出版社,2012 年第 2 版。

25. 王朝辉主编:《国际市场营销学》,东北财经大学出版社,2009 年版。

26. 吴健安:《市场营销学》,清华大学出版社,2010 年第 4 版。

27. 肖祥鸿、卢长利、符全胜、祝火生、安艳、赵永全:《国际市场营销学》,中山大学出版社,2009 年版。

28. 肖祥鸿、卢长利主编:《国际市场营销学》,中山大学出版社,2009 年版。

29. 袁晓莉、雷银生:《国际市场营销学》,清华大学出版社,2007 年版。

30. 邹海涛主编:《国际市场营销》,中国铁道出版社,2011 年版。